新·闻·传·播·学·文·库

媒介融合推进下的
新闻教育变革

Reform of
Journalism
Education Driven
by Media
Convergence

蔡雯 / 著

中国人民大学出版社
·北京·

总　序

自 1997 年国务院学位委员会将新闻传播学擢升为一级学科以来，中国的新闻传播学学科建设突飞猛进，这也对教学、科研以及学术著作出版提出了新的、更高的要求。

继 1999 年中国人民大学出版社推出"21 世纪新闻传播学系列教材"之后，北京广播学院出版社、华夏出版社、南京大学出版社、中国社会科学出版社、新华出版社等十余家出版社纷纷推出具有不同特色的教材和国外新闻传播学大师经典名著汉译本。但标志本学科学术水平、体现国内最新科研成果的专著尚不多见。

同一时期，中国的新闻传播学教育有了长足进展。新闻传播学专业点从 1994 年的 66 个猛增到 2001 年的 232 个。据不完全统计，全国新闻传播学专业本科、专科在读人数已达 5 万名之多。新闻传播学学位教育也有新的增长。目前全国设有博士授予点 8 个，硕士授予点 40 个。中国人民大学新闻学院、复旦大学新闻学院等一批研究型院系正在崛起。北京大学和清华大学的新闻传播学教育以高起点、多专业为特色，揭开了这两所百年名校蓬勃发展的新的一页。北京广播学院（后更名为中国传媒大学——编者注）以令人刮目相看的新水平，跻身中国新闻传播教育名校之列。武汉大学新闻与传播学院等以新获得博士授予点为契机所展开的一系列办学、科研大手笔，正在展示其特有的风采与魅力。学界和社会都企盼这些中国新闻传播教育的"第一梯队"奉献推动学科建设的新著作和新成果。

进入新世纪以来，随着以互联网为突破口的传播新媒体的迅速普及，新媒体与传统媒体的联手共进，以及亿万国人参与大众传播能动性的不断强化，中国的新闻传媒事业有了全方位的跳跃式的大发展。人民群众对大众传媒的使用，从来没有像今天这样广泛、及时、须臾不可或缺，人们难以逃脱无处不在、无时不有的大众传媒的深刻影响。以全体国民为对象的新闻传播学大众化社会教育，已经刻不容缓地提到全社会，尤其是新闻传播教育者面前。为民众提供高质量的新闻传播学著作，已经成为当前新闻传播学界的一项迫切任务。

这一切都表明，出版一套满足学科建设、新闻传播专业教育和社会教育需求的高水平新闻传播学学术著作，是当前一项既有学术价值又有现实意义的重要工作。"新闻传播学文库"的问世，便是学者们朝着这个方向共同努力的成果之一。

"新闻传播学文库"希望对于新闻传播学学科建设有一些新的突破：探讨学科新体系，论证学术新观点，寻找研究新方法，使用论述新话语，摸索论文新写法。一句话，同原有的新闻学或传播学成果相比，应该有一点创新，说一些新话，文库的作品应该焕发出一点创新意识。

创新首先体现在对旧体系、旧观念和旧事物的扬弃上。这种扬弃之所以必要，人文社会科学工作者之所以拥有理论创新的权利，就在于与时俱进是马克思主义的理论品质，弃旧扬新是学科发展的必由之路。恩格斯曾经指出，我们的理论是发展的理论，而不是必须背得烂熟并机械地加以重复的教条。一位俄国作家回忆他同恩格斯的一次谈话时说，恩格斯希望俄国人——不仅仅是俄国人——不要去生搬硬套马克思和他的话，而要根据自己的情况，像马克思那样去思考问题，只有在这个意义上，"马克思主义者"这个词才有存在的理由。中国与外国不同，新中国与旧中国不同，新中国前30年与后20年不同，在现在的历史条件下研究当前中国的新闻传播学，自然应该有不同于外国、不同于旧中国、不同于前30年的方法与结论。因此，"新闻传播学文库"对作者及其作品的要求是：把握时代特征，适应时代要求，紧跟时代步伐，站在时代前列，以马克思主义的理论勇气和理论魄力，深入计划经济到市场经济的社会转型期中去，深入党、政府、传媒与阅听人的复杂的传受关系中去，研究新问题，寻找新方法，获取新知识，发现新观点，论证新结论。这是本文库的宗旨，也是对作者的企盼。我们期待文库的每一部作品、每一位作者，都能有助于把读者引领到新闻传播学学术殿堂，向读者展开一片新的学术天地。

创新必然会有风险。创新意识与风险意识是共生一处的。创新就是做前人未做之事，说前人未说之语，或者是推翻前人已做之事，改正前人已说之语。这种对旧事物旧体系旧观念的否定，对传统习惯势力和陈腐学说的挑战，对曾经被多少人诵读过多少年的旧观点旧话语的批驳，必然会招致旧事物和旧势力的压制和打击。再者，当今的社会进步这么迅猛，新闻传媒事业发展这么飞速，新闻传播学学科建设显得相对迟缓和相对落后。这种情况下，"新闻传播学文库"作者和作品的一些新观点新见解的正确性和科学性有时难以得到鉴证，即便一些正确的新观点新见解，要成为社会和学人的共识，也有待实践和时间。因此，张扬创新意识的同时，作者必须具备同样强烈的风险意识。我们呼吁社会与学界对文库作者及其作品给予最多的宽容与厚爱。但是，这里并不排斥而是真诚欢迎对作品的批评，因为严厉而负责的批评，正是对作者及其作品的厚爱。

当然，"新闻传播学文库"有责任要求作者提供自己潜心钻研、深入探讨、精心撰写、有一定真知灼见的学术成果。这些作品或者是对新闻传播学学术新领域的拓展，或者是对某些旧体系旧观念的廓清，或者是向新闻传媒主管机构建言的论证，或者是运用中国语言和中国传统文化对海外新闻传播学著作的新的解读。总之，文库向人们提供的应该是而且必须是新闻传播学学术研究中的精品。这套文库的编辑出版贯彻少而精的原则，每年从中国人民大学校内外众多学者的研究成果中精选三至五种，三至四年之后，也可洋洋大观，可以昂然耸立于新闻传播学乃至人文社会科学学术研究成果之林。

新世纪刚刚翻开第一页，中国人民大学出版社经过精心策划和周全组织，推出了这套文库。对于出版社的这种战略眼光和作者们齐心协力的精神，我表示敬佩和感谢。我期望同大家一起努力，把这套文库的工作做得越来越好。

以上絮言，是为序。

童　兵

2001 年 6 月

目 录

绪论 ……………………………………………………………………… 1
第一章 "媒介融合"与新闻教育研究 …………………………………… 3
　　一、"媒介融合"理论与实践发展回溯 …………………………… 3
　　二、"媒介融合"视野下的新闻传播教育研究 …………………… 10
第二章 "媒介融合"对新闻人才的新需求 ……………………………… 29
　　一、新闻传播行业的剧变及其面对的挑战 ……………………… 29
　　二、观察新闻传播行业变革的三个主要视角 …………………… 35
　　三、媒介融合对新闻传播人才的新需求 ………………………… 45
第三章 中国新闻教育的理念变革 ……………………………………… 62
　　一、传媒业的变化激发重构新闻学的思考 ……………………… 62
　　二、围绕新闻传播教育理念的研讨 ……………………………… 65
　　三、马克思主义新闻观对新闻教育的指导 ……………………… 71
第四章 新闻教育改革的实践探索 ……………………………………… 78
　　一、创新人才培养模式 …………………………………………… 78
　　二、改革课程设置 ………………………………………………… 83
　　三、加强教材建设 ………………………………………………… 87
　　四、建设特色项目 ………………………………………………… 89
　　五、拓展实践教学 ………………………………………………… 91
　　六、建设实验中心 ………………………………………………… 97
　　七、探索新闻传播教育的国际化 ………………………………… 99

八、普及媒介素养教育 …………………………………………… 101
　　九、新闻传播教育为社会服务 …………………………………… 102

第五章　个案：中国人民大学新闻学院的教育改革 104
　　一、培养什么样的新闻人？——通过广泛调研把握人才培养的
　　　　方向 ………………………………………………………… 104
　　二、从新设专业、实验班到未来传播学堂：不断推进的育人
　　　　模式探索 …………………………………………………… 115
　　三、建设实验平台与创新实验课程：传播技术教育紧跟前沿 … 122
　　四、案例教学的开创性探索：案例库建设与案例教材建设 …… 124
　　五、总结与思考 …………………………………………………… 127

第六章　个案：新闻编辑课程及其教材建设 130
　　一、新闻编辑业务的变革与走向 ………………………………… 130
　　二、新闻编辑课程的教学改革及思考 …………………………… 144
　　三、新闻编辑教材建设及其思考 ………………………………… 150

第七章　他山之石：国外新闻教育改革 157
　　一、新媒体环境下国外新闻教育的变化 ………………………… 157
　　二、个案调研：美国密苏里大学新闻学院的教育改革 ………… 166
　　三、个案调研：哥伦比亚大学新闻学院的教育改革 …………… 180
　　四、西方新闻教育改革的几点启示 ……………………………… 197

第八章　新闻教育有待继续探索的核心问题 200
　　一、新闻教育规模及人才培养定位 ……………………………… 200
　　二、新闻教育的创新与守成 ……………………………………… 202
　　三、师资队伍建设 ………………………………………………… 203
　　四、复合型人才培养 ……………………………………………… 206
　　五、专业硕士教育 ………………………………………………… 209
　　六、资金与实验条件保障 ………………………………………… 211

后记 ……………………………………………………………………… 213

绪 论

网络与传播技术的发展带来了人类社会的巨大变化和各行各业的重大革新，新闻业也是这场变革中的一个重要分支。随着数字技术的广泛应用和新媒体的层出不穷，传统媒体与新兴媒体融合发展，新闻业的外部环境与内部条件都在发生变化，新闻生产流程与媒体组织结构不断改革和创新，对新闻从业者的要求也与以往不同。为顺应新媒体环境下新闻业的这些变化，新闻传播院校对新闻人才培养模式的探索和创新也在不断推进，新闻教育改革成为近几年的一个重要议题。这场改革不仅关系到新闻从业者的成长和成才，还可能对未来新闻业的发展格局以及社会发展产生重大影响。

"媒介融合"（亦称"媒体融合"）与新闻传播教育改革，是业界与学界自20世纪末期以来各自在努力实践同时又相互关注和交流的两个领域，业界的融合实践对于新闻传播院校的教育改革在一定意义上具有参照、促进甚至引领的作用，学界的专业研究与人才培养则为传媒业界提供了理论和智力支持，以及后续人力资源的保障。笔者将新闻教育放置于这种互动关系的观察角度，选取媒介融合这样一段特定的历史时期，考察和研究新闻教育的改革和发展。

近年来，我国新闻教育界围绕媒介融合与新闻传播教育改革的相关研讨活动频率甚高，参与者甚众，不同观点的交锋吸引了广泛的关注和热烈的讨论，相关的研究论文也有大量发表。但这些讨论和研究大多还是针对教育中某些具体的问题，或对某个或某类院系新闻教育实践的个案性总结，系统性与研究的深度尚有欠缺。因此，笔者希望能在全面总结中外新闻传播教育的经验和问题的基础上，深刻认识新闻传播人才的培养规律，对媒介融合时代新闻传播教育的改革创新进行更加全面和深入的思考。

本书内容主要集中于三个方面：

其一，媒介融合时代新闻人才需求的变化与新闻传播教育面临的挑战，侧重分析媒介融合进程中新闻传播教育传统模式存在的不相适应之处。

其二，对中外新闻传播教育改革的实践考察，侧重案例调研、经验总结和问题分析。

其三，新闻人才培养模式创新面临的主要问题及对策，在前两项研究的基础上针对新闻传播教育改革中出现的误区和问题，分析原因，提出解决问题的思路和建议。

上述三个方面的研究内容相互联系并互为支撑，形成递进式的内在逻辑关系。

从 2013 年开始，笔者围绕上述问题主持完成了多项重要课题，包括国家社会科学基金重点课题和教育部人文社会科学重点研究基地的重大课题等，带领研究团队采用文献研究、实地调研与访谈以及个案研究、问卷调查等方法，获得了一批研究成果，并有部分内容在学术期刊上公开发表。这本著作在这些前期研究成果的基础上，结合近几年来媒介融合与新闻传播教育的最新发展情况，展开更加深入的思考和讨论。

本书也是在教育部人文社会科学重点研究基地中国人民大学新闻与社会发展研究中心支持下所获得的一项新成果。

第一章 "媒介融合"与新闻教育研究

"媒介融合",是世纪之交在传媒业开始引起广泛关注的一个新现象,它对新闻传播教育的影响日益明显,本章基于文献梳理和历史性的观察,对"媒介融合"的理论研究与实践发展进行回顾总结,对"媒介融合"视野下的新闻教育研究成果进行概述和分析。

一、"媒介融合"理论与实践发展回溯

1978 年,麻省理工学院的尼古拉斯·尼葛洛庞帝(Nicholas Negroponte)预言了计算机工业、出版印刷工业和广播电影工业正在趋于融合①。这个预言为他赢得了一笔数目可观的商业投资,也使得麻省理工学院媒体实验室(the MIT Media Lab)在 7 年后得以问世,同时,这也是 convergence(融合)一词第一次与"大众传播"擦出火花。今天,这个成立于 1985 年的实验室拥有 27 个研究团队,参与了超过 450 个研究项目,这些项目的内容从先进的成像技术到现在备受瞩目的可穿戴设备,再到智能供电的医学义肢,可以说包罗万象②。显然,该实验室的研究对象是宽泛意义上的媒体,更准确地说,是"介质"。这些介质在数字科技飞速发展的今天,成为各类信息承载、储存与传递的工具。

更贴近新闻业的"媒介融合"起源发生在 1994 年,《纽约时报》(New York Times)在报道《水星中心新闻》(Mercury Center News)电子报的诞生时,在小标题中采用了"A Media Convergence"的说法③。从此,这两个单词的并列出现逐步被媒介世界认为理所应当。

1994 年,当时美国第二大报业出版商 Knight Ridder 公司研发了一款形式类似现今平板电脑的报纸阅读器。这款设备可以展示图片、文字、音频、视频

---

① 宋昭勋. 新闻传播学中 Convergence 一词的溯源及内涵 [J]. 现代传播,2006 (1):51.
② MitMediaLab. About the lab [EB/OL]. [2017 - 06 - 30]. http://www.media.mit.edu/about/about-the-lab.
③ 同①.

等多种形式的新闻，读者可以通过点击屏幕完成包括"详细阅读""视频播放""发送电子邮件"等简单的互动。为此，Knight Ridder 公司摄制了一段 13 分钟的短片，畅想这一设备普及后人们如何在咖啡厅、街心花园便捷地阅读多媒体新闻，并与朋友进行信息分享。2010 年苹果公司推出的 iPad 系列平板电脑风靡世界以后，这段视频再次被人们发现并传播开来，戏称这真是十多年前"穿越"而来的 iPad。

可以说，自 20 世纪末，科学家与媒体经营者大胆而准确地预测了媒介融合的发展趋势。在此后近 20 年的发展里，我们不但实现了这些前人的设想，甚至走向了更加深远的未来。

（一）"媒介融合"概念的回溯

Media convergence（媒介融合）已经成为新闻业界与学界在前进途中无法绕开的一个重要话题。自 1978 年以来，关于媒介融合定义的阐述日益丰富。通过对这些定义的整理与归纳，大体可以将它们归类为技术、内容、产业三个层面：

首先，日臻成熟的技术为媒介提供了新的渠道和终端，这使得不同媒介间的融合成为可能，技术革新对于媒介的影响与推动在一开始就受到了众多学者的推重，也成为早期媒介融合定义的关键点之一。如最初的尼古拉斯·尼葛洛庞帝就将媒介融合定义为各种各样的技术和媒介形式都汇集在一起[①]。同样，美国学者约翰·帕夫利克认为："融合是指所有的媒介都向电子化和数字化这一形式靠拢，这个趋势是由计算机技术驱动的，并在网络技术的推动下成为可能。"[②] 中国学者中，也不乏持类似观点之人。庞亮在 2002 年发表《关于我国网络媒体与传统媒体融合发展的几点思考》一文，提出"融合发展是网络媒体与传统媒体进行优势互补、战略重组，占据新世纪主导地位的现实需要"[③]。这些学者强调的是"技术王国与内容王国的联合发展"[④]。

其次，从具体内容层面来讲，也有许多关于媒介融合的定义都强调"不同

---

① 鲍德温. 大汇流：整合媒介、信息与传播 [M]. 龙耘，译. 北京：华夏出版社，2000.
② 帕夫利克. 新媒体技术：文化和商业前景 [M]. 周勇，译. 北京：清华大学出版社，2005：126.
③ 庞亮. 关于我国网络媒体与传统媒体融合发展的几点思考 [J]. 中国广播电视学刊，2002（3）：37-38.
④ 郑保卫，樊亚平，彭艳萍. 我国媒介融合研究的回顾与前瞻 [J]. 新闻传播，2008（2）：8-11.

内容类型"这一特征。美国新闻学会媒介研究中心主任安德鲁·纳齐森（Andrew Nachison）所认为的媒介融合的概念为"印刷的、音频的、视频的、互动数字媒体组织之间的战略的、操作的、文化的联盟"①。这一概念对尼葛洛庞帝所说的"各种技术"进行了具体的表述，并细化了"汇集"的内涵，指出了媒介融合的具体内容存在"战略""操作"和"文化"三个层面，这也是国内学界最早接触到的媒介融合定义之一，2005年笔者在考察美国媒介发展状况过程中将之引入中国并加以阐释②。

最后，对内容层面的定义起到了很好的承上启下作用，随着整体媒介环境的发展，学者的眼界也日益开阔，"大传媒"（mega-media）概念的提出，将媒介融合的定义带入了产业层面。美国学者凯文·梅尼（Kevin Maney）在其代表作《大媒体潮》（*Megamedia Shakeout*）中，称"大传媒业"是把传统大众传媒业、电信业、信息（网络）业统合在一起的一种全新产业。我国也有学者认为，媒介融合是在数字技术和网络技术的背景下，以信息消费终端的需求为指向，由内容融合、网络融合和终端融合所构成的媒介形态的演化过程③。产业层面的定义再次扩充了媒介融合的内涵，并指出了媒介融合本质是一条动态的利益链条，这样的流动性保障了它的成长性，描绘了媒介融合未来发展的可能。

在这三个层面之外，也有学者让"媒介融合"的研究对象回归到了传播本身。英国学者、伦敦政治经济学院媒介与传播系主任索尼娅·利文斯通认为，学者们对技术开展了持续的研究——无论是物质文化、印刷媒介、通信技术、视听媒介还是新媒介。但实际上，贯穿于我们研究始终的无外乎是交流与传播。传播的观念传承了人类最强烈的希望与恐惧④。丹麦学者克劳斯·布鲁恩·延森认为，技术为社会生活和跨文化交往提供了条件，而非其原因。……交流与传播的实践不仅跨越了不同的媒介平台，而且跨越了不同的社会与文化语境，成为我们想象与创造未来的途径⑤。

总体而言，媒介融合的定义经历了一个从多媒体到跨媒体，再到融合媒

---

① 熊澄宇．文化产业研究：战略与对策［M］．北京：清华大学出版社，2006：20-24．
② 郑保卫，樊亚平，彭艳萍．我国媒介融合研究的回顾与前瞻［J］．新闻传播，2008（2）：8-11．
③ 王菲．媒介大融合［M］．广州：南方日报出版社，2007：20-22．
④ 延森．媒介融合：网络传播、大众传播和人际传播的三重维度［M］．刘君，译．上海：复旦大学出版社，2012．
⑤ 同④．

体的历程。技术层面为多种媒体并存提供了可能性，指出了媒介融合的根基和起点；内容层面的定义，强调各媒体间的协作，推动了新的媒介叙事形式的诞生；而最终，在产业层面的定义中利益链条将代表技术的电信、通信、信息产业和代表内容生产的传媒、广告行业联结在一起，有效的收益模式逐步形成，推动媒介融合不断向前发展。

（二）"媒介融合"文献数据的梳理

以中国知网以及亚马逊图书平台为依据对国内现有的"媒介融合"相关研究成果进行数量和主题上的梳理，可以看到成果类型包含期刊论文、硕士/博士学位论文、专著这三种类型。

1. 期刊论文

新闻传播业在媒介融合时代的飞速发展，从相关期刊文献的数量增长上也可以窥见一斑。

在中国知网（CNKI）期刊全文数据库中，仅以"媒介融合""媒体融合"为关键词进行检索，其数据反映了学界与业界对于媒介融合的关注程度与研究趋势（见图1-1）。

1995年，第一篇以"媒介融合"为关键词的期刊文献出现于《计算机科学》，探讨人机交互中多媒体信息的相关问题。此后，相关论文越来越集中于新闻领域。

2006年，"媒介融合"相关研究迎来了第一个飞跃，相关文献从之前的每年10篇左右一下跃升至34篇，其中的内容开始涉及报纸转型。而到了2007年，文献数量再次跃升，达到101篇，出版业和广告行业也开始加入相关讨论。2009年，研究文献数量再次攀升至286篇，新闻教育应对新环境的变化成为热门话题，前一年"汶川地震""北京奥运"等热门新闻中融媒体的相关表现也成为关注焦点。2010年，460篇论文中，手机成为最受关注的新媒介，3G相关话题成为热点。

2011年，三网融合的第一批试点城市与试点方案公布。这场自上而下的信息技术改革旨在将电信网、广播电视网、互联网相互融合，达到平台互通与资源共享，成果惠及交通、环境保护、政府工作、公共安全等多个领域。在此背景下，该年度的相关论文数量攀升至482篇，报网融合成为核心话题，许多党报核心机构也参与其中。该年度的"人民共和国党报论坛"即以"党报的全媒体之路研究"作为议题展开研讨。

2014年则是又一个关键之年。2014年8月18日，中央全面深化改革领导小组第四次会议审议通过了《关于推动传统媒体和新兴媒体融合发展的指导意见》，习近平总书记做了重要讲话。这一年，相关的期刊文献总数为1 692篇，内容涵盖更深更广，既包含了报纸、广播、电视等不同媒体在媒介融合背景下的改造与调整，也包含了新闻教育、产业发展、法律法规等相关领域的探讨。2015年，这个数量增长至3 434篇。

此外，以"跨媒体"作为关键词进行搜索，发现以此为关键词的论文出现时间更早（1987年），在2007年之前热度明显高于"媒介融合"这一关键词，在2010年之后趋于平稳，并开始了轻微下降的趋势。可见在相关议题提出之初，"跨媒体"这一个概念更早进入了研究者的视线，并在开始的十年中备受重视。"媒介融合"是"跨媒体"的发展，是对现今媒体发展更为准确的描述，由此可见学者的研究兴趣逐步从较为机械的"不同媒体简单相加"转变为了"各媒体间的相互融合"。当然，"跨媒体"作为一个已经约定俗成的说法，也会在各项研究中被使用。

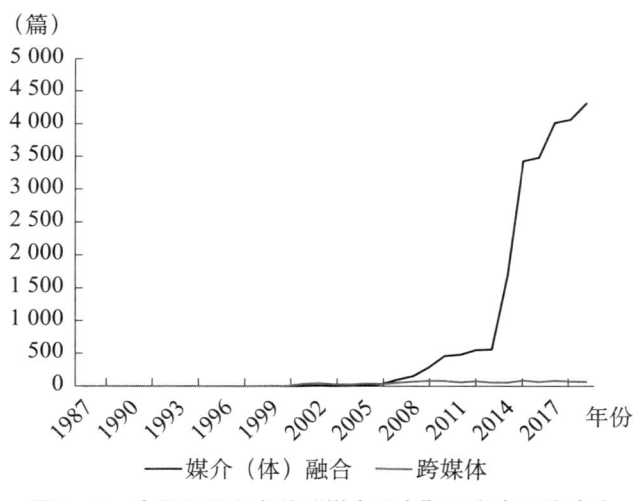

图1-1 中国知网上有关"媒介融合"研究成果的统计

2. 硕士/博士学位论文

通过对近年来以"媒体融合""媒介融合"为关键词的优秀硕士、博士学位论文的观察，我们也可以有所发现。尽管由于本身基数较小，其数量所呈现的变化趋势并不能完全与期刊论文同步，但总体的增长趋势还是一致的（见图1-2）。

最早的相关论文出现在 2003 年，2006 年是博硕士学位论文数量的第一个飞跃期，主要内容有对麦克卢汉媒介本体论的探讨，以及对数字电视发展的研究。2007 年到 2009 年，研究话题主要集中在传统媒体的转型，包括报纸集团化、广播电视产业调整以及互联网杂志的兴起，其中"报网融合"被提及最多，显然是当时的研究热点。2010 年，论文数量达到 61 篇，除了原有的传统媒体转型，门户网站、社交媒体以及 3G 手机媒体等全新的媒体形式被提及。2011 年至今，研究话题明显呈现越来越宽泛的趋势，话题从单纯的新闻媒体拓展到了新媒体营销、电影艺术、电视综艺栏目策划等更为微观的领域。

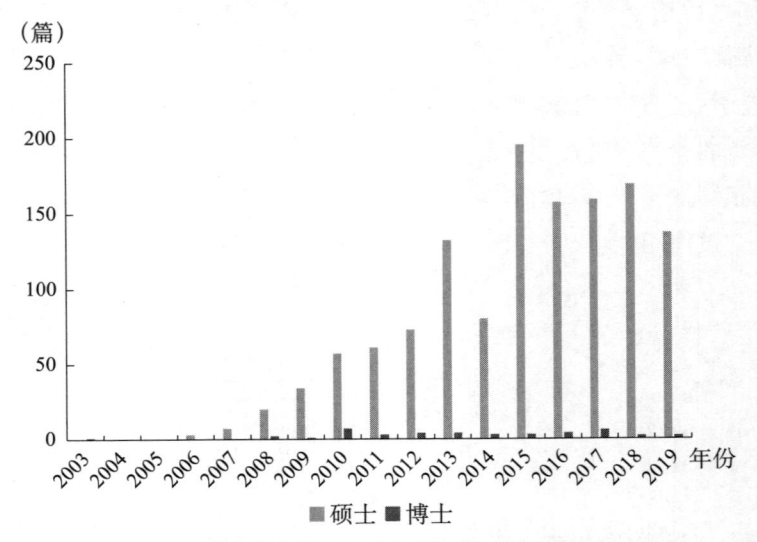

图 1-2 我国有关"媒介融合"的硕士/博士学位论文统计

3. 专著

以亚马逊电子商务平台（Amazon.cn）上的图书信息（包含印刷出版物与电子图书）为基础，我们通过对"媒介融合""媒体融合""跨媒体"等关键字段的筛选，可以看到，2002—2007 年间，少数新闻传播类教材在新版修订中，加入了"媒介融合"领域的相关介绍，以此为研究话题的新闻传播类相关专著最早出现在 1998 年，迄今的总体数量在 56 部左右，其中海外范围作品有 14 部，并以美国学者的著作为主（见图 1-3）。相较期刊论文与学位论文，由于专著体例更为完整，要求内容更为翔实，出现的时间相对较晚。在主题方面，这些作品的话题并不局限于具体新闻事件，更为宏观。

综上可见，关于"媒介融合"的相关研究最早起源于信息科学领域，比如

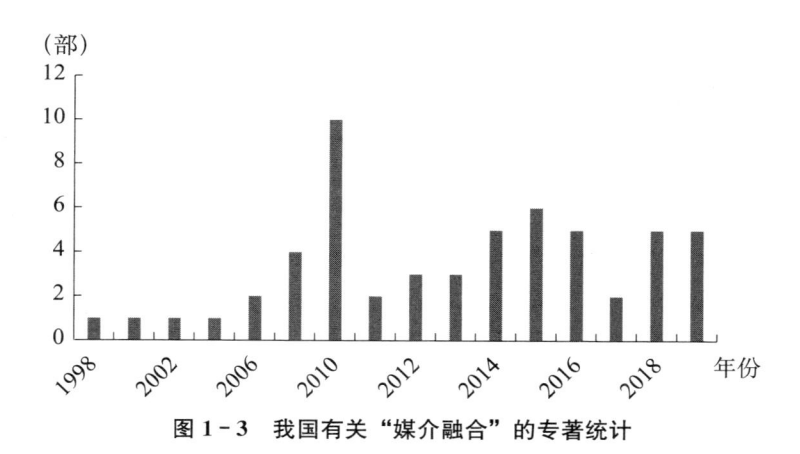

图 1-3 我国有关"媒介融合"的专著统计

1997年前后期刊论文中以"媒介融合"为关键词的大多为计算机科学相关研究，而最早出现的相关专著（傅玉辉：《大媒体产业：从媒介融合到产业融合——中美电信业和传媒业关系研究》，北京，中国广播电视出版社，2008年）也以信息产业作为审视视角，来解读媒体产业的发展趋势。随着相关研究的不断深入，媒介融合逐步成为由新闻传播学为主导的研究领域，研究成果的数量飞速增长，研究话题也从单纯某一新闻事件、某一媒体类型与新媒体的关系转变为以"媒介融合"为背景，宏观探讨新闻生产流程的变化、各新闻要素的关系、整体新闻产业的发展趋势、新闻教育的变革等内容。随着媒体对社会生活的影响越来越广泛，近些年的研究话题又从狭义的新闻传播学领域扩展至更为广义的"传媒业"，出版、档案、图书管理及影视创作等领域也将媒介融合作为重要的观察对象进行探讨和研究。

从研究发展的总体趋势来看，有四个时间节点不可忽视。2006年，"媒介融合"这一概念被新闻传播学界广泛接受，以"新媒体""跨媒体"为话题的研究出现了明显增长；2011年，随着"三网融合"方案的尘埃落定，主流媒体大规模地开始了媒介融合背景下的改革，研究成果出现了爆发式增长；2014年，随着《关于推动传统媒体和新兴媒体融合发展的指导意见》的提出，媒介融合已经上升至了国家战略的层面，各项研究更为活跃，成果种类也日益丰富；2018年8月的全国宣传思想工作会议提出了"县级融媒体中心"建设的顶层设计，我国媒介融合从以传媒集团"中央厨房"建设为主要特征的第一阶段迈入以基层"县级融媒体中心"建设为标志的第二阶段。中宣部召开县级融媒体中心建设现场推进会进行整体部署，要求2020年底基本实现县级融媒体中心的全国覆盖。

二、"媒介融合"视野下的新闻传播教育研究

(一) 新闻传播教育的定义

新闻传播教育起始于新闻教育。新闻教育的定义为"为传授新闻知识而进行的专业教育"[①]。世界主流新闻教育被认为发端于美国。1896年华盛顿学院 (the Washington Institute) 开设"印刷与速记"课程,成为新闻教育的雏形;1908年,世界第一所新闻学院在密苏里大学正式创立,其教育方针与教学模式也成为我国新闻教育事业的重要参考。

从新闻教育实践者的角度,新闻教育大体可以分为三类:由新闻媒体机构组织的职业培训教育、由高等学校实施的学校新闻教育以及由其他社会团体主导的社会新闻教育。学校新闻教育又可以根据教育层次不同,细分为专科教育、本科教育、研究生教育以及继续教育。在我国,由高校实施的新闻传播相关专业的本科教育和研究生教育,占据着主导地位。

(二) 新闻教育的起源

新闻教育的最早倡导者,是媒体机构。1834年,《美国电讯报》 (*The United States Telegraph*) 编辑达夫·格林 (Duff Green) 提出了建立华盛顿学院的设想,新闻教育的理念首次出现。

1893年,《芝加哥论坛报》(*Chicago Tribune*) 的约瑟夫·约翰逊 (Joseph Johnson) 在宾夕法尼亚大学建立了美国大学中第一个完整的新闻教育体系,内容包括五个方面:一是"制作报纸的艺术和历史";二是包括"法律和诽谤""商业管理""排版印刷""开支和税收""广告""评论方法"在内的报业经营类课程;三是业务实践类的"报纸实践""报道实践""副本编辑"和"对话";四是"热点话题"与"现场演讲";最后是"当前实务专题讲座",这一部分的主要内容是邀请当时业界从业人士来进行演讲。

也有学者提出,世界新闻教育起步于欧美,以德国为早,随后美国赶了上来,并成为主流[②]。因为通过考据可以发现,世界上最早的新闻学著作出现于德国的1845年,美国最早的新闻学著作出现于1873年[③]。无论在哪一种观点

[①] 甘惜分.新闻学大辞典 [M].郑州:河南人民出版社,1993:95.

[②] 宁树藩.松本君平与新闻学 [M] //松本君平,休曼,徐宝璜,等.新闻文存.北京:中国新闻出版社,1987:150.

[③] 方汉奇.新闻有学学海无涯 [EB/OL].(2005-06-15) [2012-03-11]. http://news.xinhuanet.com/newmedia/2005-06/15/content_3087681.htm.

中，新闻教育的起点都伴随着新闻活动的日渐繁盛。

新闻教育进入高等教育的体系则经历了一段较长时期的争议与反复。

1896年，罗伯特·李在华盛顿学院开设"印刷与速记"课程，成为新闻教育的雏形。此后，堪萨斯州立大学、康奈尔大学、密苏里大学英文系都相继开设了与新闻相关的课程或讲座。

1908年，密苏里大学新闻学院成立，成为公认的世界上第一所新闻学院。创建人卫廉士（Walter Williams）指出学习新闻最好的方法是动手实践。这一时期正是美国进步主义运动（1890—1920）鼎盛的年代，这场运动的领军人物美国实用主义哲学家杜威（John Dewey）认为，教育是经验的改造和改组。明显的职业化特征使得密苏里大学新闻学院始终紧随媒介变革的步伐，成为在实践教学领域全球首屈一指的代表。有学者认为，密苏里大学推行这一教育理念，"是对师傅带徒弟的教育方式的妥协……是新闻教育在大学得以安身立命的一种策略"①。因为当时，业界和学界都存在着不认同的声音。曾有记者直截了当地说："如果学校和报纸都能各自履行自己的职责，新闻学院的创办可能根本没有必要，报纸的编辑虽然不知道学校应该怎样教新闻学，但那些大学的教授也未必知道未来的新闻学院应该成为什么样子。"② 也正是因为这种反对的声音，普利策早在1904年就通过《世界报》宣布将捐赠200万美元在哥伦比亚大学创办新闻学院，而这个办学计划用了八年的时间才最终落实。

1921年，"美国新闻教育之父"威拉德·布莱耶（Willard G. Bleyer）在西北大学麦迪尔新闻学院发表演讲。在这次演讲中，他指出："一个不成功的记者如果不停地提供不准确的信息或者有色新闻，便会引导舆论走向错误的方向，进而对社会民主造成危害。"因而，新闻教育最重要的是"广博的知识和怎样运用这些知识来付诸实践的能力，……这种能力指的是一种强烈的社会责任感和成为一名好的记者的良好的素质"③。他的观点更能契合美国大学校园精英主义与博雅教育的理念，将新闻教育定位成以社会科学为依托、与民主政治密切相关的通识教育，从而成为美国高校新闻教育较为主流的观点并延续至今。从此，外界对于新闻教育是否应该纳入高等教育体系的质疑声日渐式微。新闻教育在

---

① 贺明华. 论美国教育模式的形成与价值［J］. 国际新闻界，2011（8）：26.
② 黄鹏. 美国新闻教育研究［M］. 武汉：华中科技大学出版社，2008：27.
③ Bronstein C, Vaughn S, Willard G. Bleyer and the Relevance of Journalism Eductation［C］. Columbia, SC, Association for Educationin Journalism and Mass Communication, 1998：38.

高校间得到了普遍认同,高校教育也逐步取代新闻机构的培训活动,成为新闻教育的主体力量。

不同于较为现实、要求立竿见影的媒体机构培训,大学从"人的培养"的角度展开综合性更强的新闻教育。有学者认为,英国文科传统、德国科研观念、美国本土的实用主义思想三种思潮交错,影响着20世纪以来美国高等教育本科课程的设计与发展,新闻教育的发展完全契合了这一特征。人文精神、职业化训练和社会学的研究方法相互作用带给新闻教育新的面貌,同时,在美国新闻教育传统的影响下中国的新闻教育得以诞生和发展。

1918年,北京大学设立新闻学研究会,开设相关课程,成为中国高校新闻教育的起点。而在四年前的1914年,美国密苏里大学新闻学院创始人卫廉士到访北京,介绍了密苏里大学的办学经验,此后又四次访华,给中国的新闻教育带来了深远影响。此后,无论是1920年成立的上海圣约翰大学新闻系还是1924年燕京大学所办的新闻系,都着重借鉴了密苏里大学新闻学院的办学理念和模式,采用了密苏里大学的课程设计,并聘请有着密大背景的人员任教。卫廉士及其弟子被认为"对中国高等院校中新闻教育的创立、发展和推广起到了决定性导向作用"[1]。他们也在美国新闻史上留下了一个特殊的称谓"密苏里帮"(Missouri Mafia)——20世纪初出没于远东地区,有着密苏里大学新闻教育背景的记者集体[2]。这其中包括影响中国新闻教育甚深的卫廉士、最早报道了中国辛亥革命的著名报人托马斯·密勒(Thomas F. Millard)、因《西行漫记》(Red Star over China)而为人熟知的埃德加·斯诺(Edgar Snow)。

此外,1923年由徐宝璜创立的北京平民大学新闻系,以"培养学术渊博之新闻人才"[3]为办学宗旨,所设立课程涉及政治学、经济学、社会学、心理学等;1929年,复旦大学新闻系创立,旨在为中文传媒机构培养新闻人才;1935年,中央政治学校成立新闻系,意在新闻教育与政治的结合。

有学者指出,我国的新闻教育起步于甲午战败之后。当时国人救国热情高涨,近代报业快速起步,而从业人员的缺乏、理论研究的不足凸显。"借鉴海外

---

[1] 陈昌凤. 中美新闻教育传承与流变 [M]. 北京:中国广播电视出版社,2006:58.
[2] 张威. 密苏里帮与中国 [J]. 国际新闻界,2008(10):76.
[3] 方汉奇. 大陆新闻教育 [J]. 新闻论坛,1994年冬.

经验""被赋予了强烈的社会服务性"①成为我国高校新闻教育起步时的两大特征。

此后，中国新闻教育在战火纷飞中缓步前行，又经历了政治动荡的年代，自20世纪80年代起逐步恢复，并在与海外高校的沟通中进一步开阔了眼界，教育层次日益丰富，研究领域进一步拓宽，培养人才数量稳步增长，进入全面发展的时期。

从院系发展规模的角度来看，这一态势非常明显。

中国高等教育学会新闻学与传播学专业委员会（原名"中国新闻教育学会"）曾在1996年、2002年两次针对其会员进行详细调查。数据显示，从办学规模到专业设置，再到毕业生层次，都有着明显的飞跃。

仅以在校生人数这项数据进行统计，1996年，共有50所新闻院校参与了调查，在校生方面共有9 520人，其中博士生30人、硕士生332人，双学位274人，本科生6 186人，专升本340人，专科生2 358人。从构成来看，本科生占了绝大多数，专科生和专升本人数也较多，高层次人才较少。每个学校的平均在校生人数约为190人。

2002年，110所新闻院校在校人数共51 054人，其中本科生及专科生人数为44 354人，硕士及以上学历人数6 700人，每校平均在读人数约464人。可见在短短六年间，新闻教育规模迅速扩大，高学历层次人才所占比重也从原来的6.68%提高至13.12%。

据统计，截至2015年底，我国新闻传播学类专业包括新闻学、广告学、传播学、广播电视学、编辑出版学、网络与新媒体、数字出版7个专业，分布点数1 244个，涉及高校681所，在校仅本科生人数就高达23万人，占全国高校在校本科人数的1.4%②。2020年2月21日，教育部发布《普通高等学校本科专业目录》（2020年版），新闻传播学类专业在原有的七大专业（新闻学、广播电视学、广告学、传播学、编辑出版学、网络与新媒体、数字出版）外，又增加了时尚传播、国际新闻与传播、会展（交叉专业）三个新专业。另据《中国新闻传播教育年鉴》，截至2019年，全国新闻传播学专业类本科专业布点1 352个，721所高校开设了新闻传播学类本科专业。

---

① 刘方仪. 中国化新闻教育的滥觞：从20世纪20年代燕大新闻系谈起[J]. 北京社会科学，2004（2）：158.

② 胡正荣，冷爽. 新闻传播学类学生就业现状及难点[J]. 新闻战线，2016（6）：27-30.

(三) 新闻传播教育发展的三个重要阶段

从新闻传播教育的创办到今天，其发展过程在不同的国家、不同的地区走过的道路各有不同，研究者对于新闻传播教育的阶段划分也见仁见智。如果抛开一国一校的细节，如美国、欧洲、日本等新闻教育模式的差异，而以新闻传播专业教育在高等院校中的起步与发展作为观察对象，特别是关注其作为大学专业教育所经历的一些重大转折点，我们不难发现大致有三个时间段，分别呈现出一些重要的特点。

第一阶段是诞生之初，新闻传播教育在这一时期还只是新闻教育，最大功效是为新闻专业主义的确立与发展奠定了基础；第二阶段是20世纪中期，引入社会学研究方法，拓宽了专业教育的视野和领域；第三个阶段是21世纪初至今，新闻传播教育在新媒体环境下顺应媒介融合发展趋势而进行变革。这三个时间段所发生的转折，都受到技术创新、社会变迁以及国际形势的影响，而这种转折从宏观层面的学科定位到中观层面的培养目标，再到微观层面的课程设置，均有所体现。

1. 为新闻专业主义奠定基础的初期教育实践

报纸从印刷作坊诞生，报纸工作人员从印刷学徒中选拔，这样的机制为报业教育抹上了注重技巧的学徒式教育的底色。来自高校的教育者们则希望通过将知识与技能的结合，树立新闻教育在专门领域的独立性与权威性，从而提高学科地位，完成这一群体的共同社会责任，并为其毕业生带来终身安稳、收益可观的工作。

在美国，新闻教育建立之初，就通过参照系的选择明确了自身对专业化的向往。作为世界上最早的新闻教育体系之一，哥伦比亚大学新闻学院1912年建立时，将其校当时已负盛名的法学院作为参照蓝本，其对新闻教育职业化的期盼可见一斑。直至今日，西北大学麦迪尔新闻学院的前任系主任科尔·比尔（Cole Bill）仍表示，希望新闻学院有朝一日能和大学中的法学院、医学院有同等地位。

"职业化"或者说"专业性"是新闻活动所追求的，这一点毋庸置疑。关于新闻活动职业化的阐释，过往的研究有过这样的定义：职业化的构成包括拥有专业知识，能够提供获取专业知识和技能的训练，专业实践能够提供资格认可，其行业能够彰显专业精神以及存在行业组织的自律条文；落实到个体，这些标准就是一系列内化了的专业信念、价值观、行为标准和从业实践的规范①。

高校关于新闻教育职业化的努力，终于在 1947 年以《一个自由而负责任的新闻界》的出现为成果，对整个新闻行业产生了深远影响。这一报告由芝加哥大学校长罗伯特·哈钦斯（Robert M. Hutchins）及其带领的十三位大学教授完成，他们被命名为"新闻自由委员会"。《时代》杂志创办人亨利·卢斯（Henry R. Luce）作为这项研究计划的出资人，选择了高校学者作为传媒工作的局外人来探讨新闻传播界越来越多的问题，而这些"局外人"用了五年时间，采访了超过 225 位与新闻界相关的人士，写就了这篇影响深远的报告。

高校新闻教育不仅仅从研究领域为新闻专业主义的到来奠定了基础，也从人才培养的角度为职业化的新闻工作提供了保障。

日本是世界上新闻与出版业最为发达的国家之一，但对新闻人才的培养一直沿袭着"师傅带徒弟"的模式，因此高校中的新闻教育长期未成气候。2008 年早稻田大学创办新闻学院，引起了全世界的关注。早稻田大学新闻学院培养新闻专业学生主要有两个目标：一是培养预备成为新闻记者、从事新闻传播行业的毕业生；二是为一线的新闻从业人员提供补充新知，并将其实践经验体系化的继续教育。这样的办学宗旨体现了专业性教育的特点。

一份中国学者完成于 2007 年的调查表明，国内专业化的新闻教育至少对我国新闻事业的几个方面起到了益处：提升新闻工作者的专业责任感；培养新闻从业者的职业理念；帮助新闻工作者掌握先进的采写与管理技能；培养其宽阔的国际视野；帮助其夯实深厚的人文社科基础。作者也指出，现有的新闻传播教育方针"对提升从业者的专业主义理念也是大有益处的"②。

2. 引入社会学研究方法拓宽新闻教育视野

20 世纪下半叶，社会学研究方法被引入新闻教育与新闻研究，直接催生了高校新闻教育的传播学模块。布莱耶为高校新闻教育埋下传播学萌发的可能，第二次世界大战的爆发则是传播学成长的催化剂。传播学的诞生给新闻学带来了包括抽样调查、田野调查、实验法在内的社会学研究方法，丰富了新闻教育的研究领域、方式方法和叙事形式。

举世公认的传播学奠基人为这一学科带来了新的研究途径与思路。哈罗

---

① 陆晔，潘忠党. 成名的想象：中国社会转型过程中新闻从业者的专业主义话语建构 [J]. 新闻学研究，2002（4）：18-20.

② 吴飞，丁志远. 新闻教育与新闻专业主义的构建 [J]. 浙江大学学报，2007（11）：136.

德·拉斯韦尔（Harold D. Lasswell）不仅提出了"5W"研究模式，并推崇内容分析法，他也是前文提及"新闻自由委员会"中的一员；库尔特·卢因（Kurt Lewin）为传播学领域贡献的，除了"把关人"理论，还有心理学的一系列研究方法；保罗·拉扎斯菲尔德（Paul F. Lazarsfeld）纯熟地运用田野调查法和问卷调查完成了《人民的选择》；卡尔·霍夫兰（Carl Hovland）则把心理学实验方法引入了传播学领域，并揭示了传播效果形成的条件和复杂性。这四位先驱自身的研究分布在政治学、心理学、社会学领域，但其成就都被高校新闻教育领域奉为经典，并有一批批学子受此影响。可以说，社会学的研究方法，是高校新闻传播教育运用自身优势结合其他成熟学科的研究方法与研究经验，为新闻传播学研究带来了新的方向、新的方式，传播学即是站在这些交叉点上的产物。

  在美国，1979年之后传播学专业学生数量猛增，联邦政府修改了专业分类，把"新闻"划作"传播学"下的一个分支。1983年，分类又一次调整，出现了"新闻与大众传播"专业。20世纪70年代美国新闻教育的其他变化还包括广告和公共关系专业的学生数量增加，新闻学院招收的女学生数量增加。一些新闻界人士反对将战略传播学纳入新闻学院的范畴，提出广告和公共关系系应该转入商学院。在这个阶段，新闻学与传播学的关系一直是争议不休的话题。

  2002年4月，21世纪新闻教育峰会在北京举行，哥伦比亚大学新闻学院教授詹姆斯·凯瑞（James W. Carey）以《新闻教育错在哪里》（Where is the Wrongness for Journalistic Education）为题发表了演讲。他认为："（传播学）这是一门关于物理、生物和社会所有系统间控制和协同的科学。国家安全状态重新确立的年代，传播学取代大学中战后出现的研究真空，影响了大学的机构、课程设置和学术前景。"但是，他同时指出，传播学的出现对新闻教育来说并非都是益事，因为植根于人文科学的新闻学并不能和这门关于"效果、决断和控制的科学"很好地相融，尽管"新兴的传播科学看起来具有象征意义地也充满希望地融入新闻教育中去"，但结果是"传播来源于新闻并且控制了新闻，建造了新闻和社会控制艺术间的矛盾并生存于其中"[①]。

  这篇演讲引发了海内外高校关于新闻学与传播学相互关系的大讨论，哈佛大学李欧梵教授、中国人民大学郑保卫教授纷纷撰文回应，各抒己见。此后，中国高等教育学会新闻学与传播学专业委员会也多次将"新闻学教育"与"传

---

① CAREY J W. 新闻教育错在哪里 [J]. 李昕，译. 国际新闻界，2002（3）：8-11.

播学教育"的相互关系作为主题，组织全国各高校新闻学院的负责人进行讨论，寻求新闻教育更为协调有效的发展途径。

无论争议如何，传播学现在已经成为新闻传播教育极其重要的组成部分，采用社会学研究方法取得的新闻学、传播学相关研究成果日益增加。这些方法也在越来越多的新闻采访中出现，开阔了新闻工作者的眼界，丰富了新闻工作的方式方法。

3. 顺应媒介融合进行新闻教育变革

曾任康奈尔大学传播系主任的罗亚尔·科莱（Royal D. Colle）指出："正如20世纪20年代产生的广播和四五十年代产生的电视曾经巨大地影响了传统报纸的生存方式一样，新闻教育和新闻事业在过去一个世纪中也面临了巨大的挑战。在此基础上，一些关于新闻记者培养目标的问题渐渐提上日程。在新的历史时期，应该怎样培养新闻专业的学生？他们所需要的仅仅是娱乐产业或视频游戏中所需要的一些技能吗？"[1] 这一串提问正是中国乃至全球新闻教育界普遍面临的问题。

面对着新闻业界一日千里的变化，教育界的紧迫感可想而知。一方面，越来越多的新局面需要研究总结；另一方面，业界提出的新的人才需求应该如何满足。

2002—2003年，来自美国得克萨斯州南卫理公会大学（Southern Methodist University）的卡丽·安娜·克里亚多（Carrie Anna Criado）和卡米尔·克列普林（Camille Kraeplin）历时一年，完成了对全美国的新闻传播业及新闻院校媒体融合发展程度的调查。调查结果指出"跨平台传播训练已经或即将纳入课程规划"，因为"传媒组织和新闻教育者均普遍认为媒体融合对新闻业界的未来发展十分重要"[2]。

同样的意见来自南加州大学新闻系副教授拉里·普赖尔（Larry Pryor），他认为："尽管我们更愿意回到十年前简单的教育模式中去，但技术的发展却不会因此停下脚步。受众再不受制于传统媒体，而我们也必须对此有所反应，否则就只能被忽视和遗忘。"[3]

2005年，密苏里大学新闻学院增设了媒体融合专业，并创立了完整的课程

---

[1] 黄鹂. 美国新闻教育研究 [M]. 武汉：华中科技大学出版社，2008：2.
[2] 宋昭勋. 新闻传播学中Convergence一词的溯源及内涵 [J]. 现代传播，2006（1）：53.
[3] PRYOR L. A Converged Curriculum：One School's Hard-won Lesson [EB/OL]. （2005 - 02 - 24）[2012 - 03 - 01]. http://www.ojr.org/ojr/stories/050224pryor.

体系，编写了适用于"融合新闻"的相关教材①。

同年，卡耐基基金会和奈特基金会共同开启了"未来新闻教育计划"，这一计划联合五所高校，以复兴新闻教育为口号，以培养未来新闻业的领袖为目的，以充实课程内容、拓展实习活动和研究数字报道为主要内容，最终得到了名为《改进未来新闻工作者的教育》（Improving the Education of Tomorrow's Journalists）的报告。根据《纽约时报》2005年5月26日题为《五所顶级新闻教育机构的新举措》的报道②，包括哥伦比亚大学、加州大学伯克利分校、西北大学、南加州大学以及哈佛大学在内五所高校的新闻学院或者相关研究机构，将在三年的时间内，花费六百万美元的资金，提高新闻学的学术地位，并寻找适合的途径来培养更好的记者。该计划在帮助参与学校增加历史、政治、哲学、科技等课程外，还组织了名为"21世纪摇篮"的实习项目，在五所高校挑选学生参与全国性调查报道的写作，并协助这些作品在传统媒体和新媒体上发表。

新闻专业学生在媒介融合时代下的职业道德、调查报道能力和数字化时代的报道技能是"未来新闻教育计划"的核心议题，这一前瞻性的话题的开启为当今新闻教育打开了一个新的领域。

在我国，也不乏类似的尝试。2007年，南京大学金陵学院成立新传媒系，并开设国内第一个媒体融合本科专业方向，招收第一批80名本科学生。

中国人民大学新闻学院从2009年开始设计"跨媒体实验传播"课程来配合其他的本科教学课程改革内容，引导学生认识、体会媒介融合理念，并最终完成对媒介融合相关技能的学习。之后，又随之推出了"新闻学-法学"与"新闻学-国际政治"等跨学科的本科教学全新模式。

2011年，中国传媒大学成立新媒体与媒介融合研究中心，定位为"媒介融合背景下对于多媒体新闻报道、数字媒体艺术、新媒体信息技术及一系列跨学科前沿领域的研究与实践"。这一团队与其新媒体教研室为同一团队，为新闻系、传播系本科、研究生教学提供系列高级专业课程。

清华大学新闻与传播学院则从2011年起，面向全校开设出镜记者、新闻学两项第二学位项目，每年从文、理、工各科招收40名左右的学生展开第二学位培养。他们认为这一举措"不仅通过学科融合提升了学生自身，也从思维方式、

---

① 蔡雯. 媒体融合与融合新闻[M]. 北京：人民出版社，2012：123.
② 5 Leading Institutions Start Journalism Education Effort [EB/OL]. (2005-05-26) [2012-03-01]. http://www.nytimes.com/2005/05/26/business/media/26journalism.html.

操作能力等方面影响了新闻传播学生"①。

总之，在这一阶段，中外新闻教育都发生了前所未有的变化。新闻教育在新媒体环境下顺应媒介融合发展趋势而进行的变革正是本书的主要研究内容。

（四）媒介融合时期的新闻传播教育研究成果

1. 研究成果综述

中外新闻教育历经近百年的发展历程，一直伴随着社会的变迁、技术的发展和媒介的变革而不断自我革新。对于新闻教育改革的研究一直是新闻教育工作者们关注的焦点之一。仅以中国知网（CNKI）所收录期刊文献为例，以"新闻传播教育"为关键词的论文数量，截至2019年总数为1 295篇。最早的相关文献出现于1957年（蒋荫恩：《冲破困难，继续前进》，《新闻业务》，1957年第9期），此后发展缓慢，1962年后更是出现了长达17年的空白期，直到1979年以后才有了持续、稳定的攀升（见图1-4）。

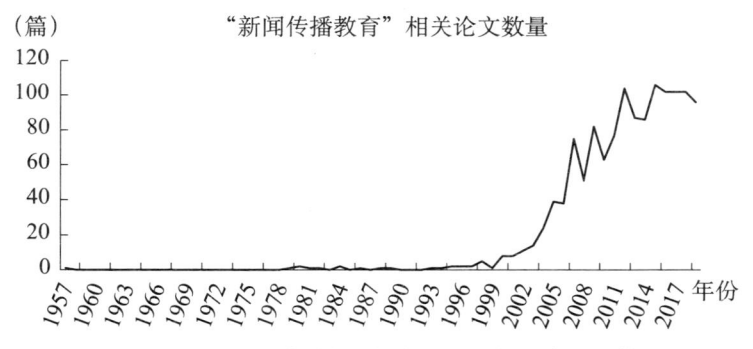

图 1-4 "新闻传播教育"相关论文数量变化趋势

20世纪80年代初期，新闻传播教育研究成果在数量上显著增长，相关领域日益受到学界重视。在此背景下，1983年，全国新闻教育工作座谈会举行。根据此次座谈会的倡议，1984年11月2日中国新闻教育学会（现为"中国高等教育学会新闻学与传播学专业委员会"）在北京正式成立，全国30所高等院校新闻系（专业）的代表参加了大会。该学会致力于新闻教育相关话题的探讨，除个别年份以外，基本保持着每年召开年会的传统，30多年来共举办年会20余次，大部分年会主题紧扣"新闻教育"这一核心议题。这些年会的80余篇论文成果分别被2001年由高等教育出版社出版的《中国新闻教育论文集》和

---

① 陈昌凤，张小琴. 融合时代的新闻传播教育 [J]. 中国高等教育，2014（Z2）：23-25.

2007 年由中南大学出版社出版的《迈入 21 世纪的中国新闻教育》两书收录。

以"新闻传播教育"为关键词的研究成果数量显著增长的第二个时间节点，是 2005 年。这一年，正是新闻传播学者对"媒介融合"产生大规模关注的开始。媒介融合这一新生事物对新闻业产生了巨大影响，这是新闻教育不得不面对的紧迫现实。与此同时，新闻教育的研究热度也日益走高。两者之间并非严格的因果关系，但其相辅相成、共同发展壮大也是十分明显的事实。2008 年末，清华大学国际传播研究中心主办了"首届全球新闻教育改革研讨会"，会议召集了来自内地和香港的共计 31 所高校新闻与传播学院的院长和系主任，围绕联合国教科文组织 2007 年提出的《新闻教育课程模板》，就与新闻教育密切相关的十个专题展开了讨论。本次会议的研讨成果，大部分被收录于 2010 年清华大学出版社出版的《新闻教育未来之路》。2010 年 9 月，由中国新闻传播教育史学会主办的"媒介融合时代中国新闻传播教育的变革"研讨会在武汉华中科技大学举行，包括中国人民大学、北京大学、南京大学、中国政法大学在内的 57 所高校 80 多位代表参加了这一会议。此次会议中，本土众多高校的专家学者对于媒介融合下中国新闻传播教育变革发表了自己的看法；也有学者以美国、日本以及我国台湾地区的新闻传播教育为研究对象，为本土教育改革拓宽视野、提供参考。在媒体环境变化与新闻教育改革的双重影响下，2007—2011 年前后，新闻传播教育相关的研究成果出现了一个明显峰值，每年的论文数量都达到了 70 篇左右。

2015 年，以"新闻传播教育"为关键词的期刊论文数量达到了 106 篇，为历年之最。这一年的 10 月，中国人民大学新闻学院举办"转型与创新：传媒变革中的新闻传播教育"学术论坛，论坛主题包括传媒变革中的新闻传播学科建设与发展、新闻传播学科的核心竞争力、新闻传播学科与其他学科的关系、融媒体新闻传播人才的培养、数字化时代职业记者的核心竞争力、未来传媒人才的复合型技能、自媒体时代的媒介素养、媒介化社会对传播人才的需求，共 8 个方面。百余名中外新闻传播界的专家学者参与其中，共同为转型与创新中的新闻传播教育贡献智慧[①]。在此之前，人大新闻学院以六十周年院庆为契机，已成功举办了五场论坛，主题分别为"变革与坚守——新媒体环境下新闻实务

---

① 中国人民大学新闻与传播论坛：转型与创新中的新闻传播教育［EB/OL］. [2015 - 10 - 25]. http：//news. ruc. edu. cn/archives/115977.

及其教学的改革与思考""新挑战、新机遇、新常态：传媒产业发展与研究论坛""新媒体与社会认同——公共传播研究论坛""转型与超越：新媒体环境下的视听信息传播""新闻传播业的变革：历史与现实"。

这一系列论坛专注于新的媒体环境下，新闻传播教育各个领域与环节的现状与变革，中外高校知名学者、来自媒体的业务骨干等参与其中，为新闻传播教育改革所面临的新局面提供新思路、提出新要求、探讨新路径，产生了大量的学术成果。

2016年，这一数字继续稳定在102篇。这一年的7月，第四届世界新闻教育大会（WJEC）在新西兰奥克兰理工大学召开。本届大会的主题是新闻教育的身份和传承，对当下世界新闻教育面临的突出问题进行了讨论。大会提出了包括移动新闻教育、跨媒介新闻叙事教育、数字时代加强新闻核实教育等问题，并探讨了社交媒体作为信息收集和传播工具融入新闻教育的机遇和挑战①。

此外，新闻传播教育领域的专著也是这一阶段新闻传播教育研究的重要成果。

国图馆藏中，现有最早的新闻教育相关专著是台湾郑贞铭先生的《中国大学新闻教育之研究》，出版于1974年，其后是1982年台湾"大众传播教育协会"编写的《新闻教育与我》，以及王洪钧先生1993年出版的《我笃信新闻教育：40年新闻教育之回顾》。这三本专著之间，依次各相差了近十年的时间，可见新闻教育研究的起步阶段前进步伐较为缓慢。1996年由邱沛篁先生编写的《新闻教育探索：四川联合大学新闻学院十五年：1981—1996》是国图馆藏中我国大陆地区最早的新闻传播教育研究专著，对一个地区（四川）一个断代（1981—1996）的新闻传播教育发展做出了梳理和总结。

此后新闻传播教育研究的发展步伐逐步加快，几乎每年都有相关的学位论文和专著面市，数量也在逐年增加。这些专著有一部分是新闻教育工作者对于国内的教育发展与改革的研究成果，如《新时代背景下的融合新闻教育发展研究》（景义新，2019）、《全媒体语境下的新闻教育革新与实践研究》（姚娟，2017）、《媒介融合语境下的新闻传播教育改革》（王晓红，2016）、《新闻传播学的学术想象与教育反思》（单波，2014）、《新闻教学与学术研究》（郑保卫，2013）、《新闻传播教育的认知与践行》（吴延俊，2013）、《新闻教育改革论》（张昆，2012）、《大众化语境下广播电视新闻专业教育改革研究》（彭爱萍，

---

① 相德宝. 世界新闻教育的十大议题：问题和建议［M］. 新闻界，2016（18）：23.

2011年)、《新闻教育未来之路》(李希光，2010)、《当代中国新闻教育改革研究》(詹碧澄，2009)；一部分聚焦于对海外先进经验的借鉴，或进行中外新闻传播教育的比较研究，如《联合国教科文组织新闻教育新课程纲要》(刘利群，2017)、《全球传播与新闻教育的未来》(史安斌，2014)、《当代密苏里新闻传播教育的实证研究》(李建新，2015)、《国际新闻传播名校教育镜鉴》(吴信训、张咏华、沈荟，2010)、《战后美国新闻与大众传播教育研究》(张晓静，2010)、《中外新闻传播教育发展研究》(辛欣，2010)、《美国新闻教育研究》(黄鹏，2010)、《中美新闻教育传承与流变》(陈昌凤，2006)、《中外新闻传播教育》(郑贞铭，1999)；还有一部分从新闻教育史的角度进行梳理、总结，如《中国近代新闻教育发展史研究》(许晓明，2016)、《中国新闻教育史论》(李建新，2003)等。

从硕士、博士学位论文的统计数量来看，根据中国知网所收录文献，以"新闻教育"为主题的论文从2000年以后开始出现，总数为283篇，其中博士学位论文27篇，硕士学位论文256篇。这些论文较为集中的研究方向为新闻教育历史脉络梳理，以及中美两国新闻教育模式的比较。明确以"新闻教育改革"为主要探讨话题的硕士学位论文有40篇左右。博士论文中，涉及这一主题的，主要以新闻教育史的相关话题为主，如《近代中国新闻职业化的建构——以民国新闻教育为考察中心》(罗映纯，2015)、《中国新闻教育的初曙：以北京大学新闻学研究会为中心的考察》(周婷婷，2008)、《中国新闻教育流变论》(李建新，2003)；针对海外新闻教育的研究也较为集中，如《学徒制影响下的学院制：英国大学新闻教育研究》(陈俊峰，2012)、《论美国新闻教育的职业化》(黄鹏，2005)、《重学轻术：论日本高等新闻教育》(马嘉，2006)；此外还有地区性的新闻教育研究，如《历史·现状·策略——我国西部高校新闻传播人才培养研究》(伍顺比，2013)。

综合中国知网和国图藏书目录的相关数据，以"新闻教育"为主题进行统计，从数量上可以对现有的新闻教育改革研究的发展趋势有比较直观的了解(见表1-1、图1-5)。

表1-1　　新闻教育相关专著、博士/硕士学位论文数量统计表

年份	专著数量（部）	博士论文数量（篇）	硕士论文数量（篇）	总数（部/篇）
1974	1			1
1982	1			1
1993	1			1

续前表

年份	专著数量（部）	博士论文数量（篇）	硕士论文数量（篇）	总数（部/篇）
1996	1			1
1999	1			1
2000			1	1
2001	2			2
2002			1	1
2003	1	2	1	4
2005	1	1	3	5
2006	1	1	3	5
2007	2	2	13	17
2008	1	4	10	15
2009	3		12	15
2010	4	2	18	24
2011	2	3	27	32
2012	2	4	33	39
2013	6	3	35	44
2014		2	14	16
2015		3	24	27
2016			18	18
2017	3		10	13
2018			19	19
2019	3		14	17

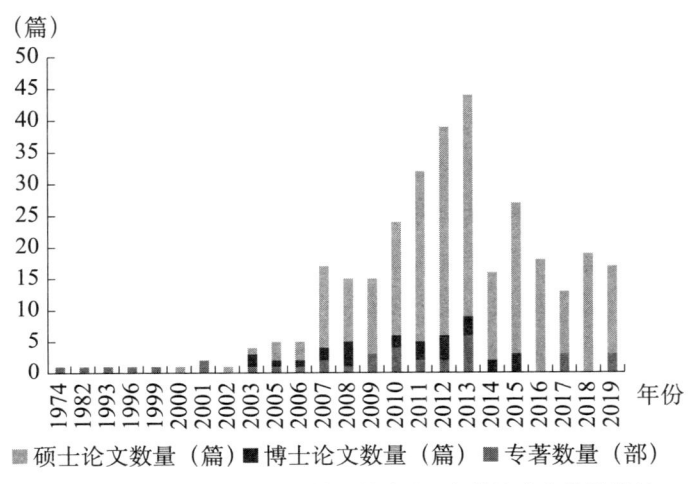

图1-5 新闻教育相关专著、博士/硕士学位论文数量统计

尽管对这些文献的统计不能穷尽我国现有的新闻传播教育研究成果，但也可从中窥见我国新闻教育研究的一些特征。

我国的新闻传播教育研究整体研究数量上不算丰富，但正在逐年增加，研究领域也在逐年拓宽，尤其以硕士论文的发展最为明显。

从研究话题上，"海外新闻教育"是最受关注的研究重点，涉及国家主要是美国，也有部分研究专注于英国和日本，对其他各国新闻传播教育状况的研究还有相当大的发展空间。此外，"教育改革"也是讨论的重点，集中于论文集形式的专著之中。对于"新闻教育史"的研究也正在逐步完善过程中，特定历史年代的、特定地区和特定专业的新闻教育史研究都有许多空白领域等待学者的进一步关注。"地区新闻教育研究"的成果受到学者个人研究偏好的影响很大，邱沛篁先生和黄瑚教授带动了四川和上海的新闻教育研究，此外由于台湾是我国较早开始新闻教育研究的地区，也受到了学者们的关注，其他地区则只有一些零星的研究。

2. "媒介融合"与"新闻教育"交集领域的研究

在学术研究领域，"媒介融合"与"新闻教育"的交集开始于2005年。这一年，当时在媒介融合技术发展与新闻教育变革处于领先地位的美国开启了全面的教学改革尝试。这些经验和做法被中国学者第一时间介绍到了国内。有部分是学者通过访学实地考察而得（蔡雯、周欣枫：《美国新闻教育改革的经典个案——对美国哥伦比亚大学新闻学院的调研报告》，《国际新闻界》，2005年第5和第6期），也有部分是海外学者在国内学术会议上的经验介绍（唐纳·洛根、鲁姗姗、王岚岚、钟新：《媒体公信力与新闻学院的角色》，《国际新闻界》，2005年第6期）。

（1）论文。

通过考察同时以"新闻/传播教育"与"媒介融合/媒体融合/跨媒体"为关键词的期刊论文数量，并将其与以"新闻/传播教育"为关键词的论文数量进行比照（见表1-2、图1-6），可以看到两者交集领域的研究发展趋势与相互关系。

表1-2 "新闻/传播教育"与"媒介融合/媒体融合/跨媒体"相关论文数量统计表

年份	关键词		所占比例
	新闻/传播教育	媒介融合/媒体融合/跨媒体 & 新闻/传播教育	
2006	176	1	0.57%
2007	196	2	1.02%

续前表

年份	关键词		所占比例
	新闻/传播教育	媒介融合/媒体融合/跨媒体 & 新闻/传播教育	
2008	213	3	1.41%
2009	268	15	5.60%
2010	259	51	19.69%
2011	289	45	15.57%
2012	266	54	20.30%
2013	270	45	16.67%
2014	308	58	18.83%
2015	337	88	26.11%
2016	409	71	17.36%
2017	375	47	12.53%
2018	403	60	14.89%
2019	399	55	13.78%

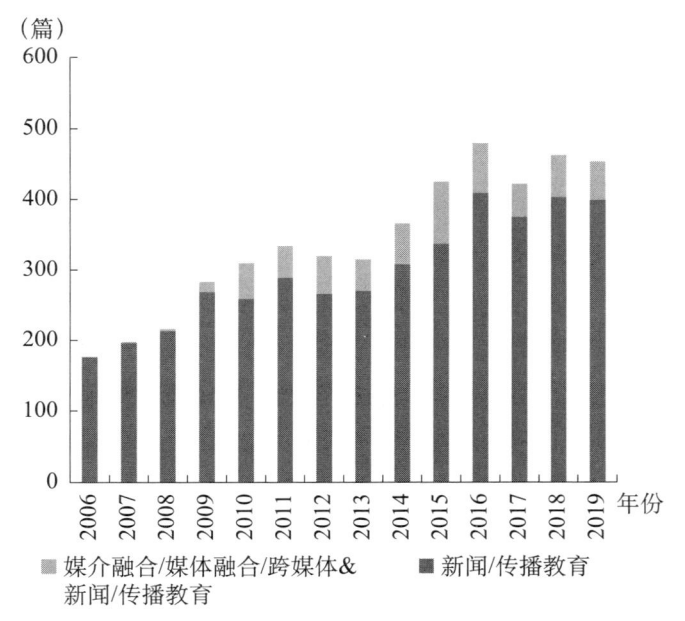

图 1-6 "新闻/传播教育"与"媒介融合/媒体融合/跨媒体"相关论文数量统计

通过图表可以看出，以"新闻/传播教育"为关键词的论文数量，在 2006—2019 年总数为 4 168 篇，整体呈增长态势，其中 2009—2011 年是一个明显波峰，绝对数量方面则是 2016 年为最，随后数量维持在 400 篇左右。

同时包含"新闻/传播教育"与"媒介融合/媒体融合/跨媒体"两个关键词的论文数量发展趋势，大体与前者相类似，也是逐年递增，总数为 595 篇，在 2009 年出现显著增长，并在 2015 年达到峰值，2016 年、2017 年有所回落，随后保持在 60 篇左右。

比较两者比例则可发现，"媒介融合/媒体融合/跨媒体"相关研究在"新闻/传播教育"研究中的比重增长比较迅速，通过 10 余年的发展，从最初的 1% 不到，到现在 14% 左右（见图 1-7）。由此可见，媒介融合已迅速成为新闻教育领域最为重要的研究话题之一。

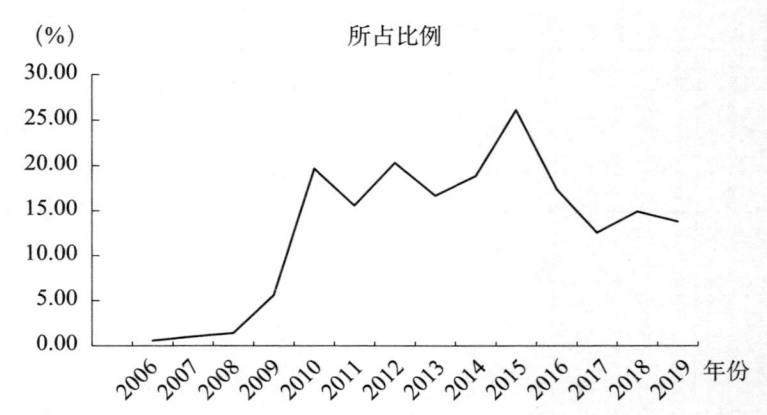

图 1-7　"媒介融合/媒体融合/跨媒体"相关论文数量在"新闻/传播教育"论文中的比例变化趋势

前文提到，以"媒介融合/媒体融合/跨媒体"与"新闻/传播教育"为关键词，可查询到的论文总数为 595 篇（截至 2020 年 3 月），根据这些文章的被引用次数排序（见图 1-8），我们可以观察到媒介融合下新闻传播教育研究最受关注的话题与领域。

从中我们可以看出，比较受欢迎的研究领域是关于"新闻教育改革"的宏观话题，以及"来自海外教育一线的经验分享"，美国的新闻教育经验依然是最受关注的话题，在被引用率排前十的文献中就有三篇与之相关，分别是《管窥美国新闻传播院校媒介融合课程改革中的经验与教训——以南加州大学新闻系的试错为例》（邓建国，《新闻大学》，2009 年第 1 期）、《媒介融合下的美国新闻业和新闻教育变革——访美国密苏里新闻学院媒介融合项目创始人迈克·麦金教授》（付晓燕，《新闻与写作》，2009 年第 8 期）、《美国新媒体专业教育模

篇名	作者	刊名	发表时间	被引	下载
媒介融合前景下的新闻传播变革与新闻教育改革	蔡雯	今传媒	2009-01-05	200	3880
媒体融合:追求信息传播理想境界的过程	高钢	国际新闻界	2007-03-23	151	4034
媒介融合下的美国新闻业和新闻教育变革——访美国密苏里新闻学院媒介融合项目创始人迈克·麦金教授	付晓燕	新闻与写作	2009-08-05	101	1563
国内关于"融媒体"的研究综述	柳竹	传播与版权	2015-04-15	98	6654
媒介融合趋势下新闻教育四大基础元素的构建	高钢	国际新闻界	2007-07-23	96	2467
管窥美国新闻传播院校媒介融合课程改革中的经验与教训——以南加州大学新闻系的试错为例	邓建国	新闻大学	2009-03-15	67	2166
媒介融合时代的中国新闻传播教育:基于18所国内新闻传播院系的调研报告	中国人民大学新闻学院新闻传播教育课题小组;倪宁;蔡雯	国际新闻界	2014-04-23	60	4700
媒介融合时代新闻传播人才培养的理念与路径	胡德才	新闻大学	2015-09-15	55	3101
美国新媒体专业教育模式分析及对中国的借鉴	匡文波;孙燕清	现代传播(中国传媒大学学报)	2010-08-15	52	1679
媒介融合背景下新闻教育理念与人才培养模式探析	汤天甜	中国大学教学	2010-08-15	49	1087

图 1-8 关键词"媒介融合/媒体融合/跨媒体 & 新闻/传播教育"论文引用率排名

注:数据为中国知网全文数据库期刊文献被引用率前 10 位截图,截至 2020 年 4 月 22 日。

式分析及对中国的借鉴》[匡文波、孙燕青,《现代传播(中国传媒大学学报)》,2010 年第 8 期]。

剩余的七篇文章,都以"改革""创新"为关键词,从不同维度对新闻教育进行较为宏观的探讨,涉及了教育理念、教育元素、教育目标与教育模式。

总的来说,期刊论文对于新闻传播教育与媒介融合的讨论,其特征同新闻传播教育研究本身有所类似,借鉴海外经验始终被当成重要话题而得到重视。宏观类的讨论比具体领域、具体专业的讨论更多,引用率也更高。

(2)专著。

关于媒介融合和新闻传播教育的话题,还有一些专著起到了重要的总结、研究和引导作用。这些专著,一部分是以论文集的形式呈现的:或是通过对某次会议相关发言的整理,形成话题多样的论文集(李希光:《新闻教育未来之路》,2010 年),或是对多年自身新闻教育工作经验的总结(张昆:《新闻教育改革论》,2012 年),或是提出话题进行采访,将获取的谈话资料编辑成册(钟新、周树华:《传媒镜鉴——国外权威解读新闻传播教育》,2006 年;吴信训、张咏华、沈荟:《国际新闻传播名校教育镜鉴》,2010 年)。这类专著的优点是能够同时包含许多观点和话题,这些观点的提出者往往是在科研、教学一线的专家学者，他们都对相关话题有着切身感受和深入思考，能够抛出许多发人深省的观点。缺憾是出于篇幅限制，许多都是对于微观层面的问题讨论，在研究过程上往往点到即止，篇幅之间的逻辑联系不强，无法展现新闻教育状况的全貌。

与此相比，也有部分专著拥有完整的体例，对新闻教育中的某一话题进行了一以贯之的剖析。此类著作的结构较为相似，一般都从追溯新闻教育的历史开始，然后将新闻教育研究细化为教育内容、教育方式和教育实践者等部分，最后再就教育成果评价提出意见（黄鹂：《美国新闻教育研究》，2008年；马嘉：《重学轻术：论日本高等新闻教育》，2006年）。同海外模式的比较研究，也被用于阐释新闻教育的历史传承与未来趋势，其中，作为现代新闻教育发源地的美国被提及得较多（陈昌凤：《中美新闻教育——传承与流变》，2006年）。

这些专著在研究内容的组织方面，通常会根据教育学主要涉及的几个方面进行分类。其中，课程设置是最受关注的内容，也是审视教育内容和教育方式最为客观可行的视角。多部著作涉及对不同高校课程设置的研究，有的甚至直接以课表作为最重要的研究材料。教育实践者是另一个研究重点，大量的研究集中于高等学校新闻教育专家，他们多来自全球著名高校新闻院系的管理层，他们的观点直接影响着新闻教育机构的具体发展思路，他们的学术背景和相关访谈被大量研究与引用。而与此同时，对于教育对象与新闻教育的主要受益者——新闻机构的意见搜集相对薄弱。

在研究方法上，除了少数论文使用了理论框架，并采取了一些统计方法外，大部分文献并未重视研究方法的选择，研究焦点更多放在了现象描述上。这一现象同本土新闻学研究本身在社会科学中尚处于起步阶段有一定关系。社会学为部分新闻教育研究提供了方法与工具，如系统论（蔡凯如：《大新闻系统建构刍议——关于新闻教育、新闻研究与新闻实践一体化的思考》，2000年）、社会变迁理论（陈昌凤：《中美新闻教育——传承与流变》，2006年）等。

总体上看，关于新闻教育话题的具体研究方法比较集中于案例分析、文献分析和深度访谈，搜集资料全面细致是这类研究的一个共同特征。而如何将这些资料数据更为有效地进行分析和整理尚有提升的空间。

第二章 "媒介融合"对新闻人才的新需求

随着媒介融合进程的不断深入,传媒行业运作的外部环境和内部机制都发生了巨大的变化,对新闻人才的需求相应有所改变。本章主要总结梳理新闻传播行业在传播、社会与技术等多元视角下的具体变革,以对当今新闻传播人才需求发生变化做出合理性解释,并从新闻传媒业和从业者两个角度分析人才需求发生变化的具体表现和影响。

一、新闻传播行业的剧变及其面对的挑战

媒介融合时代,新闻传播行业经历的剧变所带来的影响和结果是复杂的。一方面,新的传播渠道、传播技术极大地拓展了信息传受的群体,且丰富了新闻报道的形式、优化了新闻报道的效果;另一方面,媒介融合的深入、新媒体尤其是移动互联网的兴盛,促使传统新闻媒体日趋衰落,这类媒体的从业者也在多重冲击下陷入发展困境。

新媒体的崛起对新闻业的挑战是近年来无论中外都在持续讨论的热点。在新闻业最为发达的美国,2012年岁末,哥伦比亚大学新闻学院Tow数字新闻中心推出一份长达126页的研究报告《后工业时代的新闻业:顺时而动》(Post-Industrial Journalism: Adapting to the Present)。报告一开头就写道:"对传媒业来说,这是一个同时经历着灾难和重生的时刻。新闻媒体的状况可以用这样三个几乎同时发生的故事来概括:关于新闻媒体衰退和倒闭的故事、关于新媒体兴起的故事,以及关于新闻媒体调适的故事。"报告中提供了较为丰富的例证,三位学者克里斯·安德森(C. W. Anderson)、埃米莉·贝尔(Emily Bell)和克莱·舍基(Clay Shirky)共同执笔,在大量访谈的基础上对新闻业的发展态势进行了剖析。他们声称这份报告并不是一个行动策略,因为"我们所在的时代,什么失效了远比什么将起作用更加清晰"。这份报告力图帮助人们理解"新媒体环境下社会需要什么样的新闻业"。他们指出,"由于整个媒介生态体系中的经济、社会、政治和文化变迁,许多新闻媒体正经历重大危机。它

的核心价值不断贬损,更有甚者,媒体机构在稳定时期的优势,在危机时期却成了拖累,这令媒体困惑不已"。他们的调查发现,"考察数字化的内容管理系统及其相关程序就可以明白,现存的传媒业生产流程是多么不合时宜"。于是,"总结新闻业的哀歌:相比缺钱,多少年来积累形成的工作模式对于改变来说是更大的障碍!"这份调查报告的结论是:"新闻的重要性不会改变,专业人士的重要性也不会改变,会改变的是线性的新闻生产流程以及受众的被动性。为了应对受众不断变化的需求,新闻媒体需要思考如何重新组织和聚合新闻生产流程。"[1]

美国调查机构皮尤研究中心近十多年来每年都发布美国新闻业年度报告,涵盖对报纸、杂志、电视、数字发展等主要新闻媒体或领域状况的分析、预测。这些报告显示,美国报业近十几年来都不是很景气,呈现出衰退行业的某些典型特征。根据美国报业协会的数据,2012年,美国报业广告收入继续呈长期下滑趋势,其中纸质版广告收入降至200亿美元以下,2012年的广告收入只有10年前的60%。纸质版广告收入在2012年连续第六年下降,并且下降不是一点儿——下降约15亿美元,或7.3%。在各种路子都走不通的情况下,美国报业开始实施多种举措削减成本,以提高利润空间。这些方法包括减少报纸出版频次,出售固定资产,大规模裁员,所有权交易频繁,缩减发行区域,提高报纸售价等[2]。

皮尤研究中心2014年发布的报告相比前一年,传递出一些积极的信号。报告指出,新闻行业中有六种主要趋势正在浮出水面:(1)网络媒体的全球扩张;(2)新闻行业营收没有增长;(3)社交网站成为新闻传播的主要渠道;(4)新媒体发展迅速;(5)电视行业并购成为潮流;(6)人口结构影响新闻业[3]。而其发布的《2015年美国新闻媒体状态》报告显示,美国传媒业的融合发展有以下几点特征:第一,报纸行业持续萎缩。皮尤研究中心当时预测,2014年美国的日报和周日报(一般为单独发行)发行量下滑3%;另外报社的印刷广告收入和网络广告收入的总和也下滑了4%,也就是说网络广告收入也未能弥补印刷广告收入的下滑。第二,采编岗位人员进一步缩减。2014年美国报业采编岗

---

[1] TOW. Post-Industrial Journalism:Adapting to the Present [EB/OL]. (2012-11-12) [2016-09-19]. http://towcenter.org/wp-content/uploads/2012/11/TOWCenter-Post_Industrial_Journalism.pdf.

[2] 李颖. 美国报业的"收割—衰退"螺旋趋势:对皮尤2013年美国新闻业年度报告的报业解读[J]. 中国记者,2013(7):127-129.

[3] 腾讯科技. 皮尤报告:美国新闻行业的六大发展趋势[EB/OL]. (2014-03-27) [2018-08-09]. http://tech.qq.com/a/20140327/019944.htm.

位总体上在缩减，但下降速度有所放缓。根据美国报纸编辑协会采编人员就业调查，全美报纸采编岗位 2008 年减少了 11%，2012 年减少了 6%；根据所能获得的最新数据，2013 年全美采编岗位总体减少了 3%，降至 3.67 万个。第三，社会化媒体成为发展的最大赢家。在这场由科技带来的传媒变革中，科技公司始终占据主动地位，获得了主要的经济利益，数字广告投放增长的最大赢家依旧是社交媒体和科技公司。比如 2014 年，脸书（Facebook）拿走了所有数字广告中的 10%，其数字广告收入增长了 52%，达到 50 亿美元，是 2012 年 22 亿美元的两倍多①。

我国新闻业的情况也表现出与美国相类似的变化。国家新闻出版广电总局 2015 年 7 月公布的《2014 年新闻出版产业分析报告》以"全方位深度下滑"来描述当前中国报刊业现状。报告公布了一系列令人心惊的数据：2014 年，全国报纸出版实现营业收入同比下降 10.2%；利润总额同比下降 12.8%。46 家报刊传媒集团主营业务收入与利润总额分别降低 1.0% 与 16.0%；报业集团中有 17 家营业利润出现亏损，较 2013 年又增加了 2 家②。

《中国传媒产业发展报告（2016）》显示，传媒产业整体平稳发展，但结构已经发生了深刻变化。2015 年，中国传媒产业有两个有趣的"超越"：一是报业广告和发行收入双双大幅下滑，报业市场整体规模在 2015 年首次被电影票房市场（440 亿元）超越；二是电视广告市场发展疲软，下滑趋势明显，2015 年电视广告收入首次被网络游戏市场（1 411.5 亿元）超越。这两个超越让传统媒体感到深深的"寒意"③。2015 年互联网媒体的市场占比由 2014 年的 47.2% 上升到 51.8%，进一步拉大了与传统媒体的规模差距，传统媒体影响力和生存模式都受到了严峻挑战。

尤其是报纸，2015 年传统报业的"断崖式"下跌仍在持续，全国各类报纸的零售总量与 2014 年相比下滑了 41.14%，其中都市报类下滑幅度最大，已达到 50.8%。相对稳定的订阅市场在 2015 年也出现了加速下滑的趋势。传统报刊读者数量和广告收入的双下滑使得近年来报刊经营举步维艰，与之相应的停

---

① 郑蔚雯. 报业下降趋势仍在延续：2015 美国新闻媒体现状报告［J］. 新闻记者，2015（6）：47-51.
② 应妮. 官方指 2014 年中国报刊业"全方位深度下滑"［EB/OL］.（2015-07-15）［2018-03-25］. http://www.chinanews.com/cul/2015/07-15/7407572.shtml.
③ 崔保国. 传媒蓝皮书：中国传媒产业发展报告（2016）［M］. 北京：社会科学文献出版社，2016.

刊和休刊已成为传统报刊行业的一种新常态。据不完全统计，2014年中国停刊或休刊的知名报纸数量约为10家，而2015年这个数字扩大到30家左右。直到本书最后定稿的2020年，每年宣布停刊的报纸数目都不小，尤其是一些曾经在国内影响很大的都市类报纸的消亡，带给人们深深的惋惜和怀念。

移动互联网端却呈现出一派欣欣向荣的发展态势。2015年以来，随着智能手机成为第一上网终端，移动新媒体成为传媒产业发展的最大亮点。根据中国互联网络信息中心（CNNIC）《第45次中国互联网络发展状况统计报告》，截至2020年3月，我国网民规模达9.04亿，网民使用手机上网的比例达99.3%。新技术与新应用不断创新和改变着传播手段、交互方式、传播关系、传播格局，各类媒体借助移动互联网新技术新应用在业务创新、移动传播、全媒体报道、融合发展方面进行了积极的尝试。

值得注意的是，在传统媒体转型的进程中，"传统"的比重已经越来越小。一方面是产品不再传统——大力扶植从业者在新媒体平台上展开低成本创业，互联网长尾效应形成的大规模用户群使"微创业"成功的可能性及其价值大大提高。以《东方早报》为例，2014年7月由《东方早报》团队打造的"澎湃新闻"正式上线，印刷媒体与新媒体从一开始就在采编和管理上高度融合，采编团队各自"抱团"，开办了一系列微信公众平台，包括"饭局阅读""打虎记""一号专案""纸牌屋""有戏"等，在没有增加多少采编成本的情况下完成了步入"微信端"的转型。到2017年1月1日，《东方早报》宣布休刊，而在"澎湃新闻"的数字平台上涅槃重生。此时，"澎湃新闻"客户端下载量已超6 000万，移动端日活跃用户达500万，与腾讯、网易、今日头条等一起位列新闻客户端第一阵营。另一方面是产业模式不再传统，出现了资本运营型、地产支撑型、电商发展型等多种产业延伸模式。比如浙报传媒集团选择进军资本市场，收购游戏产业，增值效益明显。

综上，在全球范围内，新闻业由于传统新闻媒体的衰落而陷于困境已经是不争的现实。这种变化在中外新闻界包括新闻教育界引发了热烈的讨论。《华盛顿邮报》（*the Washington Post*）执行主编马丁·巴伦（Martin Baron）于2015年在加利福尼亚大学发表了一篇演讲，主题为"新闻大动向：从印刷时代到网络时代，什么该抛弃、什么该保留、什么该获取"。他说："研究新闻39年以来，我从未有一刻像现在这样陷入极度兴奋和焦虑的情绪中。兴奋是由于传统的经济模式正在瓦解，新闻被彻底重塑。而讽刺的是，焦虑也恰恰来自这一点。"他的报告被中国的编译者摘编后制作了这样一些小标题来概括其主要观点：报纸将成为过去时；我们正走向移动化的未来；头版概念已经过时；互联网吸引大批受众；记者需要理解传媒机构的盈利渠道；工程师成为编辑室里的重要成员；新闻需要适应数字化体验的要求；记者需要更有创业者思维；记者应克服对数据分析的心理障碍；记者仍应对原创内容保持相当的热情；审稿还是一如既往地重要等①。这些观点在带领报业转型的领军人物中是具有一定代表性的。

也有人跳出了传统媒体的立场，从更广阔的社会变迁中思考新闻业，发现了问题的另一些方面。如科技博客网站 Business Insider 主编亨利·布洛杰特（Henry Blodget）认为，新闻业已经进入黄金时代。他强调自己说的不是报业经营，而是新闻业。"这个行业的发展现已在其最好的状态，而不是那些报业人不时营造的行业垂危的阴暗景况。"他的理由是："全球信息比过去任何时候都更加灵通。的确，新闻巨头倒闭和瘦身的消息不绝于耳，但是其他新闻、信息渠道的爆发式增长也让人目不暇接，例如 Facebook、推特（Twitter）、博客、彭博、谷歌、维基解密、成千上万的数字新闻信息网站、YouTube 视频，各类摄像、录音设备，以及各种即时发布工具，全球近 20 亿人手上均持有这些工具。与此同时，大量的传统新闻机构如电视、广播、杂志甚至于大部分的报纸这些媒介依然存在，其中不乏蓬勃发展的例子。新闻业是否健康发展的评判标准应取决于重要事件的报道、传播程度。即使是最忠实于报纸的铁杆粉丝也会承认，当今世界人们对重要信息的获知情况比以往任何时候都要好。"他认为如今优秀的新闻人比过去更多。全球成功的专业新闻机构成千上万，其中专业的新闻人也不计其数。今天，只要连通网络，任何人都可以制造新闻，很多人也的确在这样做。无论在何地，有人发布了一条重磅消息或者关于一起重要事件的信息，大家会看到并分享，而信息绝对会获得其应得的关注。而且新闻人基本上可以直接或间接地联系到地球上的每一个人。此外，数字新闻机构中涌现一批批优秀的新闻人，机构经营日益改善、业务范围更广、经营持续性更好。在未来十年里，全球性的新闻媒体机构将会不断出现，充分利用这一新媒介的优势。届时，新闻信息将更全面、更快、更高效而且更加有效地传播。他提供的理由还有移动设备的快速普及随时随地为读者提供新闻资讯，当今新闻业的

---

① 全媒派.2015 华盛顿邮报主编演讲精华版：14 条干货全方位聚焦纸媒蝶变［EB/OL］.（2015-04-21）［2017-03-25］. http://finance.jrj.com.cn/2015/04/21043019124090.shtml.

叙述模式呈现多样化，事件的报道不再具有时间或者篇幅的限制，信息发布类型没有篇幅和话题的限制，各种不同形式的传播方式均可为信息发布服务，数字出版可以在此媒介中建立多种不同的传播途径，可以通过指引、搜索、社交网络以及推荐等方式进一步削弱对特定传播媒介的依赖，获得更高的媒体准确度与达成更多的舆论共识等。他认为"新闻业的经营模式在改变，特别是报业更是如此。改变是必须付出代价的，而代价通常是痛苦而极具破坏性的。但是就新闻业来说，行业已经进入黄金发展时代"①。

布洛杰特的这些观察提供了一个从报业之外重新审视新闻业的视角。国内学者的研究也有同样的发现，比如大家观察到的一些具有普遍性的变化："新闻的涵盖面变得更大，过去不属于新闻的日常信息、流行话题、社交聊天、普通人经历等都有可能登上新闻之'殿堂'；新闻的呈现方式更加注重个人视角、对话性和视觉化；作为一种重要的知识类型，新闻的边界，比如新闻与娱乐、新闻与公关、新闻与社会科学等的关系，正在解构和重建。"②

确实，如果不考虑人类远古时代口口相传的新闻传播，新闻业作为一种由专门的新闻信息生产机构及其职业工作者来承担的社会分工，最初是以报业作为基础而发展的。后来，广播电视业加入了新闻传播的专业阵营，新闻业不断发展壮大。新闻业发展与大众传媒演进不可分割的这段历史，也使得新闻业的知识框架，新闻的定义、功能与操作规范等都是在大众传播的框架内奠定和发展的。当大众媒体在新媒体的冲击下出现日益严重的生存危机时，人们对新闻业的担忧不仅仅与以往支撑它的大众媒体的经营模式失效有关，还与新闻生产的模式难以为继有关。"新闻业作为职业人士的'独白'和'宣讲'，正在转换为开放、多声调和非正式的'谈话'；以职业人士依赖体制权威册封'事实性'的新闻操作模式，正在日益受到'众声喧哗'这一真相形成模式的挑战；新闻事业从美国新闻学者所宣称的'民主的手艺'（democratic craft），正在转向日常社会交往的氛围或环境营造。"③ 随着新媒体的崛起，新闻业正在被重塑，已经成为中外新闻研究者的共识。

---

① BLODGET H. 欢迎进入新闻业黄金时代［EB/OL］.［2013-08-14］. http：//www. huxiu. com/article/18765/1. html.
② 王辰瑶. 新闻创新：不确定的救赎［J］. 中国社会科学报，2016（5）：5.
③ 潘忠党. "元传播"：新闻变迁的核心问题［EB/OL］.（2016-07-15）［2018-09-25］. http：//www. cssn. cn/zx/201607/t20160709_3114702. shtml.

二、观察新闻传播行业变革的三个主要视角

2010 年被称为"微博元年",大量传统媒体步入基于用户关系的社会化媒体平台寻求新的突破。自此,媒介融合的进程进一步加快,社会环境、传播技术环境与从业者生存环境都发生了剧烈变动,媒体、从业者、平台与受众之间的相互关系正在重新建构,促使媒体机构、媒体从业者与平台都在不断做出适应性的调整,以在"变与不变"的博弈中谋求自身的一席之地。梳理近年来媒体从业者与高校研究人员的发言与文献,整个新闻传播行业正在经历的变化主要体现在传播、社会和技术三个视角上。

(一)传播视角的变化

新闻传播是人类信息传播的一个分支,从传播的角度考察新闻业的变迁是必然的首选。

1. 传播特征与模式的变革

随着新媒体技术的日益革新,全球范围内信息传播的环境和方式都发生了巨大变化:信息的总量呈现出"裂变式"的增长态势,信息传播渠道更加多元、融合、通畅,"所有人对所有人传播"的总体特征越发明显[①]。

一是实时性传播。表现如下:一方面,事件的任何见证者和亲历者都可以发布资讯,新媒体时代的新闻源不再局限于媒体记者的采访,传、受主体都发生了巨大的变化;另一方面,新媒体便捷的信息发布方式使得其信息加工省去了传统媒体的一系列复杂而烦琐的环节(如印刷媒体的文字录入、图片扫描、计算机组版、制版印刷、发行等),用户只需输入信息、点击发送,便可完成一次信息制作和发布。

二是裂变式传播。在微博、微信等平台上,用户能够自由发表观点,并便捷地对他人的信息进行分享和评论。用户的这种参与和互动,构建起了基于社会关系网络的网状信息传播结构——每个用户都成为这张传播网上的一个"节点",其所发布或分享的信息能迅速被该传播网络上的其他用户转发,从而使信息在短时间内形成"一传十、十传百、百传千"的多级裂变式效果。实时与裂变的特性缩短了信息集散的时间,拓宽了信息传播的广度,使得新媒体所生产

---

① 黄河,翁之颢.移动互联网背景下政府形象构建的环境、路径及体系[J].国际新闻界,2016(8):74-91.

和传播的信息可以在短时间内影响数以百万、千万甚至亿计的受众。

除了信息传播的特征，信息传播的模式也在发生转变。早在 2006 年就有学者提出："媒介融合时代的传播，已经从以技术为导向的、独白式的传统线性传播模式，转向以关系为导向的、对话式的全息传播模式"①。随着自媒体与个人门户的兴盛，大众门户的中心地位被削弱，每个个体成为自己的传播中心，促成新的话语权力中心，新媒体传播自身也在发生从"大众门户"到"个人门户"的模式变革②。

2. 逐渐模糊与泛化的"传媒业"

传播特征与传播模式的变化促使新闻传播业的概念和边界也变得模糊。究其原因，有学者认为："今日新闻界边界的模糊，是因为基于互联网技术的新媒体向曾经只作为看客的受众敞开了通向新闻传播大舞台的大门，是因为自媒体和社交媒体的兴起对边界的融蚀及去中心化，是因为 UGC 内容的大行其道。"③ 这种"模糊"对经典新闻理论和传统新闻传播方式带来了前所未有的挑战，在更多的问题变得显性之前，整个传媒业首先要就"新闻传播"的定位与再造达成新的共识。

当然，新闻传播行业边界的消失，未必就会带来人们所担心的专业信息生产水准的下降，或大众传播业的衰落。亦有学者提出，一种重新定义的"媒体"，一种全新的格局，以及更多元的生产力量，可以推动公共信息生产水准的提升，推动社会更好地发展④。

（二）社会视角的变化

随着媒介融合进程的深入，传播与社会的互动变得越来越频繁和复杂，并且具有强劲的突破性和渗透力，我们既不能忽视传播在社会秩序和社会结构变迁中的重要推动作用，也不能跳开社会的视角审视新闻传播的变革。数字化与话语权再分配促进社会交流、公共性与公民意识觉醒推动社会启蒙、法治意识兴起重构社会秩序、专业化与众包生产优化社会分工等等，最终促使媒体的社会功能也在不断发生变迁。

---

① 陈先红. 论新媒介即关系 [J]. 现代传播，2006（3）：54-56.
② 彭兰. 从"大众门户"到"个人门户"：网络传播模式的关键变革 [J]. 国际新闻界，2012（10）：6-14.
③ 杨晓凌. 新闻业：正在消失的边界：《哥伦比亚新闻学评论》新闻理念调查专题译评 [J]. 新闻记者，2014（5）：18-29.
④ 彭兰. 正在消失的传媒业边界 [J]. 新闻与写作，2016（2）：25-28.

1. 去中心化与话语权再分配

新媒体尤其是社会化媒体的出现，本质上是一种由技术进步与门槛降低推进的民主进程，其带来的最为重要的影响是"促进话语权的再分配"——媒介融合时代，普通公众从以往大多只是被动的信息接收者的状态演化为更加积极主动的信息发布者、问题质疑者、社会监督者、活动动员者和决策参与者[①]。2020年春，"新冠肺炎"冲击全球，我们对热点事件的传播跟踪观察分析，发现这类热点大多由自媒体推动进入公众视野，而专业媒体仍是后续报道的中坚力量。多元主体介入新闻场域后，新闻边界日益模糊，新闻成为多元主体协作竞争的产物。

技术民主与话语权的再分配又引发了传播的"去中心化"，"去中心化"描述的是传统媒体作为传统的权力中心影响弱化的过程。"传统意义上的受众如边缘弱势群体、NGO组织、民间压力团体，凭借新媒体获得话语权，形成多级化的传播格局。"[②]

话语权的再分配又促成了社会公众"公民意识"的觉醒。"公民意识"即公民对自身政治地位和法律地位的自觉意识，同时也是公民对自身权利和应承担义务的认识[③]。新媒体提供的互动交流机制，弥补了现代社会中面对面交往的不便，为公众的政治讨论和团体内沟通带来更多机会，无形中降低了公众政治参与的壁垒，减少了他们政治参与的时间、金钱、精力等成本。随着新媒体的快速发展，公民意识进一步增强，从而人们获取信息更主动、互动欲望更强烈、质疑与批判意识更明显。

当然，这种变化并不总是有利的，"去中心化"亦给传统媒体带来了严峻的考验。信息的实时生产和裂变式扩散成了常态，这使得信息集散的时间大幅缩短、影响范围迅速扩大，社会意见离散且多元。信息"碎片"如果不加以统合、过滤、去噪、去重，公众就可能陷入信息汪洋中不知所措，这时他们要么把自己封闭起来排斥信息的灌输，要么根据经验和自己认可的意见领袖的观点做出判断，要么对事物先定义后理解而贴上感性的标签[④]。这都在一定程度上消解

---

① 黄河，翁之颢. 移动互联网背景下政府形象构建的环境、路径及体系 [J]. 国际新闻界，2016 (8)：74-91.

② 史安斌. 危机传播研究的"西方范式"及其在中国语境下的"本土化"问题 [J]. 国际新闻界，2008 (6)：23-27.

③ 刘琅琅，陈九龙. 公民意识在互联网中的发展探析 [J]. 西安交通大学学报（社会科学版），2014 (1)：93-96.

④ 同①.

了媒体原来应当承担的社会功能，产生信息混乱甚至是社会危机。又比如，多数新媒体平台的匿名性并没有减轻人们发表不同意见时的社会群体压力，过于自由的言论反而纵容了情绪化和极端化言论的产生①，这又影响了媒体运作的外部舆论环境。

2. 众包生产与社会资源再调配

技术的进步与融合的加速，使传统媒体在新闻传播活动中的掌控力逐渐减弱。面对日益丰富的传播渠道和传播技术，单一依靠媒体自身的力量很难照顾到方方面面。随着众包生产的兴起，媒体面临的这一困境得到了有效改善。

所谓"众包模式"，即指一个组织或机构把过去由员工执行的工作任务，以自由自愿的形式外包给非特定的（而且通常是大型的）大众网络的做法模式；在这一过程中，企业只需要为贡献者支付少量报酬，而有时这种贡献甚至完全免费。

有学者提出："在媒介融合时代，新闻或其他信息生产与发布的技术更为多样、复杂，习惯于传统媒体生产流程的任何单一机构，也许都不足以承载多媒体内容生产的完整架构。对于一些复杂的内容生产来说，传统媒体也许更多是作为内容的提供者，而更多专业技术公司则作为内容的包装者、发布者与推广者。"②

无视或者违逆这一趋势，就很可能在转型的过程中遭受重创。以《The Daily》为例，默多克曾经宣称"要让《The Daily》成为不可或缺的新闻以及信息来源"。为了实现这个目标，《The Daily》坚持100%原创，每天提供100多页的新闻、观点、体育和休闲内容等原创内容，这让仅仅有100多人的内容团队疲于应付，仅仅2年便惨淡收场。

吸取了《The Daily》的教训，澎湃新闻就进行了不一样的尝试。为了扩大原创的内容源，澎湃新闻进行了两个方面的努力：一是接受优秀的时政新闻生产团队各种形式的合作；二是通过"问答"和"评论"，力图使用户生产内容转化为新闻源③。最终形成了澎湃新闻目前内容勃兴的发展态势。

---

① 李良荣，于帆. 网络舆论中的"前10效应"[J]. 新闻记者，2013（2）：50.
② 彭兰. 媒介融合方向下的四个关键变革[J]. 新闻记者，2009（2）：22-24.
③ 郑青华. 澎湃新闻，能否成为新闻客户端的标杆？：对澎湃新闻的几点思考[J]. 编辑之友，2015（1）：72-75.

（三）技术视角的变化

人类社会的每一次飞跃发展，都离不开技术的进步。而作为信息传递和接收的工具或手段的新闻传播技术，从未像今天这样得到关注。麦克卢汉的"媒介即讯息"的精彩论断，已经将媒介作用的范围大大扩大，尤其是新媒体，"它是一种全球性的信息传播系统，打破了地域界限和国家疆界；它不但能统一处理文字、声音、图形、影像等各种符号形式，而且能包容从人际传播到群体及组织传播到大众传播的各种层次类型并涉及各个领域的传播活动"[①]。

如今，新技术将在很长一段时间内主导新媒体传播的发展：一方面，机器算法、人工智能改变了信息的发布机制，不断提升内容与用户的匹配精度；另一方面，基于数据和语义的分析技术促使机器创作能力大幅提升，极大地扩张了信息生产的边界。而更多新技术以集群的态势快速涌现，不断更迭，又将为新媒体传播提供从内容生产、信息传播到内容呈现的全方面变革空间。

1. 改变传统新闻传播工作的技术代表

大数据技术：随着数据挖掘、整理、存储与运算能力的不断提升，"数据共享"成为人类社会各个领域交互、合作的一种全新方式。在全面到来的"大数据时代"，运用大数据技术进行选题的挖掘和新闻深度的拓展也成为当今媒体面临的共同挑战。

国外学者将大数据描述为"无法在可承受的时间范围内用常规软件工具进行捕捉、管理和处理的数据集合"[②]。在信息生产层面，大数据带来全新的信息内容，除了政府、媒体、企业、社会组织等提供了更多的数据外，用户数据、移动互联网平台上的 UGC 内容、各类移动终端提供的地理位置信息、物联网技术发展带来的相关数据等，也使信息的数量急剧增长[③]，形成新媒体传播中"数据新闻"的海量来源。数据新闻成为重要的分支，意味着从业者必须具备筛选、分析、呈现数据的能力，新闻教育也必须延伸到相关领域。而在用户反馈层面，大数据共享为内容生产者提供数据支持。各类庞杂的数据不仅可以作为新闻报道的内容，也可以作为了解受众的依据，通过数据对受众的心理、需求

---

① 张咏华. 媒介分析：传播技术神化的解读［M］. 上海：复旦大学出版社，2002.
② 迈尔，伯格. 大数据时代［M］. 盛扬燕，周涛，译. 杭州：浙江人民出版社，2012.
③ 彭兰. 社会化媒体、移动终端、大数据：影响新闻生产的新技术因素［J］. 新闻界，2012（16）：3-8.

以及行为习惯等进行分析，可以提供更符合受众需要的新闻报道①。可以说，"大数据时代"的到来提升了技术在新闻生产中的地位。

传感器技术：传感器（sensor）从技术形态上讲是一种监测装置，能感受到被测量的信息，并能将其按一定规律变换成电信号或其他形式予以输出，以完成信息的记录、传输、存储、显示和控制等。从本质上讲，传感器是一种收集数据信息的方式②。

在"物联网"时代，传感器广泛存在于地理空间的各个角落。这为基于传感器进行信息采集、以大数据处理技术为支撑的"传感器新闻"的普及创造了可能性。作为一种全新的信息源，传感器技术将在很大程度上帮助人突破自身的局限，从更多空间、更多维度获得与解读信息③。目前，新闻媒体主要通过利用政府部门、公共设施中的现有传感系统，或运用众包，或购买、租用商业传感器等方式来收集数据信息。然后，媒体对传感数据进行整理、分析，或以可视化的方式予以呈现④。

随着传感器与物联网技术的进步，在一些新闻事件中，"物"直接成为新闻源，媒体的参与度反而有所降低。比如，2015 年底中国地震台网中心宣布与今日头条达成战略合作，被检测到的实时地震纵波参数在传送到中心后，依靠机器算法自动分析、成文，再由今日头条的精准推送引擎第一时间推送给受地震影响地区的民众。这样一个跨界合作，就是将收集各种地震数据的传感器变成了新闻发布源，取代了传统情境下媒体的角色。

算法与人工智能：人工智能研究的是如何让计算机系统履行那些只有依靠人类智慧才能完成的任务。随着"机器计算"越来越多地被应用于生活的各个领域，包括移动设备在内的大量智能设备进入人类的日常生活，通过人工智能手段，机器正在以前所未有的速度理解人类的生活。

目前，人工智能技术在新闻传播活动中的主要应用是机器写作。2014 年 7 月，美联社宣布用机器写作软件（Wordsmith）采写财经新闻，包括突发事件短消息和公司业绩报道。2015 年 9 月，腾讯财经开发出自动化新闻写作机器工

---

① 彭兰. 社会化媒体、移动终端、大数据：影响新闻生产的新技术因素 [J]. 新闻界，2012 (16)：3-8.
② 许向东. 数据新闻中传感器的应用 [J]. 新闻与写作，2015 (12)：70-72.
③ 彭兰. 移动化、智能化技术趋势下新闻生产的再定义 [J]. 新闻记者，2016 (1)：26-33.
④ 许向东. 大数据时代新闻生产新模式：传感器新闻的理念、实践与思考 [J]. 国际新闻界，2015 (10)：107-116.

具 Dreamwriter，并且逐步向风格化、个性化写作方向进化。

目前的机器写作主要侧重于数据的采集、分析和提炼；而从人工智能技术的总体发展趋势来看，未来的媒体将出现"人-机"一体的新闻报道体系。机器在新闻传播活动中的作用，不仅仅是自动获取数据并进行填充，还将体现在引导新闻线索的发现、驱动新闻深度或广度的延伸、提炼与揭示新闻内在规律、对内容的传播效果进行预判等方面[①]。对机器能力的挖掘，或将成为未来深度报道发展的一个重要方向。

2. 技术是把双刃剑

技术归根到底是人开发出来的，选择何种技术手段、如何实施技术操作、对技术进行怎样的变更也都是由媒体从业者自主决定的。一旦出现偏差，"技术依赖""技术漏洞"等负面问题的影响就会被放大。本研究团队整理了各主要媒体微信编辑在"腾讯新媒体训练营"的交流内容，发现技术带来的困扰已经成为新媒体生产中无法忽视的共性问题，且越来越频繁。

一方面，对各类新媒体平台的"技术依赖"使得媒体日常工作受到较多限制，这种平台主导下新闻生产模式也出现僵化。以微信为例，2015年8月27日晚，微信公众平台部分服务器出现故障，《新京报》《财经》等媒体账号反映在编辑完成后无法保存和推送，媒体既定的选题推送计划或多或少都受到了影响。由于微信公众平台严格限制媒体每日推送的次数，在不少媒体中，新媒体部门仍然要通过选题会的形式，对未来一段时间的推送内容做出规划，编辑再根据既定的"选题单"完成每日的微信编发工作。这一设计的初衷本是简化微信稿件的审核流程，提高部门内的工作效率，一旦平台故障导致当天的稿件推送不出去，就会给编辑部的整体工作带来较大的不便。

此外，"技术依赖"也在一定程度上降低了从业者和受众的主观能动性：一些编辑为了工作方便保存了若干"H5"模板，在编辑过程中为了迎合模板选择素材，而非根据已有素材设计新闻产品；千篇一律的"H5"页面消解了受众对技术的新鲜感。在2015年一次全国性的新闻学术会议上，澎湃新闻的副总编辑常河在演讲中反馈：如今大量用户在手机上只做"划屏"的操作，这种阅读习惯也限制了新闻编辑的个性化发挥。

技术运用背后的伦理隐患也是一个引起广泛议论的问题。当前，人工智能

---

① 彭兰. 机器与算法的流行时代，人该怎么办[J]. 新闻与写作，2016（12）：25-28.

等以算法和大数据为基础的技术革新的确拓宽了信息采集的渠道，改变了新闻传播的方式，但是技术公司通过挖掘收集大量用户数据为后续的智能分析与个性化分发提供线索，不断窥探着用户的生活，让人们在互联网中的生活陷入被过度收集与分析的危险中，严重威胁到了公民的隐私权。而我国目前在这一方面的法律仍有空白，对于隐私数据保护的制度不够完善，数据所有权与使用权的界定模糊，都使得互联网用户的个人数据存在着被侵权的风险。

另一方面，任何技术都有继续完善的空间，人也有能力突破技术的限制，这使得"技术漏洞"不可避免地存在。以微信公众平台的"原创保护"为例，原创保护、授权转载等功能意在引导媒体和微信用户重视版权保护。据微信团队介绍，公众平台对原创与抄袭的鉴别主要依靠文字比对技术，而原创库的建设才刚刚起步，无法满足全面比对的需求；一些媒体从业者为了谋求影响力或恶意打压竞争对手，采用图片上传、部分段落改写恶意抢注原创等方式"钻空子"，致使其他媒体的原创版权受到侵犯或自采微信稿件无法发出，严重危害了公众平台的传播生态。

综上，在"技术与人"合作与博弈的相当长一段时间内，人（新闻传播从业者）的主观能动性仍然担负着主导性的作用。

（四）正在逐步形成的媒体业态全新图景

新闻生产和传播所依托的传媒业在技术推动下不断呈现出新的格局和景观，观察与把握媒体业态的发展趋势对新闻从业者和研究者来说都至关重要。

1. 内容付费、知识经济崛起推动移动互联网自媒体创业与内容生产热潮

根据腾讯企鹅智酷的调查，无论是从消费者偏好还是知识产品供给的稀缺性来看，对原本无形且非标准化的知识产品定价将不再成为问题，即可以通过分享者提供内容的稀缺性和时间成本来进行量化[①]。如今，借助移动互联网新技术、新应用提供的诸多平台，内容生产者将有更多的机会传播自己在专业领域的经验和见解，触及更多对垂直领域感兴趣的潜在用户，打造个人品牌，并从中获得收益。

第一，随着内容付费与知识经济的崛起，越来越多的传统媒体人选择通过移动互联网进行转型和突破，形成了"自媒体创业"的热潮。这些"自媒体"

---

① 企鹅智酷. 中国互联网未来 5 年趋势白皮书［EB/OL］.（2017 - 01 - 11）［2019 - 05 - 21］. http://tech.qq.com/a/20170111/002574.htm.

的出现打破了传统媒体占据顶端的话语权格局,信息传播过程不再是媒体和专业记者自上而下的"广播"(broadcast)过程,而成为一种受众、编辑和记者等一起互动的自下而上的"网播"(intercast)过程。

总体而言,传统媒体人的"自媒体创业"尝试主要可以分为两类:一是创办网站或制作移动 App,为规模较小的"自媒体"提供生存平台;二是组建团队,创办自主生产内容的"自媒体",形式以微信公众号和移动 App 为主。

第二,一些互联网公司通过技术手段和扶持政策介入知识经济调控,以友好的姿态积极介入新媒体传播的进程中。比如,从 2014 年开始,微信与微博相继开通了赞赏与打赏的功能,那些优质的、能够引起受众共鸣和价值认同的原创稿件在移动互联网平台上可以获得不菲的额外物质回报,并最终分配给内容生产者本人,反过来也刺激了生产者的创作欲望。根据微信团队介绍,热门公众号"连岳"每个月凭借"打赏"功能就能获得超过 3 万元的经济收益。

又比如,2016 年 3 月,腾讯推出了扶持传媒从业者在移动互联网平台创业的"芒种计划",该计划提出:"入驻媒体、自媒体在文章页面上获得的所有广告收入,将 100%归其所有;对于那些坚守原创、深耕优质内容的媒体和自媒体,腾讯还将给予全年共计 2 亿元预算补贴给原创作者,鼓励更高质量的原创文章进入。"同时,腾讯还利用腾讯新闻、天天快报、微信、QQ 等平台的流量为这些原创优质内容导流。

2. 低质内容或将淘汰,传统媒体需要在移动互联网时代重新建构影响力

转型初期蜂拥而现的新媒体应用在移动互联网平台日趋饱和,信息过载与泛滥问题日趋严重,低质量和同质化的内容或将面临淘汰。根据腾讯企鹅智酷的统计,目前移动端新闻资讯类应用的数量增长明显减缓[1],"深耕内容"与"精准传播"成为新媒体新应用下一阶段的发展关键。以腾讯微信公众平台为例,2014 年平台陆续推出了"原创保护"与"授权转载"系统,已经开始着手净化移动互联网信息传播的生态环境。对于媒体和内容创业领域来说,移动互联网今后的挑战更集中在用户注意力的争夺和用户黏性的培养上。

与此同时,传统媒体的原创力正在成为移动互联网广告资源竞争、网络版权变现的关键;传统媒体在向移动互联网转型的进程中有两条明晰的道路可以

---

[1] 企鹅智酷. 中国互联网未来 5 年趋势白皮书[EB/OL].(2017 - 01 - 11)[2019 - 05 - 21]. http://tech.qq.com/a/20170111/002574.htm.

实践——或成为强有力的平台方,或成为优质内容的供给方。若能保持在深度与专业性上的优势,将有可能在内容价值日益提高的时代重新争夺移动互联网空间的影响力与话语权。

3. "平台"与"应用"成为传媒业新的核心元素,机器算法成为常态

在以往新闻内容的发布活动中,"渠道"就是传统媒体自身。随着移动互联网的普及,媒体之外的发布渠道对生产者的影响日益增加——专业媒体在内容生产方面优势依然巨大,但却很难决定信息的最终流向与传播方式。类似微博、微信公众平台这样的社会化媒体平台和类似今日头条这样的智能推送应用为"内容"与"用户"之间的传递与匹配提供了新的维度依据。

无论是通过大平台来控制内容分发,还是通过工具或应用在内容生产者、平台与用户之间进行"调度",技术性的力量不仅深入媒体的核心业务层面,而且直接重塑了新闻信息传播的格局,从以往"媒体-受众"的二元格局转变为"媒体-受众-平台(应用)"的三元格局。

移动互联网时代,新的内容分发平台是基于移动端的,集社交、搜索、个性化推荐、智能化聚合等于一身,这些都是传统媒体的短板,而媒体要摆脱这些技术力量的钳制,也变得越来越困难[①]。

在这样的趋势中,机器算法也成为一种常态。以公共化信息来平衡个性化信息,是未来新闻业必须坚持的;未来的算法将不仅要解决个性化信息推送的问题,也应更好地实现公共化信息的推荐[②]。

4. 政府与资本在推动传统媒体加速转型的进程中作用凸显

早在 2014 年 8 月 18 日,中央全面深化改革领导小组第四次会议就通过了《关于推动传统媒体和新兴媒体融合发展的指导意见》,提出要"扩展内容传播渠道……拓展新技术新业态"并"加大财政政策支持力度。充分发挥财政引导示范和带动作用,着力改善传统出版和新兴出版融合发展环境"。2017 年初,中共中央办公厅、国务院办公厅印发了《关于促进移动互联网健康有序发展的意见》,其中明确提出要"加大中央和地方主要新闻单位、重点新闻网站等主流媒体移动端建设推广力度,积极扶持各类正能量账号和应用。加强新闻媒体移动端建设,构建导向正确、协同高效的全媒体传播体系"。

---

① 彭兰. 移动化、智能化技术趋势下新闻生产的再定义 [J]. 新闻记者,2016 (1):26-33.
② 彭兰. 机器与算法的流行时代,人该怎么办 [J]. 新闻与写作,2016 (12):25-28.

在这样的政策环境下，最近一轮媒体转型中出现了更多政府部门的身影，在资本方面很多都是国资主导，意图通过投入来重塑移动互联网的舆论场。例如，"无界新闻"的投资者中有新疆维吾尔自治区政府，"封面新闻"得到了四川省政府的大力支持，"澎湃新闻"也离不开上海市委的支持；武汉市委则直接主导了"九派新闻"的改革，遣散了先前的运营团队，将新的"九派新闻"定位于全国性舆论平台和以"大数据技术"构建新媒体产业融合平台①。

除了政府的积极介入以外，企业与资本也在传统媒体转型的进程中扮演越来越突出的角色。尽管传统媒体辉煌不再，但其内容价值和变现能力仍受互联网资本青睐。这类互联网资本的一个典型代表是阿里巴巴集团，近年来阿里巴巴先后入股"一财"，参与"无界传媒"和"封面传媒"的组建，又在2015年12月11日收购了香港《南华早报》。以四川日报集团与阿里巴巴集团联手成立"封面传媒"为例，作为一个移动互联网媒体平台，"封面"将以新闻客户端为主打，以"个性化定制"为卖点。在上线之前，从其全球首批招聘150名"种子员工"来看，除50名编辑记者外，众多岗位都是按照互联网公司运营架构设置的，从中可见资本入驻对媒体转型的影响②。

整体来看，以往传统媒体向移动互联网转型往往受制于经济条件。这一轮的资本引入无疑是传统媒体转型的重要契机，其中既包括国有资本在政策扶持下的注入，也包括企业、互联网资本的引入。如果相关的资本管理机制能更加灵活放松，可以预见会有越来越多的行业外资本注入，协助传统媒体更好地完成转型。

三、媒介融合对新闻传播人才的新需求

在媒介融合发展不断推进的过程中，媒体的人才需求一直在发生变化。

（一）传统媒体的转型与人才队伍的困境

在新媒体的冲击之下，传统媒体组织的转型成为引人瞩目的现象。如2008年以后，全国各地的报业集团纷纷开始推行"全媒体战略"，媒介融合的深度也在进一步加强。虽然媒体的战略转型目前还处于初级阶段，面临着各种困难和

---

① 刘颂杰，张晨露. 从"技术跟随者"到"媒体创新者"的尝试：传统媒体"新闻客户端2.0"热潮分析[J]. 新闻记者，2016（2）：29-39.
② 同①.

阻力，但这种转型导致的新闻内容生产的变革，以及由此带来的对新闻专业人才需求的变化，已经日渐清晰。

从字面上看，"全媒体"这个概念很容易把人们的注意力引向对媒体形态的关注，在实践中也确有不少报业集团把战略重心放在媒体终端的开发和递增上，办网站、办手机报、建户外视屏、推出 iPad 应用……再加上原有的平面媒体，报业集团改名为媒体集团，就是当下比较通行的全媒体战略模式。而事实上，"全媒体战略"最核心的部分其实并不在于媒体发布渠道和采用终端的多样化，虽然渠道和终端是这场变革中非常重要的一部分。最重要的是，如何借助各种渠道和终端，使原有的资源优势（新闻采编人才资源、信息资源、公信力和品牌资源等）能够更好地转化为竞争优势，为自己的用户提供他们最需要的内容产品。从这个角度来说，新闻内容生产依然是媒体组织的核心工作。

在媒介融合的新时期，人们获得新闻信息的来源与方式已经与过去完全不同，粗略地看，大致可分两类：一类是媒体组织通过专业化新闻生产提供的内容，另一类是媒体组织之外的其他社会组织或者个人提供的内容。社会化媒体的兴盛使后一类内容在整个社会信息流动中所占据的比重迅速增加，这类信息对人类社会的影响也日益凸显。可以说，无论是"公民报道者"，还是政府机构，都已经通过社会化媒体成为新闻内容生产中的生力军。在社会化媒体与大众媒体共同编织人类的信息网络之后，原本由职业新闻工作者承担的一些专业性的工作迅速转移到了社会化媒体的用户身上，正如华尔街日报中文网的一位编辑感言，"在自媒体时代，大众传媒作为新闻机构的功能多半已为网络和自媒体所取代"。这种变化迫使我们思考：作为专业化的新闻生产，如何才能区别于社会化的、自发性的内容提供？尤其是需要通过内容产品保持其市场竞争力的媒体企业，如何才能使自己的产品具有不可替代性，从而获得可持续发展的经济支撑？

答案只能是，专业化的新闻生产必须要重新确立自己的产品标准，这一标准必须高于其他机构或个人的内容生产水平。这意味着新闻媒体可能要放弃一些原本作为常态的工作任务，同时要增加原本没有做或者做得还不够好的工作内容。而这种调整又是与媒体组织在新的历史条件下所担负的使命和职能的变化有关。数字化、网络化造就了迅速普及的社会化媒体，带来了信息内容的爆炸性增长。然而内容数量的增长并不等于质量的提高，人们面对海量的信息普遍感到巨大的时间压力，众声嘈杂中良莠难辨。事实上，越是人人都有麦克风，越是需要能够揭示真相、仗义执言、引领舆论的负责任的媒体。因为通过各种社会化媒体自由发布的信息往往是真假混杂的、碎片化的，各种意见表达也主要是从表达者自身的立场、角度和利益出发的，包括政务微博这样的机构媒体，也同样是站在政府机构的立场上说话的。今天，中国经过四十多年的改革开放，已经出现多元化的社会阶层和利益集团，社会矛盾冲突较为激烈。要化解矛盾，维持社会的稳定和谐发展，就需要大众媒体能够站在公共利益的立场上，担当"社会守望者""矛盾协调者"的角色，通过客观、平衡、公正的报道揭示真相，维护正义，促成社会各方的相互谅解、沟通并达成共识。这也正是职业新闻工作者在新的历史条件下应该承担的职责和使命。

然而，不可否认，当下社会化媒体在我国的异常活跃，恰恰证明大众媒体在新闻传播中存在诸多问题。从新闻内容的选择到文本写作的范式，从报道选题策划到信息组合技术和呈现方式等，还不能满足公众的信息需求。这些问题的存在，除了体制因素等外部因素，也与新闻工作者本身的新闻理念与操作惯性有关。所以，当任何人都能随时随地地"客串"记者编辑，以内容生产为生的大众传媒就必须通过业务改革，提高"专业化"的门槛了。而专业门槛的提高，就意味着对新闻人才的标准的提高，意味着新闻教育要顺应这种提高进行相应的改革。

值得注意的是，在传统媒体转型的进程中，"传统"的比重已经越来越小。一方面是产品不再传统——大力扶植从业者在新媒体平台上展开低成本创业，互联网长尾效应形成的大规模用户群，使"微创业"成功的可能性及其价值大大提高。以《东方早报》为例，采编团队各自"抱团"，开办了一系列微信公众平台，包括"饭局阅读""打虎记""一号专案""纸牌屋""有戏"等，在没有增加多少采编成本的情况下完成了步入"微信端"的转型。另一方面是产业模式不再传统，出现了资本运营型、地产支撑型、电商发展型等多种产业延伸模式。比如浙报传媒集团选择进军资本市场，收购游戏产业，增值效益明显。

在行业剧变之际，最无法置身事外的，就是行业中的千千万万从业个体。在这场"融合"的浪潮中，不少传统媒体在决策和战略调整上表现出的焦虑和迷茫，也是多重冲击下传统媒体人的真实写照。人才队伍陷入困境，主要表现在以下两个方面：

一是大量媒体人从传统媒体岗位离职。媒体人大量离职，行业人才流失严重是这两年备受关注的话题。有研究者在对 2009 年至 2015 年间 52 位媒体人的离职告白文本进行内容分析后发现，传媒体制的禁锢、新技术的冲击、媒体经营的压力以及个人职业规划等四个方面，是媒体人阐述自己离职理由时的主要归因。据不完全统计，仅2015年，从传统媒体核心岗位离职的知名媒体从业者就多达20人，包括张力奋、闾丘露薇、张泉灵等。值得注意的是，离职的媒体人有不少并没有离开新闻传媒业，只是从传统媒体岗位移步新媒体岗位。对很多新闻从业者来说，这是一次自我转型、更好地配置与整合资源、施展专业技能的契机；更有一些从业者在自我转型之后，通过对比新旧工作岗位的不同与得失，为"老东家"的转型优化提出不少有益的建言。比如，央视记者武卿在离职后为老东家开出了转型"药方"，提出央视转型的三个"抓手"分别是制度、产品与生产方式。

二是因媒体从业者引发的媒体行为失范问题频频出现。一方面，大量优秀的人才离开传统的新闻传播工作岗位；另一方面，在留守新闻行业的工作者中，一部分人表现出了与当前需求不相匹配的能力空缺。一个直接的结果是，近年来，由于新闻媒体行为失范导致舆情异常走高、激化舆论场对立的案例数量显著增加。这些报道对整个新闻行业的转型和发展带来了不利影响，也在一些问题上激化了社会对立、增加了社会矛盾和风险。这些行为失范问题，大多数根源在从业者自身——许多专业的媒体人降低了对自我的要求，受社会浮躁风气的影响目光变得短浅，只考虑眼前或者短期内的收益，致使问题报道不断；角色意识淡薄、专业技能培养的欠缺，又使这些问题很难为媒体从业者自身所认识到。

当前，新型新闻传播人才存在巨大缺口已经成为整个行业的共识。"缺口"体现在三个方面：第一，传统媒体在融合与转型的过程中，缺乏熟稔新媒体传播规律、掌握各类新型信息传播技术的人才。部分传统岗位上的从业者，由于年龄、职业教育履历、经验等多方面因素的制约，与媒介融合的整体进程脱节，甚至对转型表现出不适应。第二，新型媒介组织尤其是大量基于移动互联网"微端"媒体组织与互联网公司的涌现，创造了大量实习与工作的岗位。作为移动互联网平台的内容生产者群体，"优胜劣汰，适者生存"的竞争逻辑在它们身上体现得尤为明显，因此这些媒体组织也更加渴望掌握核心技能的专业人才。第三，随着"企业传播""政府传播"等的兴起，大量企业与政府机构开始引入新闻传播人才。新闻传播人才已经不再专属于媒体组织机构，而是面向整个社会各个行业。

培养跨媒体、全能型人才是适应媒介融合趋势的必然选择。有学者提出，今天这个时代的跨媒体人才，不仅仅意味着多媒体技能的掌握，它还有更丰富的含义，即需要跨越各种媒体的整合性思维，需要在专业媒体与社会化媒体之间的穿越能力，需要内容与产品的贯通能力①。从实践的层面上看，让学新闻的人懂技术，是进行团队合作、新闻创新的基础。如今，不少媒体中依然有专门的技术部门承担技术工作，在实践中往往会遇到棘手的问题——如果技术人员只懂技术，编辑记者只懂内容，他们之间要进行沟通时就会面临很多障碍，这也必将影响新媒体时代新闻报道形式的创新。

2012年，哥伦比亚大学新闻学院Tow数字新闻中心发布了一份报告，提出了后工业化时代记者应该具备的九项技能，其中包括三项软技能和六项硬技能。三项软技能包括：良好的心态和精神状态，成为具有企业家精神的记者；成为网络化的个体；培育正直和具有良好的判断力的公众形象。而六项硬技能则包括：具有专业知识，成为专家型记者；熟悉数据和统计知识；了解用户分析工具，更好地理解受众；熟悉基本编码知识；会讲故事；懂项目管理。抛开其中一些较为激进的观点，这份报告实际阐明了这样一个观点：媒介融合时代的新闻工作者应该在个体素养、技能素养和方法素养上有所突破。

（二）传统媒体在融合进程中对人才的具体需求

新媒体的日益发展不断在采访、编辑、产品设计与推广、受众管理等层面给传统的新闻传播活动带来冲击与变革。在这一背景下，各类媒体机构中与新媒体相关的部门和岗位近年来持续完善和扩充，媒体从业人员的工作内容和工作方式也在相应地调整。

这样的变化对媒体从业人员的素养提出了全新的要求。一方面，微博、微信、客户端等媒介渠道的不断涌现，大大丰富了"新媒体"的内涵与外延，要求媒体从业人员能够迅速熟悉新平台、掌握其传播特点；另一方面，"全媒体记者"的需求再次得到强化，要求媒体从业人员能采能编，并掌握一定的图像、视频编辑技术，制作完整的多媒体作品。新的人才素养需求呼唤新的人才培养模式，高校传统的新闻教育应该进行相应的适应性变革。

为及时了解业界一线对新媒体人才素养的新要求，笔者曾在2014年带领课

---

① 彭兰. 融合时代，新媒体教育向何方［M］. 新闻与写作. 2015（3）：5-7.

题组研究人员选取了部分传统媒体机构当年针对新媒体岗位的招聘信息作为研究样本,通过词频分析和深度访谈,具体分析了这些岗位对媒体从业人员提出的在职业技能素养、性格等方面的要求,试图总结新的变化与趋势及其对高校新闻教育工作的启示意义,并对新闻教学改革提出一些针对性的建议。

1. 文本分析:工作内容与基本素养要求

(1) 样本选取。

我们收集了 2013 年 9 月至 2014 年 3 月超过 40 家媒体涉及新媒体岗位的招聘信息作为基本研究样本,涵盖报纸、电视、广播、杂志等多种媒体形态。为保证样本的有效性,我们又制定了以下标准:第一,所选媒体具有一定的受众规模和传媒影响力;第二,所选媒体招聘要求较为全面、具体,具有词频分析的价值;第三,所选媒体的形态分布尽可能多元化;第四,所选媒体的地域分布尽可能分散化;第五,所选媒体与岗位避免纯技术化。依照这五条标准,从中选取了中央电视台、中央人民广播电台、《新京报》、《南方周末》、《东方早报》、《中国新闻周刊》、山东电视台和《北京青年报》8 家媒体超过 30 篇招聘信息作为文本分析的研究样本。

(2) 文本分析。

A. 词频统计。

通过对研究样本进行分词和 TF-IDF 词频统计[①],出现频次位于前 100 的关键词统计结果如表 2-1 所示。

表 2-1　　　　　　TF-IDF 词频统计结果(前 100 位)

IDF 排名	词语	词性	词频	IDF 排名	词语	词性	词频
1	能力	名词	35	8	具备	动词	17
2	新闻	名词	38	9	具有	动词	17
3	编辑	动词	28	10	互联网	名词	17
4	媒体	名词	27	11	精神	名词	15
5	经验	名词	24	12	相关	动词	16
6	熟悉	动词	22	13	前端	名词	10
7	熟练	形容词	18	14	内容	名词	14

---

① TF-IDF(term frequency-inverse document frequency),词频-反转文件频率,是一种用于情报检索与文本挖掘的常用加权技术,用以评估一个词对于一个文件或者一个语料库中的一个领域文件集的重要程度。字词的重要性随着它在文件中出现的次数成正比增加,但同时会随着它在语料库中出现的频率成反比下降,所以 IDF 排序与词频排序不完全统一。

续前表

IDF 排名	词语	词性	词频	IDF 排名	词语	词性	词频
15	良好	形容词	12	53	页面	名词	6
16	负责	动词	12	54	标准	名词	6
17	网站	名词	14	55	技术	名词	7
18	学历	名词	11	56	加以	动词	5
19	专业	名词	13	57	热爱	动词	5
20	团队	名词	11	58	资源	名词	6
21	一定	副词	11	59	时政	名词	4
22	领域	名词	10	60	浏览器	名词	5
23	要求	动词	10	61	流程	名词	5
24	网页	名词	10	62	理解	动词	5
25	采编	动词	6	63	约稿	动词	3
26	本科	名词	9	64	热情	名词	2
27	经济	名词	10	65	写作	动词	5
28	擅长	动词	8	66	市场	名词	6
29	文字	名词	9	67	语言	名词	5
30	维护	动词	8	68	社交	名词	4
31	敏感性	名词	5	69	优秀	形容词	5
32	专题	名词	8	70	热点	名词	5
33	工作地	名词	4	71	撰写	动词	4
34	描述	动词	7	72	平台	名词	6
35	能够	动词	7	73	报道	动词	5
36	了解	动词	7	74	涉猎	动词	3
37	职位	名词	7	75	信息	名词	6
38	节目	名词	7	76	社区	名词	6
39	简历	名词	7	77	互动	动词	5
40	功底	名词	5	78	兼容	动词	4
41	产品	名词	8	79	全日制	名词	3
42	任职	动词	5	80	投递	动词	3
43	数据	名词	7	81	职责	名词	4
44	电视	名词	7	82	大学	名词	5
45	软件	名词	8	83	央视	名词	4
46	财经	名词	7	84	符合	动词	4
47	岗位	名词	6	85	表达	动词	4
48	精通	动词	5	86	梳理	动词	3
49	选题	名词	4	87	执行	动词	4
50	掌握	动词	6	88	网络	名词	5
51	沟通	动词	6	89	完成	动词	4
52	经历	动词	6	90	资格	名词	4

续前表

IDF 排名	词语	词性	词频	IDF 排名	词语	词性	词频
91	事件	名词	4	96	毕业	动词	4
92	客户	名词	4	97	责任心	名词	3
93	操作	动词	4	98	有意者	名词	3
94	关注	动词	4	99	社会	名词	4
95	业务	名词	4	100	用户	名词	4

B. 关键词筛选与结果修正。

通过上下文匹配，人工去除"具备""具有"等无实义的词语及"工作地""职位"等非研究关键词，以第 100 位以后的关键词语进行补位，表 2-1 的结果可以人工修正为具有实际研究意义的关键词词频表 2-2 和表 2-3。

表 2-2　　　　关键词词频（名词）统计结果

IDF 排名	词语	词频	IDF 排名	词语	词频
1	经验	24	26	技术	7
2	互联网	17	27	资源	6
3	精神	15	28	时政	4
4	前端	10	29	浏览器	5
5	内容	14	30	流程	5
6	网站	14	31	热情	2
7	学历	11	32	市场	6
8	专业	13	33	语言	5
9	团队	11	34	社交	4
10	网页	10	35	热点	5
11	本科	9	36	平台	6
12	经济	10	37	信息	6
13	文字	9	38	社区	6
14	敏感性	5	39	全日制	3
15	专题	8	40	职责	4
16	功底	5	41	大学	5
17	产品	8	42	网络	5
18	数据	7	43	资格	4
19	电视	7	44	事件	4
20	软件	8	45	客户	4
21	财经	7	46	业务	4
22	岗位	6	47	责任心	3
23	选题	4	48	有意者	3
24	页面	6	49	社会	4
25	标准	6	50	用户	4

表 2-3　　　　　　　关键词词频（动词与形容词）统计结果

IDF 排名	词语	词频	IDF 排名	词语	词频
1	熟悉	22	13	约稿	3
2	熟练	18	14	写作	5
3	采编	6	15	撰写	4
4	擅长	8	16	报道	5
5	维护	8	17	涉猎	3
6	任职	5	18	互动	5
7	精通	5	19	兼容	4
8	掌握	6	20	表达	4
9	沟通	6	21	梳理	3
10	经历	6	22	执行	4
11	热爱	5	23	完成	4
12	优秀	5	24	操作	4

补位关键词：深刻（4次）、严谨（3次）、创新（3次）、抗压（3次）、耐心（3次）、信念（3次）、敏锐（3次）、高效（2次）、细致（2次）、热情（2次）、强烈（2次）、坚定（2次）、激情（2次）。

C. 外文词频分析。

对研究样本外文词频分析的统计结果如表 2-4 所示。

表 2-4　　　　　　　　外文词频统计结果

排名	单词	词频
1	html	8
2	Photoshop	7
3	css	7
4	jquery	5
5	JavaScript	5
6	Dreamweaver	5
7	php	4
8	iptv	4
9	flash	2

(3) 结果分析与解读。

A. 工作内容与工作平台。

从词频分析结果表 2-1 来看，传统媒体设置的新媒体岗位主要工作内容包括新媒体采编、内容编辑与生产、文字报道与撰写、网站社交网页及互动社区的维护、产品制作与推广等，主要工作平台包括媒体网站、社交平台、网络社区等。

B. 职业技能素养要求。

通过对表2-2、表2-3与表2-4进行梳理，可以得出以下几个基本结论：

第一，绝大多数与新媒体相关的岗位都对应聘者提出了较高的新闻基本功要求，各类"能力"被提及多达35次，"功底"被提及5次。具体来看，"能力"主要包括"文字能力""文字处理能力""采访沟通能力""采编能力""逻辑思维能力"等。中央电视台、《南方周末》、《新京报》等媒体的相关岗位还强调了"专题策划能力"。

第二，相关采编岗位大多对应聘者提出了阅历和视野的要求，应聘者需要对政治、经济、社会、文化某一或多个领域有深刻的思考与理解。"财经"被提及7次，"时政"被提及4次，具有相关的专业背景和学习经历更容易得到媒体的青睐。

第三，非技术类岗位也对应聘者提出了较高的技术素养要求，包括图片处理技术、网页制作与编辑技术、视频技术等。多个采编岗位要求应聘者能够熟练操作"Photoshop"或"Dreamweaver"软件；与前端技术相关的岗位要求应聘者具有不同层级的编程技术；电视媒体设置的部分新媒体岗位要求应聘者对iptv有所关注和认识。

第四，与新媒体相关的岗位不但要求应聘者具有新闻专业素养，而且要求具有"市场""互动""客户""管理"等方面的技能素养。具体包括线上社区的内容管理、用户管理、互动交流和线下的产品推广、活动组织等。

第五，与新媒体相关的岗位要求应聘者具有快速"适应"和"学习"的能力。一方面，从业人员要能够随时快速投入新业务领域；另一方面，从业人员要具备一定的调研、总结能力，以便及时调整工作策略。

C. 性格素养要求。

通过对表2-3和补位关键词进行梳理，可以得出以下几个结论：

第一，几乎所有岗位的招聘要求都提到了"具有团队协作精神"，"团队"被提及11次，"沟通"被提及6次。与此同时，中央电视台、《新京报》等部分媒体也对应聘者提出较高的"独立性"要求，要求能"独立负责央视新闻频道重大项目在新媒体平台的策划、执行和宣传推广""独立完成市场调研、线上推广、线下活动策划工作"。

第二，媒体需要"热爱"新媒体并且对新媒体保持持续"热情"的从业人员。除此以外，不同的岗位还对应聘者的"兴趣"点做出了更为具体的要求，如《中国新闻周刊》提出"热爱与网友打交道"。

第三，媒体需要具有"责任心"和能"抗压"的从业人员。要求应聘者能够妥善处理工作中遇到的问题，并随时准备承担突发专题重任。

第四，媒体需要具有"创新"精神和"创新"意识的从业人员。新媒体是一种灵活的、个性化的媒体形态，要求对应岗位的从业人员具有"发散"思维能力，不断推陈出新。

第五，不同性质的岗位还提出了具有针对性的性格素养要求。如《中国新闻周刊》要求互动编辑"脾气好，有耐心，擅长带动社区人气"，《新京报》要求新媒体评论编辑"信念坚定，成熟不偏执"，《东方早报》要求社交编辑"严肃与幽默并有"等。

2. 深度观察：新的变化与趋势

除了通过文本分析得出的一些基本结论以外，综观全部招聘信息，传统媒体对新媒体岗位人才的需求还体现出了一些新的变化与趋势。具体表现为以下方面：

（1）出现了一些全新的岗位，包括信息数据编辑、互动编辑、产品经理等。

信息数据编辑（《新京报》《东方早报》等）：一般要求具有新闻或者统计专业背景，在具备较强的新闻敏感性的同时，要有较强的数据梳理及分析能力，并且能够以图表等形式将数据信息完美呈现。这些岗位的从业人员需要担负相关媒体微博、微信一些特定栏目的编辑工作，如《新京报》的"图个明白"栏目、央视新闻频道的"一图解读"栏目等。

互动编辑（《中国新闻周刊》《东方早报》等）：这是一类主要负责处理媒体与受众关系的岗位，包括在各类平台上对媒体文本进行包装以做出个性化和差异化、制定受众策略与策划受众活动、处理回复受众评论或私信。大多对从业者的专业背景没有硬性要求，但要求熟悉各类社交平台的传播特点，擅长虚拟社区的组织与沟通。

产品经理（中央人民广播电台、《新京报》等）：这类新岗位要求从业者具备一定的广告、营销与公关方面的知识储备，要能够根据不同地域差异、受众群体差异制定阶段性拓展策略。产品或客户经理还要承担合作谈判的任务。

（2）多数媒体要求相应岗位的从业人员具有2年及以上的从业经验，对于应届生而言，从业经验的欠缺可以由媒体实习经历或自媒体运营经历弥补。以壹读、《第一财经周刊》为代表的一大批媒体并没有发布新媒体岗位的直接招聘信息，取而代之的是实习生招聘信息。除了提出与招聘正式从业人员相同的要求以外，大多附加了"表现优异可择优留用""实习期满有转正机会"或相近含义的条款。

（3）除了能够运用新媒体以外，部分媒体提出了"能够对新媒体展开研究"的进阶要求。央视新闻在2014年的招聘公告中要求应聘者"附上对央视新闻微博、微信或客户端（任选其一即可）的看法和改进意见"，中央人民广播电台要求应聘者能够"探索传统媒体与新媒体融合的解决方案"，不但考验从业人员的技术素养，也考验其基本的学术能力。

（4）大多数媒体对非新媒体岗位也提出了一定的新媒体素养要求。基本要求包括"对移动互联网和社交媒体比较熟悉"（《新民晚报》）"了解微博、微信等新媒体的传播特点"（《人民日报》）、"适应新媒体的工作节奏"（《中国新闻周刊》）等。

3. 原因探讨：从产业和媒体的角度探究根源

通过走访相关媒体的人事部门和决策部门，以上变化和趋势可以从下面几个方面得到解释：

（1）各类新媒体产品不断涌现，新媒体用户爆发式增长，潜在的受众群体使得传统媒体无法忽视自身的新媒体战略布局工作。

微博、微信和移动客户端拥有数以亿计的庞大用户资源。这些新媒体的活跃是一把双刃剑：一方面让传统媒体的受众大量流失，占有率持续下降；另一方面，如果传统媒体能够主动进驻这些新媒体平台并妥善运用它们，探索其在转型时期新的发展思路，也会迎来新的发展契机。

（2）新闻传播活动的内涵外延不断拓展，工作手段不断丰富，使得数据新闻编辑、互动编辑等新岗位应运而生。

由于自身具备出色的资料整合和编辑能力，新闻传媒成为探索大数据的先锋行业；新媒体灵活、个性化的特点，使其成为展示数据图表的优质平台。互动性成为网络社区、微博、微信的突出特性，强化互动为弥补传统媒体封闭性的缺点提供了解决思路。传统的新闻教育和职业培训缺乏对相关领域的涉猎，传统新闻工作者短期内也难以完成角色转型，设置新岗位、吸纳专业人才是媒体的明智选择。

（3）每年前来参与笔面试的人员有增无减，热门岗位的竞争比达数十比一；

多数媒体却不得不面对新媒体人才相对紧缺的窘境。

以央视新闻频道为例，频道策划部的 10 余位工作人员同时负责微博、微信、客户端的日常运营，采取"轮班、24 小时实时关注、专人负责值守"的基本工作模式；但在策划大型新闻专题时，新媒体工作人员数量依然捉襟见肘。

受人力限制，一些受访媒体的新媒体账号由记者编辑轮班维护，其中部分人员缺乏对新媒体的认识和实操经验，以致出现了"微博复制报纸，微信复制微博"等问题现象。

为了应对这一问题，目前媒体采用的策略一般包括：一方面，对在岗记者编辑进行培训，同时要求新聘的记者编辑具有适应新媒体工作节奏的能力，"新媒体"成为媒体内部上下的必修课，"多面手"在岗位竞争中会取得优势；另一方面，通过一个较长的时间周期培养实习生，发挥年轻人的创造性与媒体热情，做活新媒体，并从中直接选拔实习生留用。

（4）媒体影响力和关注度更容易指标量化，致使媒体之间的相互竞争加剧，相关岗位从业人员的压力持续增大。

微博、微信、客户端都配有详细的数据统计和分析功能，转发量、评论量、打开率等指标可以便捷地衡量一条新闻的关注度和传播效果，因而成为衡量工作绩效的重要依据，各大媒体每周的例会上多会就数据进行媒体内、媒体间的比对。为了追求高数据，新媒体岗位的从业人员必须抢时效、抢眼球，又要尽可能地避免错误；一个简单的工作过失很可能在某一平台上被无限放大，陷入巨大的舆论压力。因此，不少媒体突出强调了应聘者应具备"抗压"能力。

4. 2014 年的调查对新闻教育改革的启示

新闻教育必须适应迅速发展的媒体数字化变革和转型趋势，实行持续不断的教学改革和创新，以培养真正能够适应时代需求的新闻工作者。从我们的统计和调研结果看，国内新闻教育仍然可以在以下几个方面寻求改革与突破，以使培养出的人才真正能够与时代契合。

（1）应该丰富与新媒体相关的课程体系。目前许多高校的新媒体课程仅仅增加了一些关于网络和多媒体报道的课程，忽视了 UGC、社交与移动互联网、互动设计管理、数据新闻等体现学科发展前沿的内容。此外，有条件的院系应该开设图表、统计、网页技术等辅助新媒体报道的选修课程。

（2）加强新闻传播院校与新闻媒体的合作，通过学界与业界的资源整合，提高新媒体人才培养水平。由于技术发展速度极快，知识与技能的更新不断加速,新媒体业务教学和研究单纯由高校教师承担是有欠缺的,只有通过将掌握最新技术、拥有最新实践成果的一线采编人员请进课堂,直接与学生面对面,才能保证新闻传播教育与实践发展不脱节,不仅有利于学生的成长,而且有利于教师的研究将理论与实际紧密结合。

(3)拓展学生实践新媒体的平台与空间。新媒体与传统媒体的最大差异是让每个人都能够创造内容,对于新闻传播院校,运用新媒体创建学生的实践平台要比过去只能进入传统媒体实习有更大的施展空间。如中国人民大学的"跨媒体传播实验"课程中,就开设了"微信工作坊""网络电视台"等多种新媒体实践项目。我们发现,无论是个体或团队运作自媒体账号,还是其协助媒体管理新媒体平台,越早让学生接触实践,就越容易帮助他们树立从业竞争优势。

(4)在重视知识和职业技能培养的同时,还应该关注对学生的性格塑造。如何培养开朗、热情、严谨、善于沟通与协作、理性与耐心的新闻人才,是高校需要反思和探索的重要课题。

5. 后续调查与思考

在2014年的调查之后,我们继续对传统媒体在融合进程中对人才的具体需求保持密切观察。我们发现,一是传统媒体岗位对从业者的需求继续发生变动,二是各类媒体机构中与新媒体相关的部门和岗位近年来持续完善和扩充,涌现了大量新媒体部门与岗位,这些岗位对相关从业者提出了针对性的需求。我们收集整理了2013—2016年主流传统媒体的招聘公告,发现如今的传统媒体在专业背景、职业技能素养、性格素养等方面都对应聘者提出了具体的要求。

在专业背景方面,传统媒体岗位同时需要跨专业的融合型人才和精通某一领域的专才。以《人民日报》2015年校园招聘的46个传统采编岗位为例,专门要求新闻传播学专业背景的采编岗位有17个;要求其他专业背景的采编岗位有19个,这些专业包括经济、金融、法律、艺术理论、视觉设计、外语等;仅有10个长期驻外的传统采编岗位不限专业背景。而在专门要求新闻传播学专业背景的岗位说明中,也明确提出了"从事科技类新闻采访报道的岗位,有理工科专业学习背景的优先""从事农村类新闻采访报道的岗位,有经济专业学习背景的优先"的附加条款。

中央电视台在2016年校园招聘中,将传统编辑记者岗位细分为新闻、外语、专题、文艺四大类,又将新闻类采编岗位开放为新闻学、传播学、广播电视新闻、汉语言文学、国际政治、外交学、社会学、经济学等多专业共同竞争,择优录取。在职业技能素养方面,传统媒体对新闻传播人才提出的要求也更加多元且更加具体。

随着媒介融合进程的深入,在传统媒体内部,新的工作岗位还有进一步增加的趋势。比如,在《人民日报》的"中央厨房"出现了"数据工程师"这种新工种。"中央厨房"将"记者前线+编辑后方"的简单模式深化为"数据支持+记者前线+可视化融入+极速推广+产品经理统筹"的多线性协作模式,让新闻成为产品,将编辑记者个体整合为新闻产品团队。在"中央厨房"中,超过70%的工作人员是数据工程师,这个庞大的数据编辑团队为记者的日常工作提供了以下三点帮助:一是在选题策划阶段,数据支持人员能够同时监测多个数据指标和舆情变化情况,在更大范围内找到异常和最新的异动,从而将这种"反常"迅速反映给编辑记者,再由编辑从新闻的角度确定是否"立项"。二是在记者采访调查时,数据支持人员能够迅速提供相关话题的历史数据线索,让记者在采访时"手握数据证据",迅速全面地了解情况和问题症结,并在采访时有的放矢。三是数据支持人员本身也能成为"采访者"和"写稿人",只不过"采访"的对象是数据,写出的"稿子"是带有新闻点、契合新闻选题、基于最新数据的数据分析结论。四是数据支持人员能对最终的新闻传播效果数据进行分析,将评估结论反映给编辑记者。随着更多新技术的应用,新闻编辑部中还将出现更多的新岗位。

(三)新兴移动互联网媒体对新闻传播人才的需求

2014年,有研究者对基于互联网的新媒体人才招聘公告进行了大样本分析,发现了三点趋势:第一,创新是互联网时代制胜之道:新媒体研发人才需求强大。从新媒体的研发、运营和营销三大板块来看,研发岗位需求(54.36%)远远高于运营(28.33%)和营销(17.31%)。构成网络研发的三大类职位中,从高到低依次为技术研发(36.98%)、产品设计(11.36%)、工程测试(6.02%)。第二,三大热门新媒体人才:后台研发、文本编辑和产品经理。新媒体岗位招聘信息显示社会最需要的新媒体人才的前三名是后台研发(26.25%)、文本编辑(11.57%)、产品经理(11.36%)。其中后台研发岗位招聘基本上面向计算机、通信类专业,其余两类人才专业来源广泛。第三,大数据时代信息搜索能力基础化,数据分析异军突起。互联网快速更新产生的海量信息,需要采用专业技术进行分析和处理,"沙中淘金"。挖掘大数据价值、提供大数据服务能力是大数据时代的核心竞争力。数据分析岗位的招聘信息占据

8.73%的比例，在岗位需求中位列第五①。

这些趋势在移动互联网时代进一步凸显。当前，移动互联网已经改变了诸如交通、餐饮、服装、旅游、支付等领域，并将进一步拓宽其应用的范围与深度，通过向零售业、餐饮业、交通业、传媒业的不断渗透，改变内容生产等更多领域②。移动互联网与各行各业加快融合，进一步导致了社会对移动互联网专业人才的需求迅速增长，已远远超出了媒介融合的范畴。基于移动互联网技术诞生了大批媒体类移动应用，根据自身产品规模、定位、内容输出方式等方面的不同，它们对人才的需求也呈现较为明显的差异。

1. "移动新闻平台"或"平台型媒体"对人才要求更"细"更"专"

"平台型媒体"（platisher，2014年发明的一个合成词，由平台商"platform"+出版商"publisher"合成而来）被视为媒介融合的一种主流模式，不少传统媒体正在探索从"内容生产商"转型为"平台运营商"③。2014年以来，出现了互联网产业公司与传统媒体联手创设新媒体公司的现象，比如"界面新闻""无界新闻""封面传媒"等。综观这些公司的岗位设置和说明，相应的人才需求呈现出更加细分、更加专业的特点。

以"界面新闻"为例，界面是由上海报业联手多家互联网公司推出的新闻与商业社交频道，以新闻为核心，并以此为基点拓展推进创新业务。仅一年的时间，界面内容团队从应用上线时的80多人迅速扩张到180人；最初界面每天生产30篇原创商业新闻，而现在内容版图扩张到了接近30个频道。2016年，界面提供了24个人才岗位，对记者编辑的招聘就细分为22种之多，包括"工业能源记者""游戏记者""泛商业资深记者""管理记者"等新概念记者；多数岗位提出了要"深度涉猎"相关领域，有的岗位甚至提出要有2年以上的相关领域的研究或从业经验。

2. 个性化的"轻量级"新闻应用对人才的跨界和多面能力提出了较高要求

移动互联网的深度发展催生了一大批个性化的新闻轻应用，与新闻平台不同，这些应用公司更加关注移动互联网的用户体验与用户特征，寻求做出符合

---

① 余红，李婷. 我国网络与新媒体人才需求调研与专业培养[J]. 现代传播，2014（2）：134-138.
② 工业和信息化部电信研究院. 移动互联网白皮书（2014）[R/OL].（2014-05-12）[2018-08-21]. http://www.caict.com/kxyj/qwfb/bps/201405/P020140512339464414386.pdf.
③ 陈力丹，费杨生. 2015年中国新闻传播学研究的十个新鲜话题[J]. 当代传播，2016（1）：4-5.

用户需求的、个性化的内容产品，在应用市场求得一席之地。它们普遍以小团队、分工与协作的形式运作，每位编辑要负责多个领域的内容生产，甚至担负从设计、生产、发布到互动、营销、推广的全线工作。

以"即刻"为例，即刻是一款基于个人兴趣的主题式信息推送应用，以让用户轻松、高效、省心地获取最关心的资讯，而避免海量推送的骚扰。即刻团队的每一位内容编辑都要担负多个领域主题的信息抓取和编辑工作。从2015年即刻对产品类岗位的招聘信息看，这类轻应用公司招聘的新闻传播人才，除了要熟悉各渠道、各种媒体的特性，有较强的文字能力以外，还要能熟悉移动广告、移动商务模式，并会分析移动端用户数据和传播效果，横跨新闻传播、市场营销、信息数据等多个专业领域。

近两年，对于传媒业人才需求的调查一直在持续，如刘蒙之、刘战伟两位传媒学者2018年授权腾讯新闻独家发布的一份调查报告中谈道："转型中的传统媒体和传播行业的人才增量几乎全部向新媒体岗位急速倾斜，人才需求岗位全部新媒体化。"随着视频传播的兴盛，媒体对视频摄制人才需求出现了迅猛增长。报告还预测，当前和今后的一个普遍趋势是，新闻传播院校的毕业生，真正能够进入媒体工作的只是很小一部分，大部分人进入政府单位、事业单位、国企、民营企业、社会机构等非媒机构，从事各种大公共传播工作①。

综上，在媒介融合时代，传媒业的变革对人才的新需求呈现出更加多元化、更加高标准的特点，对新闻教育是非常严峻的挑战。

---

① 刘蒙之，刘战伟.2018传媒业需要什么样的人才？腾讯新闻发布首份传媒人能力需求报告[EB/OL].（2018-02-24）[2019-06-04]. https://36kr.com/p/1722296975361.

第三章　中国新闻教育的理念变革

教育改革起始于教育者的思想和意志。本章对于新闻教育理念变革的讨论主要以 2010 年以来发表在 CSSCI 核心期刊和北大核心期刊的有关新闻传播教育的研究成果为依据，同时也参阅了一些非核心期刊上的相关文章和新闻教育界各类学术会议上的学术演讲。此外，笔者作为在新闻院校从事过多年教学管理工作并承担教学任务的专业人员，在与同行专家们的交流中也获得了宝贵的信息和有益的启示。

一、传媒业的变化激发重构新闻学的思考

在前一章中我们阐述了传媒业已经发生与正在发生的变化，这些变化使新闻从业者与新闻教育工作者都陷入了前所未有迷茫与焦虑。在学界，对于重构新闻学的争论和设想自然成为新的热门话题。如复旦大学教授黄旦认为，新闻学是围绕职业新闻机构的生产实践而搭建的知识体系。然而，在传播革命所导致的"网络化关系"中，职业新闻传播显现出如下的变化：第一，有位置但不必然有效力；第二，媒介与社会的界限消解，只有自组织自滋生的多重相互联结；第三，原有的职业理念将会重新遭到估量；第四，作为一个节点，衡量专业新闻传播机构的是接入点和到达点的数量，转化数据的能力和水平。因此，新闻学重造迫在眉睫，要从网络化关系这样一个传播平台重新理解新闻传播，同时将新闻学转变为一个经验性学科；要否思原有的学科和理论前提；要以网络化思维思考人才培养的目标，改造新闻学的专业设置、课程体系、教学方式和教学内容[①]。

中国传媒大学前校长胡正荣认为："现在媒体需要全媒型人才、数据分析人才、整合营销人才。这就跟我们的教育矛盾了，学校培养出来的是单一型人才。大家到底怎么改，我的看法是：第一，教育理念就要换。教育模式、教育理念

---

① 黄旦. 重造新闻学：网络化关系的视角 [J]. 国际新闻界，2015（1）：75-88.

都不更新的话，就没法设计培养方案，因为教育理念决定课程体系、专业体系。第二，专业结构要更换。现在的专业是新闻学、广播电视学、编辑出版学、广告学、传播学、网络与新媒体、数字出版。在新媒体时代，完全可以按流程设专业，比如内容生产制作、数据研究、技术、市场等。第三，要改课程体系。专业改革后课程体系就要改革，基础课还是要有的，基本的采访、编辑、写作、制作、评论还是要学的。总之，人才培养需要好多环节，每个环节都需要做出调整。"①

有学者对中国新闻学理论的发展脉络、面临的问题及未来理论创新的着力点进行了分析，认为中国新闻话语的生产要比西方的情况复杂得多：除了与中国独特的新闻实践经验密切关联，还与中国现代性进程、激进社会革命紧紧地纠缠在一起，它汇集了西学东渐以及宣传革命的两大历史潮流。在中国新闻话语生产中，职业逻辑、启蒙逻辑、革命逻辑三者纠缠于一起，形成了复杂的"复调"结构。中国的新闻话语正是在这三种逻辑的交织互动中演进的②。从总体上看，新闻传播学作为一个整体的话语系统，其规模与结构经过几十年的积累，着实有了可观的进步。但从新闻传播学系统内部来看，与传播学比较而言，新闻学的弱势地位愈加触目。面对"他者"的强势挤压，面对实践的四面倒逼，新闻理论不堪重负，理论创新十分吃紧③。

浙江大学传媒与国际文化学院前院长吴飞 2017 年夏天卸任时接受采访说："中国传媒的生态确实在经历深刻的变革，这种变革是多个层面的。第一个是我们认知的模式和接收信息的模式已经发生了根本的转变。借用沃勒斯坦的一句话：我们需要否思十九世纪所建构的知识传统，需要重新再造我们的新闻传播的概念、框架和理论。那我们的新闻传播教育要在这个方面跟上这种类型的形势变化和知识转换的变化。同时业界的生态也发生非常大的变化，我们所说的社交媒体、虚拟现实（VR）、未来的人工智能，所有这些问题都需要我们认真地去关注。我觉得新闻传播学目前存在的主要问题其实是两个大的层面，第一个是我们有没有明确或者真正去掌握了解我们新闻传播学科的目的是什么，我们的学术研究追求的方向是什么，我觉得这块其实并不是特别明确。是反思或

---

① 高海珍，杨建楠，张诗悦．"媒体人，社会进程中的信息力量"：专访中国传媒大学校长胡正荣[J]．新闻与写作，2016（11）：57-60．
② 周海燕．对话 2015 新闻理论研究：新闻学的危机与转向[J]．编辑之友，2016（3）：11-14．
③ 张涛甫．新闻学理论创新：问题与突破[J]．新闻记者，2015（12）：14-19．

者建构人类理想沟通这样一种类型模型,还是为了业界这样一门生意或者业界实践来提供知识的支持,还是为国家的治理提供一些智库型的支持,所有的这些问题,都需要新闻传播学界的人静下心来好好分析和讨论。"①

其实,非但是新闻学科在新的历史时期感受到理论创新的迷茫,整个人文社会科学都处于同样的压力中。2016 年 5 月 17 日,习近平总书记在哲学社会科学工作座谈会上指出,面对新形势新要求,我国哲学社会科学领域还存在一些亟待解决的问题。他认为,哲学社会科学发展战略还不十分明确,学科体系、学术体系、话语体系建设水平总体不高,学术原创能力还不强。在运用马克思主义立场、观点、方法上功力不足、高水平成果不多,在建设以马克思主义为指导的学科体系、学术体系、话语体系上功力不足、高水平成果不多。要按照立足中国、借鉴国外,挖掘历史、把握当代,关怀人类、面向未来的思路,着力构建中国特色哲学社会科学,在指导思想、学科体系、学术体系、话语体系等方面充分体现中国特色、中国风格、中国气派。习近平提出中国特色哲学社会科学应该把握住三个主要方面:体现继承性、民族性;体现原创性、时代性;体现系统性、专业性。只有以我国实际为研究起点,构建具有自身特质的学科体系、学术体系、话语体系,我国哲学社会科学才能形成自己的特色和优势。"要加快完善对哲学社会科学具有支撑作用的学科,如哲学、历史学、经济学、政治学、法学、社会学、民族学、新闻学、人口学、宗教学、心理学等,打造具有中国特色和普遍意义的学科体系。"② 值得注意的是,"新闻学"是具有支撑作用的 11 门学科之一。

新闻教育界对总书记的号召做出了积极的响应。2017 年 7 月,中国新闻史学会成立了一个二级分会——中国特色新闻学研究委员会,在清华大学举办了首届"中国特色新闻学高级研讨班"。在为期 6 天的研讨班上,来自清华大学、北京大学、中国政法大学、华中师范大学、华东理工大学、澳门大学以及加拿大的一批学者围绕"中国共产党时代叙事与历史使命""社会价值观与当代媒体""新中国与新文化""世界视野和大历史维度论述中国道路的先进性""一带一路写作:慢新闻学的尝试""如何认识中国共产党的新闻历史"等,讲授和分

---

① 石迪,卢洁瑶."落伍者"吴飞:我为何不做浙江大学传媒与国际文化学院院长了 [EB/OL]. (2017 - 08 - 01) [2019 - 05 - 08]. http://theory.cyol.com/content/2017 - 08/01/content_ 16350855. htm.
② 习近平. 在哲学社会科学工作座谈会上的讲话 [EB/OL]. (2016 - 05 - 18) [2018 - 03 - 12]. http://politics.people.com.cn/n1/2016/0518/c1024 - 28361421 - 2. html.

享了研究成果。清华大学新闻与传播学院院长柳斌杰讲解了建立中国特色新闻学学科体系的四个范畴，即新闻、传播、媒体、舆论。他认为现在人们经常将传播和新闻混为一谈，传播渠道和手段发生了很大的变化。相对而言，新闻本身变化并不大，现在人们的主要关注点集中在渠道上，对内容本身的关心反而比较弱。他还提出五个学术方面的追求，即马克思主义新闻理论的时代化、新闻学术体系的中国化、新闻视野的国际化、新闻传播的现代化和新闻舆论的主流化。

在有关重构新闻学的讨论中，源自西方的"新闻专业主义"理论是众多学者关注的话题。2017年6月15日，在北京有闻记者之家的一场主题为"新媒体环境下，新闻专业主义的生存空间"的对话中，复旦大学新闻学院教授李良荣以《新闻专业主义的历史使命和当代命运》为题，从学理的角度剖析了"新闻专业主义"的前世今生，畅谈了自己对如今媒介环境下新媒体"新闻专业性"担当的期待。他说："新闻专业主义在中国为什么水土不服？因为在中国，媒体是党和政府的喉舌，要遵循党性原则，要无条件宣传党的方针政策。所以，中国媒体承担的是宣传责任，而新闻专业主义只讲信息传递。宣传的规律和新闻的要求是两个不同的概念。他认为中西方在新闻报道上的区别在于，西方的客观性报道要求事实和意见分开；中式的客观报道是在用事实说话。什么叫用事实说话？就是用事实做宣传、摆事实讲道理，所以思想性是我们新闻的核心。我们提倡的客观报道是用事实说话，用事实来说服你，所以它用的是宣传模式、劝服模式，和新闻模式不一样。"

还有学者对新闻客观性的幻象和大众传播研究缘起的关系进行了分析，认为"新闻专业主义和传统新闻研究范式其实不能解决客观性以及社会生活和公共生活的危机"[①]。

总体上看，我国新闻传播学者已经走出了20世纪从西方国家引进、学习和借鉴传播学的初级阶段，开始以批判反思和唯物辩证的思想方法，既吸取西方理论中合理的成分，又立足于本土实践进行独立的思考和研究，渴望以国际化眼光与本土化问题的结合，站在时代发展的前沿，创立和发展有中国特色的新闻传播学科。

二、围绕新闻传播教育理念的研讨

对于新闻传播学科发展的思考主要在新闻传播教育界展开，专业思考必然

---

① 胡翼青，吴越. 新闻客观性的幻象与大众传播研究的缘起 [J]. 当代传播，2010 (2)：14-17.

进一步引发对人才培养模式的反思和检查。在 2016 年 7 月召开的第四届世界新闻教育大会（WJEC）上，来自世界各地的新闻传播教育专家对当下世界新闻教育面临的突出问题进行了讨论，其中一个重要的话题就是"新媒介形势下去西方新闻教育"，认为过去的新闻学教育主要在西方（欧洲和北美）主导下的框架下展开，伴随着新媒体形态不断出新和信息技术迅猛发展，以西方为主的新闻教育模式受到越来越多的审视和质疑。全球化正在改变当下的信息社会和媒介生态。鉴于此，讨论组主要探讨新闻教育者如何进行去西方化的新闻教育。讨论的核心问题如下：如何教育未来的新闻工作者避免以西方为中心的报道？为实现上述目标，新闻院校需要建立怎样的新闻学课程体系？提出的建议包括：承认并讲授新闻学是多元的，有着多维视角，对新闻学是多元的理论进行系统化、理论化梳理；新闻院校必须进行多元化的力量招聘；在教学中应该让学生通过辩论、跨文化协作以及对世界他者的融入进行深度参与[1]。

我国新闻传播学者普遍认识到，新闻传播技术发展带来了媒介格局的巨大改变，社会化媒体对大众媒体形成了强烈冲击，新闻传播的国际化竞争不断加剧。在这种新形势下，新闻教育已经不能完全适应新闻业发展的需要，人才培养模式相对单一和陈旧，在培养具有全面的技术能力、能够适应媒介融合发展需要的应用型人才，特别是具有复合型知识背景和跨文化传播能力的高水平专业人才方面明显存在不足。

面对全球化和全媒体对新闻传播人才提出的新要求，新闻教育需要做出怎样的调整才能适应新的形势？这是新闻教育界这几年一直不断讨论的议题，从已经公开发表的研究成果和在各类会议上进行的学术交流来看，以下一些主要认识具有一定的代表性，而且其中大多数已经达成共识。

（一）新闻教育在新媒体环境下存在的不适应，需要通过对传统办学思路的突破和办学模式的变革才能克服

如长期从事新闻教育管理和研究工作的吴延俊教授认为，从 1920 年上海圣约翰大学成立报学科开始，到 1949 年中国先后创建了 59 个新闻教育机构，虽然办学主体不同，但教育模式却基本相同，即以培养应用型人才为目的，以新闻知识与技能的教育训练为教学模式。新中国成立后，直到 20 世纪 90 年代，虽然办学规模有了很大发展，但是教育模式却没有发生根本变化。传统教育模

---

[1] 相德宝. 世界新闻教育的十大议题：问题和建议 [J]. 新闻界，2016 (18): 23 - 27.

式的优点是"短平快",即人才培养周期短,成本低,不需要什么投入,见效快,毕业生走上工作岗位后立马可用。但这种模式的缺陷也明显,"主要是学术底蕴不足,培养的人才后劲不足,根底不深,大多数只是一些工匠式的'编辑'、'记者',同时缺乏使用高科技传播工具的能力"。他认为应该探索一种新的教育模式,"倡导学理与术理并重,传播文化与传播科技结盟,培养既有比较深厚人文功底,又有比较系统社科知识,还能掌握现代传播技能的复合型的新闻传播人才"①。中国人民大学新闻学院教授高钢认为,面对急剧变化的环境,新闻院系要建设拥有跨学科知识、跨文化思维、跨媒体技能的师资队伍;建设宽口径、厚基础、跨媒体、精专业的课程体系和多功能、跨媒体、可扩展的教学平台。他提出,中国新闻教育的改革需要遵循与新闻实践融合、与信息技术融合、与国际社会融合这三个方向性原则②。

(二)对新闻业的前景应该保持乐观,相信专业新闻教育在新的时代可以更有作为

传统新闻媒体经营模式的失效使新闻业处于媒体衰落、新闻人才流失严重的困境中,唱衰专业新闻媒体和专业新闻教育的声音也逐渐多起来。在新闻教育界,关于新闻学与传播学的关系一直是讨论的热门话题之一。一些学者主张应该将新闻学纳入传播学中,其只是大众传播学的一个分支;也有一些学者认为新闻学与传播学有着本质上的差异。"新闻学是以新闻事业(报业)为研究对象,具体研究新闻产品(报纸)的生产技术及其生产过程,研究新闻产品生产者(记者、编辑)所具备的职业道德和职业能力,所以新闻教育进大学本来就不是出于对学术的追求。""新闻专业是应用性专业,传播专业是学理性专业","新闻专业的人才培养有很强的职业化倾向,而传播学专业的人才培养没有职业化倾向,它一方面为相关专业提供学术支撑,比如人际传播理论之于传播素质教育,组织传播理论之于公共关系教育,大众传播理论之于广播电视专业、广告学专业等"③。在新媒体的冲击下,报业的衰落动摇了新闻学教育的根基,以传播学取代新闻学的呼声也渐高。对此,中国人民大学新闻与社会发展研究中心前主任郑保卫教授坚持新闻学与传播学的差异性,以"保卫新闻学"引起了

---

① 吴延俊.新闻传播教育的认知与践行[M].上海:复旦大学出版社,2013:3-15.
② 高钢.媒介融合趋势下中国新闻教育的改革思考[C]//《新闻学论集》编辑部.新闻学论集:第29辑.北京:经济日报出版社,2013:7.
③ 同①34-35.

学界广泛关注。人大新闻学院前执行院长郭庆光提出"建立专业自信",他认为,专业新闻教育不但不会衰退,而且有更宽广的发展空间,它将承担起培养新型专业新闻工作者和向公众普及新闻素养、媒介素养的双重任务。在新闻传播教育改革创新的前提下,新闻学院人才培养模式改革、课程体系改造以及专业创新,都需要不懈努力①。

(三)对未来新闻人才培养的目标与标准需要做出更适当的调整

如复旦大学新闻学院教授黄瑚认为,新闻教育应把学生培养为复合型、专家型的人才,适应多媒体、全媒体、多部门的人才,以及适应现代信息社会的合格媒体公民②。中山大学传播与设计学院院长张志安也持相似观点,认为面对新的媒体格局,长远来看,立足新闻传播业、服务公共传播业来培养人才是必由之路。过去,传统新闻院校主要面向报社、电台、电视台、杂志社、新闻网站等专业媒体培养职业化的新闻传播人才,而今天,传统媒体自身面临生存危机、转型压力,对新闻职业人才的需求量锐减。与此同时,伴随着自媒体、企业微博、政务微信等机构媒体的兴起,专业化生产和社会化生产的协同构建了新的传播生态。在新的传播生态中,传播主体日益多元化,可以是个人、媒体,也可以是政府、企业;传播权力去中心化,专业媒体所掌握的话语权和影响力正在衰落,受众权利和话语得到极大的提升;传播模式涌现新的特点,传播者和接受者之间的"互动"和"对话"成为新的生产机制和特征。因此他提出"对新闻教育而言,与其把目标只瞄准在培养'好记者'上,不如更加注重'好公民'的培养,培养出具有较高信息素养和传播能力的'好公民',其中一部分人才再增加专业实践,自然就会成为专业的'好记者'"③。

在 2017 年"网络与新媒体专业建设与学科发展"高峰论坛上,复旦大学教授李良荣也谈到,新闻传播学新的学科体系应以公共传播为核心概念,以社会交往、沟通、传播为基本范畴。在技术方面,强调在传统新闻操作技能培养的基础上,还需掌握新的媒介技术,如数据挖掘、数据可视化、视频直播技术、VR 技术等。在思想方面,着力于培养新闻传播专业学生的洞察力、思辨力,提高其对信息的判断、分析以及解读的能力,保持其思想的独立性并不断完善

---

① 郭庆光. 专业自信:新闻教育创新的基本前提 [J]. 中国社会科学报,2015 (11):5.
② 黄瑚. 创新新闻教育 培养复合人才 [J]. 新闻前哨,2014 (9):11-12.
③ 张志安. 立足新闻传播,面向公共传播:关于新闻传播教育改革的思考 [J]. 青年记者,2015 (34):62-63.

知识结构。在表达方面,重点提高新闻传播专业学生的文学、口头以及各种可视化表达能力。三个层面相辅相成,缺一不可。华中科技大学教授张昆发言说,要解决当下新闻传播教育中的支点错位问题,需要教育系统主动开放,倾听社会、行业对传媒人才的特殊诉求,了解当下人才培养规格与需求的差距程度[1]。教育行政管理部门应该制定具体政策,对于主动开放、积极适应的高校予以物质激励,反之给以处罚。新闻传播教育领域从业者使命感和责任感的提升尤为重要,只有将爱心、责任和义务贯彻到新闻传播教育的全过程,才能回应社会对于新闻传播教育的期待。香港城市大学教授李喜根认为,新媒体发展使得技术因素的影响逐渐减弱,人文因素的影响显著增强,对于新闻传播教育来说,强化内容生产能力,基于媒体发展的新学科可能逐步显现,有关新媒体传播现象的专业课程需要经常更新。而传播内容的生产能力,取决于生产者的人文与社会科学素养、对新媒体条件下社会需求的认识、信息传播专业技能。因此,媒体技术与人文和科学素养在教学中的比重,是新闻传播学专业教育发展面临的重要问题[2]。

(四)对于新闻教育中创新与坚守的关系展开更加深入的思考,提出新闻教育的核心是"固本"

重庆大学新闻学院院长董天策教授在一次有关新闻教育的论坛上谈到,从2000年新媒体开始蓬勃发展到如今的媒体大变局阶段,追随新技术热潮的一个结果就是学生思维能力、综合素质和整体协作能力的缺失。他指出,对新闻教育的思考包括通识教育与专业教育的问题、学历素养与实务培养的问题、人文底蕴与技术方面的问题、人才培养还是职业训练的问题。从变革的角度来看,就是变还是不变的问题以及怎样变的问题。新闻培养就像烹调,不同层次、不同类型的学校,"烹调"材质、技术不一样,但特色是必需的。我们需要做的就是核心专长的培养,而不是全才式教育[3]。华中科技大学新闻与信息传播学院副院长何志武认为,"当新媒体迅速崛起时,传统的职业传媒人似乎已被搅得心神不宁,表现出渠道崇拜下的慌乱,缺乏职业传媒人的淡定和对传播内容的精细打磨和把关,因而屡屡表现出有失真实、有失准确的业余水准。社会对职业

---

[1] 张昆. 新闻传播教育的支点错位 [J]. 新闻记者,2017(6):79-84.
[2] 李喜根:新闻传播专业发展的新兴媒体视角 [EB/OL]. (2017-06-04) [2019-08-09]. http://xwxy.xjtu.edu.cn/news_view.asp?id=3416&classid=13.
[3] 李灵革. 强实践 促复合 做无可替代的专业化教育:"中国传媒高等教育的现状与未来卓越传媒人才培养高峰论坛"综述 [J]. 浙江传媒学院学报,2014(1):117-121.

传媒人种种过失的不满,反过来给新闻传播教育提出了警示:'固本'教育必须成为共识"。他提出新闻教育必须坚守和加强的核心内容包括新闻职业精神和传媒伦理教育、认识社会的方法和能力培养、新闻呈现的方法和能力培养[①]。

(五)在专业教育之外开展面向更广泛的教育对象的媒介素养教育,是新闻教育的重要使命

如认为"在媒介融合发展的新时期,新闻来源混杂,报道主体多样,传播渠道繁多,甄别、筛选和理解信息变得更为复杂,这对媒介素养教育的范围和质量提出更高要求。新闻院系不仅要提高本院学生的媒介素养,也要担当社会责任,为全校乃至全体社区提供教学服务"[②]。"素质教育与专业教育并举,犹如车之两轮,会让新闻传播学科走得更平稳更快,带动人类信息传播质量的整体性提升。担负素质教育的新使命,新闻传播教育不只是培养新闻媒体需要的专业人才,还要为非新闻机构培养公共传播人才;新闻传播教育不只是培养职业传播者,还应该提升全体民众的媒介素养与传播能力"[③]。

(六)新闻教育要解放思想,拓展国际化视野

对中国新闻教育缺乏国际化视野的反省在新闻教育界具有普遍性,认为"长期以来,我们的新闻学研究和新闻教育在一种封闭的状态下进行,新闻学研究人员和新闻教育工作者缺乏足够的国际学术视野,缺乏国际通用的研究方法和统一的标准,造成研究边缘化,所研究的成果大多缺乏普适性,所培养的人才在国际上缺乏竞争力"[④]。学界普遍意识到,要通过国际化课程、社会实践、专业实习等多元化的教学方式,夯实学生的本土情怀,拓展其国际视野,加强人才培养的广度和深度,这方面的实践也在近几年有了很大的推进。清华大学新闻与传播学院在国际化方面一直走在前列,该院有长期国外留学和工作背景的师资占教师总数 85% 以上;本科四年全程有不间断的英语专业课程;学院先后开出近 30 门双语和英语课并选用多本英语原版教材;开办 GBJ 全球财经新闻硕士研究生英语项目;全院现有来自近 20 个国家的 100 多名留学生;学院与国际记者中心、路透社、彭博社、宏盟集团等国际新闻传播机构保持着实质性

[①] 何志武. 新闻传播教育,转型还是坚守?[J]. 新闻记者,2016 (3):73-74.
[②] 贺明华. 美国新闻教育附属医院模式及其启示[J]. 编辑之友,2015 (2):102-106.
[③] 蔡雯. 新闻传播教育的新使命[J]. 当代传播,2015 (6):1.
[④] 吴延俊. 新闻传播教育的认知与践行[M]. 上海:复旦大学出版社,2013:36.

的合作；国外著名大学或媒体的外籍教师常年受聘在学院任教；从本科到博士都有相当比例学生去境外国外交流、学习、实习，参与国际项目[①]。该学院的国际化办学特色，为学院创造了一定的国际影响。

三、马克思主义新闻观对新闻教育的指导

进入 21 世纪以来，媒体格局与新闻舆论环境发生的持续而深刻的变化，使新闻传播院系的人才培养工作面临前所未有的困难与挑战。同时，党和国家对高等教育和新闻人才培养都提出了新要求，新闻传播院校一方面要加入建设世界一流高校和一流学科的"双一流"建设中，另一方面要在全体师生中开展马克思主义新闻观教育。以马克思主义新闻观为指导，确立正确的人才观，探索新闻传播教育的创新之路，成为当下的重要任务。

马克思主义新闻观是马克思主义应用到新闻实践中的产物，是在革命、建设和改革时期应用和指导新闻实践的过程中形成和发展起来的，主要包括马克思主义经典作家的新闻思想、毛泽东新闻思想和中国特色社会主义新闻理论。马克思主义新闻观的具体内容不仅涉及新闻本质、新闻的本源以及新闻传播的规律等许多根本性的问题，还包括新闻传播、宣传、文化、传播政策，以及组织内部交流的思想。其核心是马克思主义关于无产阶级及其政党新闻事业的工作性质、工作原则和工作规律的一系列基本观点。马克思主义新闻观是中国特色社会主义新闻事业的指导思想，为新闻传播实践提供了方法论的指导，也为新闻人才培养明确了基本立场和方向。

为了加强马克思主义新闻观教育，我国新闻教育界近几年来进行了不懈的努力，从组织专家编写马克思主义理论研究和建设工程（简称"马工程"）教材到开设马克思主义新闻观的专门课程，从部校共建新闻传播学院到实施培育卓越新闻人才的"千人计划"等，都已经取得了一定的成效。以马克思主义新闻观指导新闻教育，对教育管理和教育方法都提出了更高的要求。

（一）树立正确的新闻人才观，立足中国国情办新闻教育。教育的根本是育人，中国的新闻教育要培养什么样的人，关系到教育改革的方向

2014 年五四青年节，习近平总书记在北京大学的师生座谈会上指出，"办

---

① 尹鸿. 清华大学新闻与传播学院建院十年工作报告［EB/OL］.（2012－05－13）［2016－03－09］. http://media.sohu.com/20120513/n343053152.shtml.

好中国的世界一流大学，必须有中国特色。没有特色，跟在他人后面亦步亦趋，依样画葫芦，是不可能办成功的。这里可以套用一句话，越是民族的越是世界的。世界上不会有第二个哈佛、牛津、斯坦福、麻省理工、剑桥，但会有第一个北大、清华、浙大、复旦、南大等中国著名学府。我们要认真吸收世界上先进的办学治学经验，更要遵循教育规律，扎根中国大地办大学"。这段话体现了中央对大学教育的办学主张，那就是立足中国国情，走自己的道路。这与我们提倡的具有国际视野、借鉴他国先进经验并不矛盾，学习与借鉴是手段和途径，为中华民族伟大复兴培养人才才是中国教育的历史使命。对于新闻教育来说，人才培养目标则要与当下中国新闻业发展及新闻舆论工作的需要相一致，这也正是马克思主义新闻观落实到新闻教育中的实践目标。

在新中国成立之后，马克思主义基本理论与中国实践的结合一直随着时代的发展而推进理论发展，马克思主义新闻观就是在实践中不断发展的理论。我国历任党和国家领导人都结合中国的新闻宣传实际对新闻事业发展做出过理论阐述，而对新闻工作者的要求在他们的阐述中一直是非常重要的内容。最新的一次阐述是 2016 年 11 月 7 日，习近平总书记出席中华全国新闻工作者协会第九届理事会第一次会议，发表了即席讲话。他在讲话中对广大新闻记者提出四点希望：一是要坚持正确政治方向，同党中央保持高度一致，坚持马克思主义新闻观，坚守党和人民立场，坚持中国特色社会主义，做政治坚定的新闻工作者。二是要坚持正确舆论导向，深入宣传党的理论和路线方针政策，深入宣传全国各族人民为实现"两个一百年"奋斗目标、实现中华民族伟大复兴中国梦进行的奋斗和取得的成就，弘扬主旋律，释放正能量，做引领时代的新闻工作者。三是要坚持正确新闻志向，提高业务水平，勇于改进创新，不断自我提高、自我完善，做业务精湛的新闻工作者。四是要坚持正确工作取向，以人民为中心，心系人民、讴歌人民，发扬职业精神，恪守职业道德，勤奋工作、甘于奉献，做作风优良的新闻工作者。一句话，就是要做党和人民信赖的新闻工作者[①]。

这四点希望是对我国新闻工作者的要求，也为我们新闻传播院校的人才培养指出了方向和目标。近年来，新媒体发展迅猛、社交网络传播十分活跃，传

---

① 习近平：做党和人民信赖的新闻工作者 [EB/OL]．(2016 - 11 - 08) [2019 - 09 - 05]．http：//cpc.people.com.cn/n1/2016/1108/c64094 - 28842683.html．

统新闻媒体的转型还处于非常艰难的时期，社会舆论生态发生了巨大的变化。新闻院校也在努力适应这些变化，积极探索教育改革。总体上看，新闻院校都非常重视新技术新媒体的运用，重视对媒体业务改革的跟进，并做出专业和课程设置等方面的调整，取得了不少成绩。但同时大家也感到，相比专业知识和技能教育，对学生的思想品德、理想信念、家国情怀的教育和培养要更难把握一些，困难也更大一些。传统媒体的衰落对新闻业的损害已经在学界引起关注，很多人对新闻业的前景感到担忧。这些变化也对在校学生有影响，如在一些新闻学院，坚守新闻理想、热爱新闻专业的学生比过去有所减少；学生在实习等社会活动中还会受到新闻媒体中存在的一些问题和不良现象的困扰，如有偿新闻、有偿不闻、新闻报道违背伦理、"标题党"等现象。因此，在高校的新闻教育中如何引导学生正确地认识新闻业和新闻工作，如何保持正确的人生观、价值观，树立为人民服务、为公共利益服务的自觉性和责任担当，还需要新闻院校给予更多的重视。而这对于新闻院校的管理者和全体教师也提出了更高的要求。

（二）在新闻院校落实马克思主义新闻观教育，要力争找到恰当、有效的途径和方法，争取从理论建设到教学实践都取得良好的成效

当前，我国经济发展和政治改革处于关键时期，面临着较为复杂的舆论环境。2016年2月19日，习近平总书记在党的新闻舆论工作座谈会上的讲话中指出，要深入开展马克思主义新闻观教育，引导广大新闻舆论工作者做党的政策主张的传播者、时代风云的记录者、社会进步的推动者、公平正义的守望者。这是对新闻工作者的要求，也是对新闻教育进行评估的一个重要指标。新闻传播学科的建设水平最终要体现在人才培养质量上，即要看能不能培养出忠于党和人民的新闻事业、真正推动国家发展和社会进步的优秀人才。

在新媒体时代，人们获得新闻信息的来源和方式已经与过去完全不同，社会化媒体兴盛，舆论环境更加复杂。这种变化迫使我们思考，专业新闻媒体如何真正做到对社会的守望、对社会进步的推动和对公众的正确引导。新形势逼迫专业化的新闻生产要重新确立自己的新闻传播标准，这一标准必须高于其他机构或个人的内容生产水平。因为数字化、网络化虽然带来了信息传播的便利，但是也造成人们面对海量信息的困境，众声嘈杂，良莠难辨。今天，中国经过四十多年的改革开放，已经出现多元化的社会阶层和利益集团，社会矛盾冲突较为激烈。要化解矛盾，维持社会的稳定和谐发展，就需要主流新闻媒体能够站在党和国家的立场上，本着为人民服务的宗旨，担当"社会守望者""矛盾协调者"的角色，通过客观、平衡、公正的报道揭示真相，维护正义，促成社会各方的相互谅解、沟通并达成共识。这也正是职业新闻工作者在新的历史条件下应该承担的职责和使命。我们要让学生看到新闻工作的社会价值，培养他们的专业精神，就要探索如何将马克思主义新闻观更好地在新闻教育中加以落实。

新闻传播院校已经在这方面有所探索，如人大新闻学院作为中国共产党创办的第一所新闻教育机构，近几年来围绕马克思新闻观教育做了一些尝试。学院在新闻理论研究和教学方面已经有60多年的历史经验，有一批研究马克思主义新闻理论的学者，近几年又有多位教授被聘为"马工程"教材编写工作的首席专家，他们不仅有这方面的研究成果，还为各地宣传部门和新闻媒体做了大量辅导培训工作。学院重视发挥这批学者的作用，让他们更多地为本院的学生开设讲座、上党课、指导学习。学院借与北京市委宣传部"部校共建"的平台，成立了马克思主义新闻观研究中心，汇聚校内外的专家力量，开展课题研究，组织实施中国特色社会主义新闻理论教材编写工作，对北京市新闻宣传文化系统从业人员进行马克思主义新闻观教育培训，并打算建立马克思主义新闻观数据库，打造马克思主义新闻观互联网、移动互联网等新媒体传播交流平台，汇集该领域的政策文件、学术活动、研究动态、研究成果等，促进该领域的信息交流。

新闻传播学科的学生大多思维活跃，善于从各类信息渠道上获取知识和信息，但也容易在信息轰炸中产生困惑。为了帮助学生全面了解和正确认识国情、社情、民情，坚定理想信念，人大新闻学院根据中宣部通知要求，充分利用首都优势，在北京市委宣传部在市属媒体中开展的"市情培训"和人大新闻学院开展的国情讲座基础上，在全院开展国情教育课，围绕当前政治、经济、改革、司法、党风廉政、民族宗教等工作及京津冀协同发展、"十三五"规划编制等主题和重点热点敏感问题，邀请中央和北京相关部门负责同志讲授，进行国情、市情普及。学院党委团委和学生会每年在暑假都组织学生开展"新闻学子走基层"活动，由党委书记和专业老师带队，下到田间地头、厂矿车间，进行采访和调研。近几年又连续在暑期组织"一带一路"沿线调研，以学生党员为主体，完成了大量调研报告和新闻作品，社会反响好，学生们也很有收获。这些教育实践说明，将马克思主义新闻观教育与社会调研、新闻实践结合在一起，往往能够取得比单纯学习理论更好的效果，老师和学生们的参与热情也更高。

清华大学新闻与传播学院建院之初，范敬宜院长就明确提出"面向主流，培养高手"的办学思路。他认为这既是清华大学的特殊地位使然，也是清华百年历史的大学传统使然。柳斌杰院长在受聘院长的讲演中也强调，清华"应该继续向培养高层次、复合型、领军人物的人才培养目标上转变"。传播主流价值、服务国家利益、推动社会进步，体现了清华打造一流学科、培养一流人才、建设一流学院的办学目标。学院通过让学生进入主流媒体实习、主流媒体专家进课堂、学生走基层、开放式的马克思主义新闻观教学等方式，培养学生对主流价值的认同、对主流媒体的认识，提高学生对社会发展趋势的观察力和判断力，激励学生不仅上大舞台干大事业而且在小舞台上也能干大事业。同学们在新闻观、传媒观、人生观和世界观上不断成熟，政治意识、大局意识和责任意识得到强化。近年来，学院各层次的内地毕业生80%以上进入了主流媒体、党政机关、国有大型企事业机构和重要国际媒体工作，绝大部分都能较快较好地适应工作岗位要求；部分毕业生主动要求去部队、基层、边疆工作，经受锻炼，报效祖国。近年来，多位毕业生获中国新闻奖；许多毕业生受到各种表彰[①]。

（三）新闻教育尤其要重视对学生价值观的培养，同时要鼓励独立思考，大胆创新

新闻传播教育专家大多意识到这样一种普遍性的现象：新闻传播学院的学生与其他专业的学生不同，本该是最有兴致和能力谈论社会的，但如今，一些新闻传播学院的学生，对社会和世界的兴趣似乎并不浓，有的即便有兴趣关心社会，也不知道如何安顿这些兴趣。"作为新媒体的'原住民'，他们对新媒体的理解和体验会有与生俱来的优势，传播的开放性对于他们来说触手可及。只要他们愿意，他们都可以在现实空间和虚拟空间中走得很远。理论上说，他们完全可以凭借他们在新媒体方面的优势，打开一个全新的世界，拥有更广阔的知识视野和社会视野。但是，新媒体技术的便捷并没有带给他们宽广的视野，没有给他们带来宽屏的世界；相反，他们却在现实的世界越走越窄，在虚拟的空间越走越远，很多人都生活在自己的'小时代'局限里。他们沉浸在自己的小天地里，关闭了面向社会和世界的窗口"。因此，"我们的新闻传播教育，既须点燃学生对社会的强烈志趣，打开他们通往世界的广阔视野，又要训练他们

---

① 尹鸿. 清华大学新闻与传播学院建院十年工作报告［EB/OL］.（2012-05-13）［2015-03-18］. http：//media.sohu.com/20120513/n343053152.shtml.

理解社会、理解世界的专业能力,塑造他们理解世界的正确价值观"①。

价值观作为一种社会意识,集中反映了一定社会的经济、政治、文化,代表了人们对生活现实的总体认识、基本理念和理想追求。而任何一个社会在一定的历史发展阶段上都会形成与其根本制度和要求相适应的、主导全社会思想和行为的价值体系,即社会核心价值体系。具体到新闻教育领域,价值观最重要的内容就是对新闻业价值的认识和理想追求。而且,由于新闻传播作为人类特有的一种有意识的社会性的信息传播活动对人们的社会生活产生着重大影响,因此新闻传播院校对学生的价值观教育还将影响新闻传播业的未来发展,并通过新闻传播活动对人类社会产生深远影响。

在西方语境中,"价值观教育"(values education)这一概念出现于20世纪下半叶,而从当今世界发展的趋势来看,价值观教育既有民族性、国家性,又有普遍性、世界性,是当今世界主要国家基础教育的重要组成部分。随着经济全球化进程的推进和国际交往的深入,世界范围内不同价值观念之间既相互影响也相互竞争和较量,价值观教育领域里交流、沟通和学习也不断发展,有研究者认为"价值观教育已经超越了某一族群、某一国家的限域,呈现出跨地区、跨国别、跨文化、跨学科的发展态势,逐渐成为一个国际性、交叉性的学术前沿问题"②。而在新闻院校中,价值观教育这种"既有民族性、国家性,又有普遍性、世界性"的特点表现得尤其明显,而且"民族性""国家性"在新闻教育中更为突出。

新闻传播学科是介于人文学科与社会科学之间的实践性很强的学科。新闻传播教育的主要任务是培养专业新闻工作者,价值观教育在新闻人才培养中的重要性与新闻事业的性质和功能紧密相关。我国新闻院系要为社会主义新闻事业培养专业人才,必须使受教育者对未来将从事的新闻传播工作的责任和使命有充分的认识和理解,一方面不能脱离本国国情全盘吸收西方理论和价值观,要有维护党和国家利益的自觉性,另一方面又要遵守新闻业为公共利益服务的普遍原则及客观反映事实真相和新闻规律,在继续保持开放和平等对话中形成自己的话语体系和国际影响力。

随着传播技术的发展,传统媒体衰落对新闻业的损害已经在学界引起关注,

---

① 张涛甫. 打开新闻传播教育直通社会的通道 [J]. 新闻战线,2016 (11):50 - 52.
② 刘方仪. 中国化新闻教育的滥觞:从20世纪20年代燕大新闻系谈起 [J]. 北京社会科学,2004 (2):153 - 159.

很多人对新闻业的前景感到担忧。这些变化也对在校学生有影响，坚守新闻理想、热爱新闻专业的学生近几年明显减少。学生在媒体实习等社会活动中还会受到一些现实问题和不良现象的困扰，如有偿新闻、有偿不闻、新闻报道违背伦理和法规、"标题党"等现象都对年轻学子产生了不良影响。要引导学生正确地认识新闻业和新闻工作，建立正确的人生观、价值观，培养其为人民服务、为公共利益服务的自觉性和责任心，仅仅依靠理论讲授难以真正让学生入脑入心，产生实际效果，还要从新闻教育实践性强的特点出发，通过业务课教学和社会实践活动包括专业实习等，使新闻专业教育与价值观教育融合到一起。

当前，我们处在重要历史发展时期，所面临的社会矛盾和问题非常复杂，在高校中，各种理论与思潮对学生的影响也尤其需要关注。2017年中央召开高校思想政治工作会议并发布了《关于进一步加强和改进大学生思想政治教育的意见》，指出"哲学社会科学中的绝大部分学科都具有鲜明的意识形态属性，对于帮助大学生坚定正确的政治方向，正确认识和分析复杂的社会现象，提高思想道德修养和精神境界具有十分重要作用。要坚持和巩固马克思主义在意识形态领域的指导地位，在哲学社会科学教学中充分体现马克思主义中国化的最新理论成果，用科学理论武装大学生，用优秀文化培育大学生。要发扬理论联系实际的优良学风，发挥哲学社会科学的优势，紧密围绕大学生普遍关心的、改革开放和现代化建设中的重大问题，做好释疑解惑和教育引导工作"。对于新闻院校的学生来说，专业性质决定了他们更加关注现实社会，更多接触各种社会现象与问题，新闻教育不能只是象牙塔中的知识灌输，而要更加重视对学生的世界观价值观的培养，要帮助他们在复杂的社会现实中保持清醒的头脑，认识到自己所肩负的社会责任和职业担当，独立思考，敢于创新。

第四章　新闻教育改革的实践探索

本章基于文献整理和分析，特别是对一些重点新闻院校的实地调研，考察新闻院校中人才培养模式改革的主要成果，总结各方面的创新和突破，从中归纳经验，讨论改革中的相关策略及其成效。

一、创新人才培养模式

育人是教育之本，围绕新闻人才培养模式的创新，新闻院系纷纷进行了有益探索，有些已经取得了初步的成果。

（一）跨学科培养模式

在新媒体环境下，媒介转型对新闻专业人员的知识结构、人文素养和专业精神也有了新的要求。由于普通民众介入新闻传播可能性渐高，单纯的信息采集和发布已不足以让新闻媒体立足，全面的视角、独到的观点、鞭辟入里的解读使新闻与信息传播进一步延伸到知识与服务领域，并不断通过裂变与聚合形成新的内容产品，从而促成媒介集团中产品链和价值链的生成，才是媒介新的生存之道。

针对这一需求，在相对领域拥有专业知识的复合型新闻人才，甚至是在某一领域拥有一定权威的专家型记者，应该成为新闻院校的培养重点。这些记者，有部分可能是在其他专业领域有一定工作经历，之后再通过职业培训进入新闻领域的人；但更多的较大规模的新闻人才输送，仍需要依靠新闻院校。有业界人士提出，"媒体的多元化、信息的广泛性和技术的交互性导致传播小众化、专业化，在这一趋势下，大众传播与小众传播，广播与窄播并存不悖，分众传播成为传统媒体和新媒体的一个新的选择。服务对象的专业化必将导致服务内容的精细化、个性化，这既是传媒技术发展的必然，也是业界竞争的选择。但专业化和精细化的要求是深度、独特和贴近，这就要求媒体从业人员具有一定的专业知识背景，是某个行业或领域的专家，这样，媒体才能为不同阶层、不同背景、不同知识层次的人群提供贴近性的精细化信息服务。因此，媒体融合时代表面上看来需要的是人才的技术适应性，实际上更需要的是人才的内容适应性，需要的是在某个领域、某个学科有较深造诣的专才"①。

探索"新闻传播专业-其他专业联合培养"也即跨学科培养模式是解决这一问题的主要途径。通过新闻传播学专业与其他相关专业之间的合作，通过教育资源整合、课程体系重组、教学模式创新，探索联合培养具有多学科专业背景、复合式知识结构的专业化新闻传播人才。这种探索其实早在新媒体崛起之前已经起步。如20世纪末，华中理工大学新闻与信息传播学院就根据自身的资源优势，提出"奉行文理交叉见长，复合特色取胜的宗旨，走新闻学与传播学并重、传播文化与传播科技结盟的办学新路。倡导学生在独有的文理交融氛围中全面发展，追求最多、最好的学理教育与技能训练，培养新闻传播理论与实务的高级人才"②。围绕这一目标，对课程体系进行了设计，由三大类课程构成即人文、社科和新闻传播学的学理类课程，科技类应用课程，传统新闻学类专业课程，结构比例大致为4∶3∶3。专业设置也拓宽口径，增强适应性。在21世纪初，华中科技大学新闻与信息传播学院进一步增加了传播科技课程的比重，根据业界变化，适时开设技术类课程，以增强学生新媒体时代的专业能力，广电专业开设了新媒体视听节目制作课程。面对以理科招生的传播学专业，与计算机学院合作开设新媒体技术第二学位班。每个专业将3至4门核心课程打包设计成课程模块，供院内其他专业学生选修。

新媒体环境下，跨学科培养新闻人才的必要性进一步得到广泛的认可。中国人民大学新闻学院从2011年开始跨学院、跨专业联合创办"新闻学-法学"和"新闻学-国际政治"实验班，推动复合型专业人才培养③。2013年，中国人民大学在全校推行"本科人才培养路线图"，依据研究型大学培养"厚重"人才的基本方向，制订了研究型学习制度，涵盖精实课程、国际研学、名师沙龙、拓展支持、全员导师、研究实践、双选认证、公益服务等八项制度，相应地在减少必修选修总学分、突出强化英语应用能力、加强思想政治课程学习、增强专业课的研究性和实践性有机结合、降低副修门槛等方面进行调整。在全校进

---

① 田龙过. 媒体融合趋势下的传媒教育改革谨防再陷误区 [J]. 中国广播电视学刊, 2010 (4): 45-47.
② 吴延俊. 新闻传播教育的认知与践行 [M]. 上海：复旦大学出版社, 2013：105.
③ 高海珍. 新闻业与新闻人的未来：专访中国人民大学新闻学院党委书记蔡雯教授 [J]. 新闻与写作, 2015 (9)：66-69.

行教育改革的背景下，新闻学院再度修订培养方案，减少专业课程的总学分，鼓励未能进入双学位实验班的学生借助学校的政策支持，跨学院选修其他专业的课程，通过双选认证制度，获得双学位。

复旦大学新闻学院自 2012 年起对本科生专业教育采取"2+2"培养模式：第一、第二学年的通识教育阶段，学生在经济学、社会学、电子信息科学技术、法学、政治学与行政学、汉语言文学、国际政治学、行政管理这几个方向中任选一个；在第三、第四学年的专业教育阶段，再按照新闻传播学方向进行专业课程学习[①]。

北京大学新闻与传播学院依托北京大学综合学科的优势，充分利用校内资源，培养知识广博、学养深厚的创新复合型人才。除了具有良好的政治素质和业务素质之外，学院还希望学生能够具有多学科（起码是两个学科）的知识储备，百分之七十以上的本科生在修读双学位。

（二）跨国合作培养模式

对学生国际视野的培养，在新闻教育中越来越受到重视。近年来我国新闻传播院系与国外高校的交流日趋频繁，西方新闻学院的跨国教育项目对我国新闻教育起到了示范作用，加上教育部门在高校教育质量评估中将国际化作为一个重要测量指标，也起到很大的激励作用，国内越来越多的新闻学院纷纷与国外大学展开合作，设立了联合培养或交换的项目。如复旦大学新闻学院与英国伦敦政治经济学院、美国密苏里大学、日本早稻田大学等许多国际一流大学建立了国际合作双学位项目合作，与新加坡南洋理工大学等建立了一个学期的短期交流项目。全院有 35% 的学生在校期间可以参加至少一次国际交流学习。

清华大学新闻与传播学院也在国内同行中率先把"国际化办学"作为新闻教育改革的切入点，不仅创办了内地首个全英文教学的硕士项目"全球财经新闻"，招收来自世界各地的留学生，而且与众多海外大学及媒体合作，学院超过 80% 的本科生和研究生有机会进行海外实习报道与学术交流。

国内许多新闻传播院系依靠学校的资源和人力，都与海外大学有交流计划。本科、硕士生、博士生都有与外校交换学习的机会，有的是一学期，有的是两

---

① 许鹏. 新闻传播学教学模式改革范例：以复旦大学新闻学院本科"2+2"培养模式为例[J]. 新闻与写作, 2015 (1): 110-112.

学期，本硕博规定不尽相同。如华东师范大学传播学院硕士生与一些大学签署了"1+1+1"计划，第一年在国内，第二年在对方学校，第三年回国。在海外的一年，如果硕士生本身比较优秀，也可修读海外学位，在毕业的时候拿到双毕业证。交换学习一方面依托国家高水平大学的培养计划，另一方面学院签署的交换大学有很多可供学生选择，如密苏里大学新闻学院、拉夫堡大学、利兹大学、加州大学相关院系的分校等，以及去往港台交换，如台湾师范大学、台湾政治大学、辅仁大学、台湾大学、高雄师范大学等，都与传播学院签署了合作合约。

（三）"部校、媒校共建"培养模式

这种培养模式是 21 世纪初在中国新闻教育中出现的具有本土特色的新闻教育模式，即新闻院校与新闻宣传部门、新闻媒体机构合作共建的办学模式。"部校共建""媒校共建"更新了既有人才培养理念，促进了社会资源和教育资源的整合，成为拓宽人才培养路径的重要方式。

"部校共建"新闻人才培养模式起始于上海市委宣传部与复旦大学新闻学院的合作。2001 年 12 月 24 日，上海市委宣传部与复旦大学达成协议，决定共建复旦大学新闻学院，协议从共建的目标、任务、共建形式、职责、经费、附则六个方面对作为甲方的中共上海市委宣传部和作为乙方的复旦大学的权责关系进行了详细的规定。这个共建方案实施了 12 年之后，中宣部、教育部于 2013 年 12 月 20 日在复旦大学召开现场会，总结推广复旦大学部校共建新闻学院的做法，并指导 10 个省市党委宣传部门与高等学校签署共建协议。

会议指出，要把"部校共建"作为战略任务、基础工程，遵循新闻教育规律、遵循新闻人才成长规律，发挥业界学界各自优势，携手培养有正确立场、人民情怀、责任担当的一流新闻人才。要努力打造合作平台、探索合作形式，逐步建立科学合理、行之有效的合作机制，使新闻人才培养更加契合新闻事业发展的时代需求，走出一条新闻教学与新闻实践深度融合的新路。在这次会议上，10 个省市党委宣传部门与所辖地的高等学校签署了共建新闻学院的协议书。它们分别是北京市委宣传部与中国人民大学、江苏省委宣传部与南京大学、山东省委宣传部与山东大学、安徽省委宣传部与安徽师范大学、湖北省委宣传部与武汉大学、广东省委宣传部与暨南大学、吉林省委宣传部与吉林大学、四川省委宣传部与四川大学、海南省委宣传部与海南师范大学、重庆市委宣传部与重庆师范大学。

在此之后，"部校共建"进入高峰期。2014年加入共建行列的有江西省委宣传部与南昌大学，湖南省委宣传部与湖南师范大学，内蒙古自治区党委宣传部与内蒙古师范大学，河北省委宣传部分别与河北大学、河北师范大学，甘肃省委宣传部与西北师范大学，山西省委宣传部、省教育厅与山西大学，云南省委宣传部与云南大学，广西壮族自治区党委宣传部与广西大学，浙江省委宣传部与浙江大学，贵州省委宣传部与贵州师范大学，天津市委宣传部与天津师范大学等。

2014年，还有多家新闻媒体集团与高校开始"媒校共建"。如《光明日报》与中国政法大学共建光明传播学院、与北京师范大学共建新闻传播学院，新华社与北京大学共建新闻与传播学院，山西日报报业集团、山西广播电视台和山西大学共建传媒学院，《人民日报》与清华大学共建新闻与传播学院等。近两年来，全国诸多地方的"部校共建""媒校共建"工作仍在继续进行中。如苏州大学凤凰传媒学院与凤凰卫视、中国海洋大学新闻传播学院与青岛日报报业集团、重庆工商大学长江传媒学院与重庆广电集团等也相继展开合作共建。

与跨学科、跨国培养模式不同，"部校共建""媒校共建"推动政府部门和媒体机构的实质性参与，依托共同管理、共同执行培养方案，组建双师型教师队伍等制度落实，力图克服合作培养容易出现的表面化和分散性等问题，解决教学与业界自成一统或隔空喊话的问题。如共建协议的内容通常都包括共建管理机构、共建精品课程、共建骨干队伍、共建实践基地、共建研究智库这几大方面的具体措施。

"媒校共建"推动了传媒教育与新闻业界的有效对接。如2014年北京大学与新华社签署合作协议，建设国际传播研究智库，打造教学实习基地和从业人员培训基地，建立联合领导机制、人员互派机制和学生就业机制[①]。同年，清华大学与《人民日报》合作共建本科课程、骨干队伍、媒体融合发展研究中心、实习基地以及探讨新闻传播理论与实践研究合作机制，并共同组织范敬宜新闻教育奖评选等活动。当然，"部校共建""媒校共建"的实际效果还有待继续观察，从目前的情况看，共建工作的成效各有差异，与参与共建的部门、学校、媒体的积极性和努力程度不一有关，有时还与这些单位的人员变动、内部政策

---

① 陆绍阳. 抓住共建契机 努力建设一流新闻与传播学院：北京大学与新华社"共建"的探索与实践 [J]. 中国记者，2014（9）：25-26.

调整等有关。

借助于共建，复旦大学新闻学院在常规的专业实习和暑期实践之外，探索出新的专业实践模式：直接与新闻媒体联手，把媒体请进来，联合设计专业实践议程，并在实践议程框架内，直接将学生推向社会和专业第一线，让他们不再以"实习生"的身份，而是直接以报道者的身份，进入专业实战前线，要求直接产出新闻报道作品。2016 年，该学院与澎湃新闻联手推出了"记录中国"暑期专业实践项目。该项目以"精准扶贫"作为报道主题，主要出于以下考虑：一是与国家精准扶贫政治议程对接，让学生用自己的眼睛去观察、发现国家政策是如何落地在一个个具体的贫困实境中的，用他们切己、直观的经验体察中央政策的温度；二是要让学生真真切切地认知、理解当下中国社会，让他们直接下沉到社会的底部，去感受中国最脆弱的底层，深入中国贫困地区，直面骨感的现实，直接体验中国社会的复杂性；三是让学生用专业的方式把握一个个贫困案例，用新闻传播专业眼光去"精准"理解一个个具体贫困故事，最终用新闻报道的形式将这些观察和思考呈现出来；四是出于学院与澎湃新闻的共识[1]。"记录中国"项目组建了 6 个报道组，分赴贵州、甘肃、云南、安徽、浙江五省六地展开新闻报道活动。澎湃新闻为每个报道组配备了精干、活跃的记者；与此同时，每个报道组也配有专业教师随行指导。项目成果最终以新闻报道形式面世。澎湃新闻开辟"记录中国"专栏，专门呈现了各项目组的报道成果。

二、改革课程设置

课程建设是教育改革的一个重要方面，也是落实人才模式改革的一个具体措施。国内新闻传播院校的课程建设在近年来顺应媒介融合发展的需要，有了比较明显的变化。

（一）优化教学方案，重视课程改革，加强马克思主义新闻观教育

2013 年笔者曾组织中国人民大学新闻学院的一批青年教师进行了对国内重要新闻传播院系人才培养情况的调研，调研的 18 所国内新闻传播院系包括北京大学新闻与传播学院、复旦大学新闻学院、河北大学新闻传播学院、华东师范大学传播学院、华中科技大学新闻与信息传播学院、暨南大学新闻与传播学院、

---

[1] 张涛甫. 打开新闻传播教育直通社会的通道 [J]. 新闻战线，2016 (11)：50 - 52.

南京师范大学新闻与传播学院、清华大学新闻与传播学院、山东大学文学与新闻传播学院、上海大学影视艺术技术学院新闻传播学系、四川大学文学与新闻学院、武汉大学新闻与传播学院、厦门大学新闻传播学院、浙江大学新闻与传播学院、中国传媒大学电视学院、中国传媒大学广告学院、中国人民大学新闻学院、中国人民解放军南京政治学院军事新闻传播系①。培养方案的调整与课程建设是这次调研的重要内容之一。我们对这18所院系的本科课程设置方案进行了收集和比较,发现培养方案的修订和完善非常普遍,一个共同的特点是突出素质为本、实践为用的理念,专业方面宽口径、厚基础,并且突出了国际化、实践性的特点。

这次调查也发现,18所国内新闻传播院系的课程体系建设各有特色。如四川大学的本科创新人才培养模式被称为"323+X",其内涵为:三大类创新人才培养体系(综合性创新人才、拔尖创新人才、"双特生"人才),两个阶段("通识教育和专业基础教育"阶段与"个性化教育"阶段),三大类课程体系(学术研究型课程体系、创新探索型课程体系和实践应用型课程体系),以及十二项创新人才培养的改革创新举措(优质生源培育与创新人才选拔计划、专业优化整合与交叉人才培养计划、质量效率双提高课程建设试点计划、个性化教育示范课程建设计划、课堂教学水平提升计划、探究式小班化课堂教学改革计划、多元化实践教学模式探索计划、"四位一体"的大学生成长关爱服务体系建设计划、本科生国际化教育拓展计划、本科教育教学管理支持平台建设计划、本科教学质量发展性评价体系建设计划以及学生职业规划与就业能力培养计划)②。

为适应媒介生态变化,许多高校及时修改专业的课程设置,与时俱进,如厦门大学增加了新媒体和双语类课程。此外,新闻学专业的教学改革一直受到重视,近几年通过教改立项、精品课程建设立项,组织了多方面的教学改革工作。

21世纪,马克思主义新闻观教育在各院系均得到了重视,开设了相关课程并出版了多部相关教材和专著。2014年春,教育部高等教育司在北京召开了"加强新闻院系学生职业道德法律教育工作座谈会"。会议提出目前新闻教育的

---

① 中国人民大学新闻学院新闻传播教育课题小组. 媒介融合时代的中国新闻传播教育:基于18所国内新闻传播院系的调研报告 [J]. 国际新闻界,2014(4):123-134.
② 唐雪虹. 大学本科人才培养的国际化研究:以四川大学为例 [D]. 成都:四川大学,2014.

核心任务是提高人才培养质量，具体做法是在高校新闻与传播学科中加强职业道德和法律教育。有专家在对中外传播伦理课程的数据进行调查的基础上，指出西方国家在理念上明确提出传播伦理教育是价值观教育，在思路上逐步加大传播伦理课程比重，在方法上通过有效的"课堂灌输、柔性渗入"方法，培养学生的职业价值观，并使之成为学生内心长期拥有的"职业价值观"[①]。

　　2017年，中共中央、国务院印发了《关于加强和改进新形势下高校思想政治工作的意见》。该意见强调，高校肩负着人才培养、科学研究、社会服务、文化传承创新、国际交流合作的重要使命。加强和改进高校思想政治工作，事关办什么样的大学、怎样办大学的根本问题，事关党对高校的领导，事关中国特色社会主义事业后继有人，是一项重大的政治任务和战略工程。意见还指出，要发挥哲学社会科学育人功能。强调要加强哲学社会科学学科体系建设，积极构建具有中国特色、中国风格、中国气派的哲学社会科学学科体系，强化马克思主义理论学科的引领作用，支持有条件的高校在马克思主义理论一级学科下设置党的建设二级学科，实施高校马克思主义理论人才支持培养计划，积极推进学术话语体系创新，加快完善具有中国特色和国际视野的哲学、历史学、经济学、政治学、法学、社会学、民族学、新闻学、人口学、宗教学、心理学等学科，努力建设一批具有中国特色、世界一流的哲学社会科学学科。意见还指出，要加快建设一批哲学社会科学专业核心课程教材。要规范哲学社会科学教材选用，建立国家优秀教材评选奖励制度，完善学术评价体系和评价标准，建立科学权威、公开透明的哲学社会科学成果评价体系，健全优秀成果评选推广机制，提高高校学术委员会建设水平[②]。这些新的规定和要求对于新闻传播教育具有重要的指导意义。

　　总体上看，新闻学理论、传播学原理、中外新闻传播史、新闻采写、新闻评论、新闻编辑、新闻摄影、新媒体技术应用、媒介经营与管理、媒介伦理与法规是各所新闻院系课程设置中最基本的必修课程。近年来，有学者提出新闻传播专业课程设置要能够跳出原有的框架，要有新思维新想法新框架。传统新闻实务类课程的内容往往按照采、写、编、评、摄等业务环节展开，每个环节

---

① 马溧. 以变应变：媒体转型与中国新闻传播教育改革：基于2014年中国新闻传播教育研究文献梳理[J]. 新闻研究导刊，2015（17）：192-193.

② 国务院. 关于加强和改进新形势下高校思想政治工作的意见[EB/OL].（2017-02-27）[2019-06-12]. http://news.xinhuanet.com/2017-02/27/c_1120538762.htm.

即是一门课程。本质上看，新闻采访、写作、编辑、评论、摄影（像）等新闻实务类课程应该是一个完整而不可分割的整体。因此，实现专业课程改革与职业标准的对接应该树立"大新闻业务观"，强化专业实训理念，进而改革教学模式。

随着媒介技术发展，数据新闻教育在2014年前后开始成为新闻院系普遍关注的新课题，人大新闻学院等多家新闻院校在原有新闻业务基础之上，为学生开设了"数据新闻"类课程，为帮助学生更好地掌握和运用新技术，社会科学研究方法、数据分析、视觉设计、计算机编程等课程也开始出现在很多新闻院系的课程表上。

近十多年来，各高校在精品课建设中各有建树，特别是中国人民大学、复旦大学、中国传媒大学、清华大学等高校，在全国精品课及精品资源共享课建设中取得了相应成果。如中国人民大学的"新闻编辑""新闻评论""网络传播技术应用""新闻理论"，复旦大学的"马克思主义新闻思想"和"新闻学概论"，清华大学的"新闻采访与写作"和"中国新闻传播史"等获得了"全国精品课"的称号。2016年，中国传媒大学的"新闻理论""传播学概论""广告学概论"，复旦大学的"马克思主义新闻思想"，武汉大学的"新闻采访学"，华中科技大学的"外国新闻传播史"，以及暨南大学的"新闻事业经营管理"等入选教育部"国家级精品资源共享课"。

（二）加强实验课程建设，帮助学生掌握和运用新技术

在新媒体环境下，传统的课程设置、教学内容与教学方法的不适用性越来越多地暴露出来，处于教学一线的学者们越发意识到，新闻专业课程设置要跳出原有框架，重新整合和创新，才能适应快速更迭的业界需求，跟上技术转型升级的步伐。自2009年起，人大新闻学院把"跨媒体传播实验"课设置为全院本科生的必修课，在大二和大三阶段开设。北大新闻与传播学院也对新闻课程进行了循序渐进的局部调整，加强专业基础教育和实验课程。当前，以"实战"为核心的应用型课程体系被越来越多的新闻院校采用。李娟提出，要树立"大新闻业务观"，强化专业实训理念，以实现专业课程改革与职业标准的对接[①]。

新闻院系普遍注意到新媒体给课堂教学带来的变革性影响，强调在教学方

---

① 李娟. 专业课程改革与职业标准对接的理念与路径：以新闻实务类课程为例 [J]. 新闻世界，2014（8）：324 - 325.

法上利用新技术和互联网提高教学质量,在教学内容上则要重点培养学生的全媒体能力。这不仅需要学校层面对新闻教育的支持,也依赖于新闻院系与业界的持续合作。如中国传媒大学广告学院新媒体系和群邑公司合作开设了新媒体传播策略课程,和日本电通公司合作开设了创意设计课程,和阿里巴巴公司合作开设了大数据商业应用暑期课程;北京大学、华中科技大学与百度公司合作开设了偏向技术的计算广告学课程①。

(三)以国际化的视野推进课程建设,增强课程的开放性

全球化背景对新闻课程改革提出新的要求,国内院校纷纷加强与世界各地的对口交流合作,国际性开放课程数量增多。2011年,中国传媒大学接手了"发展中国家国际传播硕士班"项目,该班学制一年,学习国际传播专业,第一期项目招收了来自坦桑尼亚、肯尼亚、埃塞俄比亚、缅甸、白俄罗斯、柬埔寨等16个国家的22名学员,第二期的35名学员来自非洲、亚洲、拉丁美洲和大洋洲等地②。中国传媒大学电视学院积极开设国际课程,鼓励教师用英文进行授课,引进了一批具有传媒和外语背景的复合型教师,在公共英语课的基础上开设"名片名著解读""媒介英语研究"等课程;成立国际化背景下传媒人才培养创新实验区,从学生中选拔优秀人才进入实验区强化英语学习,为今后国际新闻传播事业培养后备人才。

通过与国外新闻院校的合作建设新课程也是推进课程国际化的一个新路径。如在密苏里大学新闻学院自2005年首创融合专业(convergence journalism program)后,汕头大学和南京大学都与其展开了合作,复旦大学新闻学院则引进了媒介融合概论和媒介融合报道两门课程。

清华大学新闻与传播学院在2009年开始的教学改革中,对于本来就未分专业的本科生,用课组的方式加强某几个领域的专业实践能力。收效比较明显,学生的专业性能力得到了提升。除了有全英文的财经新闻项目、国际新闻传播硕士,还加强了专业英语、英语课程方面。

三、加强教材建设

教材建设是新闻教育改革的一个重要方面,我国新闻传播院校在教育部相

---

① 马澈,陈皓.新媒体教育有哪些模式:新媒体专业的产学对接案例[J].新闻与写作,2015(3):14-19.
② 雷跃捷.社会转型时期我国新闻传播教育的成就和问题[J].现代传播,2013(3):135-138.

关政策的引导和支持下，在教材建设方面不断加大力度。

（一）"马工程"教材建设

由中宣部与教育部领导和组织的"马克思主义理论研究与教材建设项目"开展已经十多年，一批在本学科领域居领军地位的专家教授担任了"马工程"教材的研究和编写任务，并取得了阶段性成果。2009年出版的本学科第一部"马工程"教材《新闻学概论》已经在全国新闻传播院系中普遍应用于新闻理论课程的教学，第二批计划出版的六部教材《中国新闻传播史》《新闻采访与写作》《新闻编辑》《新闻评论》《广告学》《西方传播理论评析》也已经部分出版。这些教材对于我国新闻教育保持正确的政治方向，全面提高核心专业课程的建设水平具有重要作用。

（二）全国重点规划教材建设

在教育部组织的"十五""十一五""十二五""全国普通高等院校规划教材建设项目"中，新闻传播学科中各专业方向都有较多的教材被选择立项，得到了国家的出版支持。这些教材近年来在新闻教学中广泛被采用，产生了较大的社会影响。清华大学李彬教授编写的《全球新闻传播史》、中国人民大学盛希贵教授编写的《新闻摄影教程》等一批教材获得了教育部普通高等教育精品教材的称号。

（三）各院系自主规划的教材建设

除了国家组织建设的重点教材，各新闻院系根据自己的教学需要，自主规划设计和组织教材的编写工作。2013年本项目负责人组织的对国内18所新闻传播院系的调研发现，大部分高校的专业课程采用的是本校主讲教师独立或参与编写的、正式出版的教材。如四川大学对教材使用采取的是"本土话语、借巢引凤、择优录取、视域融合"的策略。"本土话语"指的是仅仅依靠本学院的教学与科研既有资源与成果。"借巢引凤"是指不局限于川大自身出版社，其他优秀的高校出版社与教育出版社的"十二五""985"国家重点教程都是借鉴的渠道。"择优录取"是指相关学科的教材都用本领域最权威、最通行的版本。"视域融合"是指不同于国内其他新闻传播院系的课程设置与考核方式，将新闻传播理论与其他理论很好地融合在一起，打开了一条学术融合的新路径。各新闻院系重视选用本地教材，激发了相关教师的教学科研积极性，也有助于在全国学术圈扩大自己的影响力。

2013年，《中国新闻事业通史》十卷本英文版由 Enrich Professional Publishing 出版，并向全球发售。该著作中文版由方汉奇教授主编，是目前国内新闻史研究的重要成果，多次再版。此次翻译成英文向全球发售，是中国新闻传播学走向海外的重要步骤，成为第一批向海外介绍中国新闻学研究的经典文献[①]。中国人民大学新闻学院的"中国传播案例教学与案例库建设"成果中，有配套出版的案例教材，也在全国产生了较大影响。

此外，还有一些新闻传播院校创办了学术期刊并在学界业界取得较大影响力。如复旦大学自1981年创办至今的《新闻大学》季刊，中国人民大学新闻学院的《国际新闻界》，中国传媒大学的《现代传播》等，都是国内知名的新闻传播学术刊物，在全国历届新闻传播类核心期刊评选中名列前茅。这些学术期刊也在教学中发挥着辅助性的作用。

四、建设特色项目

在新闻教育转型的探索中，涌现出一批特色项目，它们的成功经验对同行有示范与启发意义。

（一）案例库

在案例库建设方面，中国人民大学从2005年开始创建全国首个新闻传播学案例库，成功开发案例超过600个，13个子库涵盖了学院的全部专业，全院本科基础课和研究生专业课等60多门课程得到了案例库的支持，促进了教师教学科研能力和学生研究能力的提高[②]。复旦大学自2011年起也开始加强专硕教育的案例库建设。中国传媒大学广告学院新媒体系基于两门专业课程，组建了互动营销案例库和新媒体产品案例库。在美国的哥伦比亚大学，哥伦比亚案例联合体（Case Consortium@Columbia，简称 CC@C）起始于2007年，现在发展为完备、专业且具有国际影响力的新闻传播学案例库平台。其中的案例从内容上可分为新闻传播学案例、公共政策案例与公共卫生案例三部分，从媒介形态上可分为多媒体案例、视频案例、纯文本案例、西班牙语案例和外界提供案例。案例库的使用人群包括学生、教师和访客，教师一经注册就可以免费下载全部

---

① 邓绍根. 缘结《中国新闻事业通史》[J]. 新闻记者，2016（10）：21-22.
② 蔡雯. 新闻传播学科中的案例教学与案例库建设：基于中国人民大学新闻学院教学改革项目的总结与思考［C］//《新闻学论集》编辑部. 新闻学论集：第29辑. 北京：经济日报出版社，2013：9.

案例以及教学指导手册，学生和访客付费下载①。

（二）工作坊

工作坊推动了新闻人才的全媒体化转型，助力于跨媒体传播实验教学，如今越发受到欢迎。学生在工作坊中可以进行真实的、社会化的媒体活动，具体内容包括新闻采访、报纸编辑、视频剪辑、节目录制、网页制作等等。在这些活动中，新闻实务类的课程进一步整合，实验教学资源可以被更大程度地调动起来，教师与学生之间展开伴随式教学与协商式互动。如清华大学新闻与传播学院自2002年开始开设了"清新时报工作坊""清新视界工作坊""清新网工作坊""清影工作坊""深度报道工作坊""新媒体应用工作坊"。在工作坊内，学生进行真实的新闻实践活动，做报纸，做节目，做网页，最后呈现在相应媒体中与公众见面②。

中国人民大学的跨媒体实验工作坊是新闻学院"跨媒体传播实验"课程的一部分，学生在8～10个不同类别的工作坊中自主选择。工作坊人数一般控制在20人以内，方便了指导老师与学生的沟通互动。其中，高年级"大骨干"带领低年级"小骨头"的模式，引导学生自主学习、自主探索，把教学与实践合二为一，使实践真正成为教学系统的一部分。工作坊由学院不同系部的老师负责开设，并与社会媒体、校园社团或一些专业竞赛挂钩，采取以任务带动课程的教学模式，为学生提供以一个媒体专业为主，同时兼顾媒介融合环境的教学活动。学生被要求两个学期选择不同的工作坊，以满足他们在不同媒介类型下的实践。自课程改革以来，工作坊类型大体包括深度报道、电子杂志、多媒体视觉报道、网络电视、口述新闻史、广告创意与策划等类型，具体开设数量每学期根据师资、社会资源和学生兴趣等因素灵活变动。这些工作坊帮助已掌握多项媒体基本技能的学生从实战角度出发，展开对媒介融合的进一步思考。2009年以来，通过这些工作坊，新闻学院学生在金犊奖、北京大学生广告艺术大赛、广告艺术节学院奖、大学生创新杯、中国大学生新媒体创意大赛等竞赛中取得奖项近两百项。

这些工作坊在形式上灵活多变，每一年、每一学期都可以根据媒介技术的

---

① 蔡雯，罗雪蕾. 新闻传播学案例教学现状调查：对海外高校案例库建设与案例课程设计的观察与思考 [J]. 现代传播，2012（9）：119-122.
② 张小琴，陈昌凤. 后喻时代的新闻教育：清华大学新闻与传播学院的"清新传媒"实践教学模式 [J]. 国际新闻界，2014（4）：150-157.

发展而开发新的、适合业界动态的内容。在调动院内现有实验教学资源的同时，以工作坊为契机，媒体机构的相关资源也能被迅速、灵活地整合进来。如利用现今商业网站方兴未艾的直播技术、VR设施与飞行拍摄技巧，与之合作开设相关工作坊课程，学生在其指导下完成面向全网的全新作品。

此外，通过教师的精心设计与规划，这些工作坊课程还能进一步为其他理论性课程提供素材，提高学生在这些课堂的积极性，反哺新闻教育传统课程。如人大新闻学院开设多年的"口述历史工作坊"，将新闻史的学习与电视访谈制作相结合，学生被分成三到五人的小组，用一学期的时间，对多位年逾古稀的老新闻工作者进行了拍摄。学生在学习近代中国新闻史的同时，还被要求利用实验教学资源，掌握一定的摄像及影片剪辑技巧，对一些新闻历史事件的亲历者进行访谈，并完成纪录片的制作。这样的安排加深了学生对新闻史的感性认识，明确的主题和要求也迫使他们更多地思考如何用掌握的采访与拍摄技巧更好地完善内容，而最终优秀成品被收录进"新闻数字博物馆"，丰富了新闻史研究史料的同时也大大提升了学生的成就感。

五、拓展实践教学

近年来，新闻传播实践教学改革进入快轨，实践教学走出校园狭小的实验室，走向社会的各个系统，不再局限于专业实习，而是发展为包括第二课堂、传媒讲座、社会实践、学术调研等活动的系统性教学体系。这一体系主要包括以下方面：

（一）引入业界资源，课堂教学融进实战元素

将新闻一线的优秀记者编辑请入高校课堂，是很早就有的传统做法。进入21世纪，"部校共建""媒校共建"进一步推进了业界资源向新闻院系的投入。如中国人民大学新闻学院开设了研究生指定选修课"新闻传播前沿讲座"等多门讲座课程，邀请众多传媒业界领军人物走上讲台，分享实战心得体会；聘请资深媒体人担任"新闻采访与写作"等专业课的任课教师，优秀的课堂作业直接被推荐到社会媒体公开发表。人大新闻学院还与腾讯合作开辟了"腾讯课堂"，在新媒体领域与业界合作，请业界精英进课堂；还开设了拼盘类课程，本院权威教师和业界专家结合上课（如媒介案例及批评课）。

在清华大学，知名传媒人曹景行、敬一丹、白岩松、水均益等人受邀成为"清新传媒"的特聘导师。学生媒体"清新传媒"还从新闻业界聘请了项目导

师，除了定期的讲座、培训之外，他们也具体参与学生实践。2013 年《中国记者》系列节目制作期间，邀请了央视新闻频道编辑部副主任张巍、《中国青年报》深度报道部主任刘万永、搜狐传媒频道主编刘洪庆共同参与，从筛选人物、确立节目主旨到采访和编辑过程，进行了细致的指导，确保节目质量。"清新传媒"也是一个媒体合作平台，学生作品可以为大众媒体提供内容资源。"清新视界"是各个视频网站的内容提供者，《清新时报》的很多稿件被国内主流媒体采用，清影工作坊也有很多节目获得重要奖项，都在鼓舞着学生们参与实践的热情①。

复旦大学新闻学院举办"复旦新闻大讲堂"，请业界人士给学生讲授新媒体前沿知识。2014 年秋季，腾讯公司网络媒体事业群总裁刘胜义、澎湃新闻产品总监孙翔、界面高级编辑彭朋、东方网媒体中心副主任陈旭东、上海观察执行总编尤莼洁、财新传媒执行总裁张翔等业界精英走进课堂传授新媒体经验②。

业界人士进入新闻教育的讲坛，弥补了大学专职教师在业务实践类课程教学方面的短板，他们能够把最新的前沿技术、案例和经验带给学生，甚至直接指导学生的业务实践，有效提高了实践教学的质量。

（二）创办学生媒体，提供多形态实践平台

新闻人才培养所需要的实践平台需要新闻院系投入人力财力，精心谋划建设。对于在校学生尤其是低年级学生，校园媒体和实验室通常是他们最初进行专业训练的场所。如清华大学新闻与传播学院的"清新传媒"拥有平面媒体实践平台《清新时报》、以纪录片为主的影像创作实践平台"清影工作室"、视频节目制作平台"清新视界"、网络实践平台"清新网"等③，学生"足不出校"即可进行多媒体情境下的新闻生产实践。而且"清新视界"从诞生开始，就与新媒体相伴而行。除了在各大视频网站上线之外，学生们还创建了官方博客、官方微博、人人网主页、手机 App 等，在推广节目的同时掌握多种媒体形式。

人大新闻学院的校园学生媒体《新闻周报》也是从 20 世纪的一张校园报纸起家，到 21 世纪初已经办成了集报纸、网站、网络电视台和微信公众号为一身

---

① 张小琴，陈昌凤. 后喻时代的新闻教育：清华大学新闻与传播学院的"清新传媒"实践教学模式 [J]. 国际新闻界，2014（4）：150 - 157.

② 许鹏. 新闻传播学教学模式改革范例：以复旦大学新闻学院本科"2＋2"培养模式为例 [J]. 新闻与写作，2015（1）：110 - 112.

③ 郑广嘉，秦静. 传播教育的当下与未来："新媒体时代传播教育的困境与创新"研讨会综述 [J]. 新闻记者，2015（6）：85 - 89.

的小小多媒体集团，成为学生在大学前两三年中进行业务练兵的平台。由学生在专业教师指导下主办的微信公众号"RUC新闻坊"一直在数据新闻实践和研究方面进行探索，所策划的诸多选题和创新性的内容广受好评，粉丝量接近10万，并获得过"首届大学生校园媒体大赛的十佳校园媒体"等称号，有许多作品还被澎湃新闻等专业媒体转载。

中山大学建立了新闻摄影实验室、视频编辑实验室、大数据传播实验室、受众行为和心理测试实验室，还与南都合作大学城App、与《广州青年报》合作《大学城》周刊，打造面向22万大学城岛民服务的社区媒体[①]。

武汉大学新闻学院则连续举办"新闻先生、新闻小姐大赛"，加强第二课堂的社会实践效果[②]。

（三）建设实习基地，拓展实践教学体系

让学生走向社会，在调研与采访实践中增长才干是新闻教育必不可少的重要环节。2013年我们调研的18所国内新闻传播院系普遍重视课堂教学与实践、基础研究与应用研究的结合，与各类新闻媒体及传播机构合作，建设校外实践教学基地，涵盖学院人才培养的各个门类，满足学生的实习需求。一些院系革新零散的教师推荐实习，制定了更加规范、更加常规化的学生实习培养方案，加强实习考评指标体系的论证和施行，进一步优化了实习培养效果。

中国人民大学新闻学院学生媒体融合创新平台，包括纸媒《新闻周报》、网络广播电台、网络电视台、新周网络（微博、人人网、微信）都是学生的校内新闻实践基地，被纳入了教学范围中，有专门的指导老师指导并给予学分。学院正式合作的《人民日报》、新华社、中央电视台、《解放军报》等实习基地27个。受中宣部、教育部等委托培养的国际新闻硕士研究生也定期赴新华社等单位的国内编辑部和海外记者站实习；学院的武警国防生也分赴《解放军报》、新华社军分社等军事媒体实习；由学院牵头组建的"中国人民大学-北京市互联网宣传管理办公室新闻传播学类文科实践教育基地"获得教育部立项资助。此外，"第二课堂"的设计，是中国人民大学本科教学改革中的亮点，也是新闻学院人才培养方案中的重点。近几年，国家新闻宣传部门发出了新闻记者"走基层、

[①] 刘虹岑．"对新闻业的热爱让我充满激情"：专访中山大学传播与设计学院院长张志安[J]．新闻与写作，2015（8）：63-64．

[②] 强月新，周茂君，叶晓华，等．新闻传播学科实践教学与人才培养笔谈[J]．武汉大学学报（哲学社会科学版），2009（6）：882-893．

转作风、改文风"的号召,人大新闻学院也借助"第二课堂"的方案设计,推出"新闻学子走基层"系列活动,每年组织本科生和研究生深入基层,到田间地头、厂矿企业进行社会调查和新闻采访活动。2015 年学院联合人大重阳金融研究院开展了"一带一路"西北行调研,学生在深入基层和群众中了解社会发展状况、锻炼新闻实践能力。2016 年夏天,人大新闻学院又继续组织学生进行了"一带一路"东南沿线的调研,同样有较为丰硕的收获。

清华大学新闻与传播学院积极开展与中央新闻媒体的合作,《人民日报》、新华社、《光明日报》、《经济日报》、中央电视台、《中国日报》、《中国青年报》等单位都是学生的实习平台。大部分同学能够到主流媒体实习一个学期。同时,为进一步培养熟悉境外传媒机构、具有国际视野的人才,学院还与境外媒体机构进行探索性的合作,如选派学生到《南华早报》、路透社北京分社和韩国放送公社等媒体机构实习。此外,清华大学新闻与传播学院团委还建立了以暑期实践为主、寒假实践和双休日实践为辅,校友访谈和多个经典实践品牌项目相结合的社会实践体系,并在全国各地拥有多个实践基地[①]。

武汉大学新闻学院搭建了"五点一线"稳定的本科专业实习网络,实现学院对本科专业实习的规定性与指导性,同时为每位本科生提供高层次的专业实习平台,体现公平原则。他们认为北京是中央级媒体分布最多的城市,实习生在那里能够得到更高层次的锻炼;广州、深圳是报业的发达地区,处在改革的前沿,能让实习生眼光更远更新;湖南卫视的娱乐节目较为发达;武汉是学校的大本营所在地。为此,学院决定把北京、武汉、长沙、广州和深圳五个中心城市定为本科教学实习基地的重点建设区域,五点相连形成了"实习单位京广线"。其中,北京和广州又成为基地建设重点中的重点。经过长期努力,该学院的本科教学实习基地建设工作卓有成效。截至 2009 年 7 月底,武汉大学新闻与传播学院已与中央电视台、《经济日报》、《中国青年报》、新浪、网易、搜房网、南方报业传媒集团、深圳报业集团、深圳广电集团、广东省广告公司、广州蓝色火焰广告公司、北京互通国际广告公司、广东致诚广告公司等 18 家国家级或省级媒体、国内著名的广告公司和著名网站签订了实习合作协议;还与中央人民广播电台、《人民日报》、《新京报》、腾讯、广州 4A 协会、广州日报报业集

---

① 欧阳云玲. 我国新闻教育实践课程体系的研究:兼论媒介融合情境下新闻课程改革[J]. 东南传播,2015(3):105-107.

团、羊城晚报报业集团、湖南卫视、湖北日报传媒集团、长江日报报业集团、湖北广电总台、武汉广电总台等新闻媒体和 10 多家广告公司建立起了长期的合作关系，每年都有大量实习生到这些实习单位进行专业实习。学院对本科专业实习过程派出教师进行中期巡视与检查，听取实习单位的意见，召开实习生座谈会，解决各种具体问题并对学生进行业务指导。截至 2013 年，武汉大学新闻学院与全国 30 多家新闻单位、网络媒体、广告公司签署了长期合作协议，与《湖北日报》合作，更是教育部的实习示范基地、湖北省人民政府授牌的第一个文科示范基地。每年都会派送 30 多个学生去中央电视台实习，是京外高校成建制向中央电视台输送实习生最多的院校。

厦门大学新闻传播学院在东方卫视、中新社、人民网等媒体机构建有实习基地，学生可以前往新华社对外部、新华社国际部、中新网、人民网、东方卫视、中央电视台、《中国日报》、中国国际广播电台、《财经国家周刊》、《环球》杂志以及地方媒体等地实习。

中国人民解放军南京政治学院军事新闻传播系在《解放军报》、新华社军分社、中央电视台、中央人民广播电台、某基地、军区军兵种报社等多个媒体和部队建有 16 个长期稳定的教学实习基地，连续 10 多年安排学生赴上述基地从事实习实践活动。

中国传媒大学电视学院广电专业的实习体系也很有特色，基本上按照梯次推进的方式分为认知实习、专业实习和毕业实习。认知实习主要是平时安排在校电视台，观摩节目制作过程、熟悉流程，进行工种配合；专业实习既可以安排在校内电视台，也可以安排在定点的省外电视台，实行顶岗实习；毕业实习则主要是在本学院建立的实习基地以及北京各大媒体。中国传媒大学电视学院团委还利用寒暑假组织学生开展社会调查，加强学生的问题意识，提高他们对实证方法的把握。

山东大学文学与新闻传播学院与《人民日报》、新华社、中央电视台及省内媒体签有实习基地协议，并在上述单位聘请了兼职教授，与大众报业集团合作建立了教育部"大学生社会实践重点基地"，与山东电视台、大众报业集团等有合作项目。

实践教学基地的建设在我国几乎所有新闻院系中都是学科建设的一个重要方面，"部校共建""媒校共建"对这项工作的推动作用尤其明显。

（四）创新"校媒""校企"合作模式带动实践成果转化

高校与媒体的合作不仅仅着力于让一线记者编辑"走进来"，还体现在让教师生"走出去"参与实践，通过新的合作模式，让新闻业务实践的成果转化为真正的新闻产品，在社会上广泛传播。

清华大学新闻与传播学院连续多年与国务院国资委新闻局和主流媒体合作组织"清华学子进央企"，把实践教学活动延伸到厂矿企业第一线，2007年还与《河南日报》联合策划《在京创业的河南人》系列报道，获得第十七届中国新闻奖，2014年继续联合采写12整版的《河南和丝绸之路经济带》，与搜狐合作推出学生参与采访的多媒体作品《2013新闻背后——年度风云记者》。该校的国家精品课"新闻采访与写作"和清华新生研讨课"走在路上的叙事艺术"每年以"新闻大篷车课堂"的方式带领学生到边疆或者域外，展开中国边疆史地和人文故事的采访写作，课程主讲教授李希光引进了"学在路上"的教学理念，10多年来和他的学生们在新疆罗布泊、楼兰古城、贝加尔湖畔、青藏高原、中俄边境的珍宝岛、内蒙古科尔沁草原、古长城沿线、太行山上、红军长征路上，学习用全球的视野、历史的深度、讲故事的方法来展现现实生活，以师傅带徒弟的方式手把手地教授学生各种采访写作的技巧。

汕头大学长江新闻与传播学院于2008年8月至11月间，组织本院七名学生、一位教师和两名来自美国的客座教授组成了一个报道团队远赴美国，通过多媒体报道的形式从现场发回关于美国大选的第一手报道。在收到良好反响之后，2011年"冲走中国西北角"、2013年"印度行特别报道"活动陆续展开。此类教学活动很受学生欢迎，能够帮助学生在实际的旅途和工作中进一步认识多媒体报道，拓展眼界，增强技能。在2010年南非世界杯期间，该院派出由12名学生组成的报道团抵达开普敦进行采访，超过百篇新闻作品（文章、图片和视频）发表在合作伙伴Tom.com旗下的大型体育论坛鲨威网上。前方报道团每天保持至少4篇稿件的更新速度，报道内容不仅包括世界杯赛事，还涉猎球场外的新闻趣事①。

2016年，中国人民大学新闻学院与蓝色光标传播集团共建中国人民大学未来传播学堂，双方第一阶段合作期限为10年，蓝色光标按年投入、累计捐赠1亿元。未来传播学堂启动了"未来传播领英人才培养计划"，目标是在互联网革命、社会转型、全球化大背景下培养出一流的、领英型的数字传播人才。学堂

---

① 范东升，程金福．数字化媒体时代的新闻教育创新：以汕头大学长江新闻与传播学院"学生报道团"为案例［C］//郑保卫．新闻教学与学术研究．北京：经济日报出版社，2010．

将落实中国人民大学综合改革方案、"十三五规划"和本科人才培养路线图，跨媒体、跨学科、跨文化培养高级新闻传播人才；通过课程体系调整，完善通识教育、专业教育和人格训练三位一体的人才培养模式；坚持和发扬人大新闻与传播教育的优良传统，同时不断尝试各种观念创新和机制创新；适应"95后"学生的特点，以学生为本位，实质性推进因材施教。此外，作为人大本科人才培养模式改革的一个重要尝试，未来传播学堂还将反哺新闻传播教育的整体改革和发展，推动整体性的教学创新和学术创新。

一些院系创新与业界合作的形式，实施院系与企业的联动，鼓励学生参与企业的广告设计、宣传方案制定，使学生进一步了解业界生态，在更大程度上实现产与学、产与研之间更为紧密的结合。中国传媒大学广告学院与索尼联动，学生所设计出的自主知识产权产品价值达100万元。武汉大学新闻学院较早设置独立学分实验课，切实提高学生的动手能力。随着校媒、校企关系的不断推进，学生将获得更大的实践平台，了解国情民意，提高业务能力，丰富实战经验。这些实践教学方面的拓展创新之举，已经在全国各地的新闻院校中产生了示范效应。

六、建设实验中心

新闻传播学科是一门应用性很强的学科，实践教学是新闻与传播人才培养过程中的重要环节和特色环节，对于学生理解和应用所学知识具有重要作用。学生们必须掌握采访、写作、编辑、评论、播音、摄影、摄像等专业技能才能适应专业岗位。而随着新媒体技术日新月异的发展，媒体操作环节越来越复杂，传统的专业技能都面临更新和挑战，必须通过现代化的传媒设备和实验环境才能完成对学生专业技能的培养。为了使学生的在校学习与业界实践接轨，近年来，各大高校新闻学院纷纷开展实验室建设，通过专业实验学习来提高学生实际操作能力，为学院的教学和科研提供支持和服务。

2013年人大新闻学院教改调研团队对18所新闻院系的调查发现，在实验室建立的目标引导中，绝大多数高校坚持如下理念：一是使人才培养目标与社会经济文化建设相适应，与社会对人才的需求变化相适应，集知识、能力、素质培养为一身，确立了以现代科技与人文素质培养深度融合为特色的"实验育人"的实验教学理念。二是以学生为本，以学生能力培养为主线，将"人才服务社会"的观念落到实处，从教书育人、管理育人出发，充分利用现有资源，充分发挥学生的主动性和创造性，践行以学生为主体、教师为主导的新型实验实践教学方式，给学生营造良好的学习、研究和创作的空间和环境。三是提供现代化传媒环境，培养全媒体式的新闻传播人才，通过参加实践教学，使得学生增强现代化传媒的采、写、编、评、播、摄等动手操作能力，为其实习和走上工作岗位后尽快独立展开工作提供了重要保证。四是坚持"国际化、开放式、多层次、融合型"的实验教学特色。同时，一些高校新闻学院还创造性地提出如建构"基础实验—综合实验—创新实验"的三层次、四模块的实验教学体系和"以基础实验为平台，综合实验为核心，创新实验为龙头"的发展路径等理念思路。

调查发现，在内容与技术上，综合国内各高校的实验室建设情况来看，建设内容主要包括平面媒体、影视媒体、网络媒体、数据资源和研究训练等。同时，诸多综合性高校还发挥多学科交叉的优势和在IT科技方面的领先技术，在深入理解信息网络时代新闻传播业的发展趋势和特点的基础上，前瞻性地建设和设计有关实验教学的具体内容，在实验教学的内容和方式上不断创新改革。实验室及时跟踪和学习最新的相关实验技术，定期组织专题研讨和参观交流，并定期收集教师、学生的反馈，使教学理念和手段、条件都能与时俱进。

在国家级实验教学示范中心的建设中，许多新闻院系也是硕果累累。高等学校实验教学中心网站2013年公布的资料显示，全国共有16所学校拥有传媒类国家级实验教学示范中心，分别是中国人民大学、中国传媒大学、天津师范大学、东北师范大学、复旦大学、上海理工大学、南京大学、浙江师范大学、安徽大学、河南大学、武汉大学、暨南大学、华南师范大学、深圳大学、云南大学、陕西师范大学。

近几年，VR技术全面发展，网络覆盖与速度飞速提升，在此基础之上，虚拟仿真实验平台成为新的发展方向。虚拟仿真实验，是利用VR技术，对实验室环境进行在线远程模拟，学生在此平台上能够不受时空限制，身临其境地完成虚拟实验活动。

2015年1月，教育部下发文件，要求"有关高校要高度重视实验教学信息化和虚拟仿真实验教学中心建设工作，加强虚拟仿真优质实验教学资源的建设与开放共享，完善虚拟仿真实验教学管理共享平台建设，优化虚拟仿真实验教学中心管理体系，提升虚拟仿真实验教学队伍教学和管理能力，提高实验教学管理信息化和支持服务信息化水平"，并同时批准100个虚拟仿真实验教学中心为国家级虚拟仿真实验教学中心①。

在新闻传播教学领域，伴随着 3D 技术的发展，虚拟仿真实验技术也能够帮助学生远程完成许多原本在实验室中才能完成的教学环节。

中国人民大学新闻学院自 2015 年起，开始了这方面的尝试。第一期通过服务器虚拟桌面技术，完成了报纸编辑流程的虚拟实现。学生不再通过固定课程的形式进行上机操作，而是通过账号密码，在任何普通 PC 端登录虚拟实验平台，都可以享有实验室各项专业软件的练习和使用权。在此基础上，实验中心现有实验机房空间资源也获得了释放。在保留一个 40 人规模的中型机房用于课程开展的前提下，剩余机房空间被重新分配利用，一批小而精的媒体工作室被建立。这批工作室，根据不同的需求分别配备了高清电视、触摸显示屏、苹果一体机、图形工作站等设施设备，同时配以工作岛、会议桌等家具设施，以供广播电视纪录片赏析、微电影创作、多媒体版面设计、广告创意策划、静物与人像摄影等诸多工作坊使用。在 2016 年的第二期建设中，建立了虚拟演播厅与虚拟摄影棚，学生可以通过虚拟仿真实验平台完成摄影灯光设计、摄像机位调整等环节的远程虚拟实验。

七、探索新闻传播教育的国际化

中国新闻传播教育的国际化，是在新媒体环境中国际一体化进程加速的背景下，对新闻人才培养做出的战略性调整，也是在新的世纪配合国家对外传播战略，响应党和政府"讲好中国故事"的要求，在新闻传播人才培养领域所做出的积极回应。新闻教育的国际化，分两条路径、多种形式展开。

第一条路径，是为了适应我国对外传播需求，着力于培养国际传播人才。标志性的工程如下：2009 年，由中宣部和教育部牵头，组织中国人民大学、中国传媒大学、清华大学、复旦大学、北京外国语大学的新闻传播院系，开展实施国际新闻传播后备人才（硕士）培养项目。该项目以"坚定国家立场，提高政治素养"作为人才培养的根本，以培养熟练掌握外语、精通国际新闻传播业务的专业技能为目标，实施至今已经取得显著成效。

第二条路径，是吸引国外学生来中国学习新闻传播业务。如受商务部、教

---

① 教育部. 关于批准清华大学数字化制造系统虚拟仿真实验教学中心等 100 个国家级虚拟仿真实验教学中心的通知 [EB/OL]. (2015-01-08) [2017-03-21]. http://old.moe.gov.cn//publicfiles/business/htmlfiles/moe/s5972/201501/183369.html.

育部委托，2011年中国传媒大学接手了"发展中国家国际传播硕士班"项目，该班学制一年，学习国际传播专业，由我国商务部资助全部的学费和生活费。第一期项目招收了来自坦桑尼亚、肯尼亚、埃塞俄比亚、缅甸、白俄罗斯、柬埔寨等16个国家的22名学员。2012年9月，第二期项目招收了来自非洲、亚洲、拉丁美洲和大洋洲等地的35名学员。2014年至2016年，中国人民大学新闻学院承接了外交部新闻司委托的连续三期"非洲记者课程培训项目"和中国驻巴基斯坦大使馆委托的两期"巴基斯坦青年记者访学项目"，促进了国际记者理解中国。

近几年中，我国各新闻院系纷纷与国外新闻院系开展对口交流合作，我们在对18所国内新闻传播院系的调研中发现，这些合作主要体现在三个方面。

（一）人员交流

调研所到的18所新闻院系基本上都建立了与国外高校间的交流与合作关系，如复旦大学新闻学院已与美国哥伦比亚大学新闻学院、密苏里大学新闻学院、英国伦敦政治经济学院、伦敦大学金史密斯学院、弗吉尼亚联邦大学，奥地利维也纳大学、萨尔斯堡大学，日本早稻田大学、东京大学，新加坡南洋理工大学等40多个国家和地区的一流院系建立了人员交流和项目合作关系。

上海大学影视学院已与美国密苏里大学新闻学院、夏威夷大学创意媒体学院、英国伦敦大学金史密斯学院、德国科隆新闻学院等全球近30所院校保持着师生交流。

华东师范大学传播学院与上海广播电视台共建主持人工作室。上海广播电视台方面给华东师范大学传播学院学生提供实习、参与媒体一线实践的机会，并由参与共建的主持人牵头为学生开展专业实践和课题研究指导。华东师范大学方面将提供优秀的博士生、硕士生组建核心团队，参与包括定期提供相关主持人的节目收视数据分析及主持风格研究报告、节目形态创新研发、节目内容可持续发展研讨等工作。

（二）共同举办学术活动和会议

许多国内新闻传播院系邀请国内外学者进行交流，主办了一系列研讨会、高峰论坛和学术会议，并引入业界名师参与学生培养，努力提升师生学术水平。如浙江大学新闻与传播学院2011年开始的"传播大讲堂"系列讲座邀请了众多国内外知名专家和学者来院为学院师生演讲。中国人民大学新闻学院与多方联合主办 2013 气候传播国际会议、第三届中国传媒创新年会，为各国专家学者提供学术交流平台，打造新闻传播研究的学术共同体和学者交流网络。

（三）项目合作

中外新闻传播院校的合作还体现在各类教学、实习和科研项目的合作上，如互派教师、学生到对方学校进修学习，对学生实行学分认证。另外，暑假海外实习项目、研修项目也如雨后春笋般涌现。为加强和国外新闻传播教育的合作，一些学术团体和组织建立起来。如中国传媒大学的"国际新闻传播教育联盟"组织，联合了国内外 30 多所著名新闻传播院系开展活动，产生了较大的国际影响力。清华大学新闻与传播学院、复旦大学新闻学院等著名院系，纷纷与国外著名新闻传播学院联合培养硕士和博士生，取得明显的效果。清华大学新闻与传播学院曾与国际知名媒体及公司建有联合研究机构，如"清华-路透联合新闻研究室""清华-奥美公共形象研究室""清华-拜尔公共健康与媒体研究室""清华-日本经济新闻社媒体研究所"等，为学生参与国际合作研究提供条件；许多国际传媒机构在学院设立了奖学金，如《南华早报》奖学金、路透社奖学金、韩国 KBS 电视台奖学金以及法国杜孟奖学金等。

八、普及媒介素养教育

现代大学肩负着培养专业人才、科学研究和服务社会的三重职能。在大众传媒对社会影响日巨、社会急需媒介素养教育的今天，高校新闻传播院系积极倡导、推动、参与媒介素养教育是履行服务社会职能的最好选择。媒介素养教育也催生了新闻传播研究及学科发展的新的增长点。

据研究，台湾关于媒体素养教育的提倡大约起始于 1993 年，不仅早于大陆地区，而且近二十年来一直走在我国的前沿，取得了一定成果。如台湾世新大学新闻传播学院原来面向全院学生开设的"信息素养"课，于 2009 学年度发展成为全校必修课。政治大学传播学院开设的全校学生均可选修的媒体素养通识科目则多达 16 门，它们分别是媒体素养概论、人类传播、语言与再现、新闻史观、影像史观、传播科技素养、媒体的政治经济观、媒体教育与公民、大众传播与政治、影像叙事分析、通俗音乐史观、媒体与两性关系、媒体与社会化、广告与说服、传播媒介与民主社会、大众传播与宣传说服。这些课程不仅涵盖了大众传媒与社会方方面面的关系，而且直指媒介素养教育的"深水区"，如理解大众传媒与社会的关系、批判性地解读媒介信息等，值得我们借鉴①。

目前，我国大陆地区的新闻院校也在媒介素养教育方面有所作为，如中国传媒大学在致力于媒介素养教育人才培养的同时，积极开展媒介素养教育实践活动，使学术研究和社会实践密切结合。2004年，中国传媒大学建立了全国第一个传媒教育硕士点，开始培养媒介素养教育方向研究生，并将人才培养、学术研究和社会实践融为一体。2008年至2011年，该校传播研究院传媒教育研究中心在北京市东城区黑芝麻胡同小学进行了为期3年的媒介素养教育校本课程开发实验研究，总计240课时，参加实验的学生达310人。从2010年起，又与北京市定福庄第二小学合作开展"提高小学生媒介素养水平校本课程研究"和"数字教学环境下小学生媒介素养教育融合课程电子教材研发"等课题的研究。2011年9月，在北京市广渠门中学为学生开设媒介素养教育校本课程。此外，该中心还在北京、上海、武汉等全国9个省市开展了22次媒介素养教育师资培训，参加培训的教师、校长和其他教育管理人员达2 376人次。

浙江传媒学院也将媒介素养教育作为一种实践性的社会教育派出了43支志愿者小分队在浙江、广州和甘肃等多个省市的中小学开展媒介素养教育支教活动。

2012年，中国人民大学推行本科人才培养改革新方案，新闻学院面向全校学生开设了"媒介素养"和"传播理论基础"两门素质课程，受到广泛欢迎和好评。学院还派出老师到人大附中等中学为学生提供新闻素质方面的讲座和教学辅导。

九、新闻传播教育为社会服务

新闻传播教育不仅限于承担专业人才培养与新闻研究的任务，还在为媒体与社会服务方面担负着重要责任。随着新闻传播业的转型发展，新闻院校对媒体改革和公共传播的智库作用、服务功能也更加受到重视，特别是一些重点新闻院校，更加具有以自身的人才优势和教育资源优势为社会服务的自觉性和担当精神。如2013年我们在调研中看到，北京大学新闻与传播学院的横向课题服务国家战略，与企业开展的横向课题2012年经费超过2 000万元。武汉大学新

---

① 张振亭. 媒介融合与台湾新闻传播教育创新 [J]. 西南民族大学学报（人文社会科学版），2012 (7)：155 - 159.

闻学院积极开展社会服务，相继开办了新闻发言人与媒体应对专题、播音与主持艺术（影视编导）培训班、记者型主持人研修班、摄影艺术高级培训班等。中国传媒大学电视学院的师生除了业界实习之外，还经常参与一些电视频道的发展规划，比如2013年帮助香港电视台、成都电视台进行战略目标、发展定位与规划的研究，并参与发展方案的制定。学院为一些政府部门、企事业单位进行电影、视频等媒介产品的制作。比如2012年学院承担了年度感动中国十大教师短片的拍摄，2013年和北京市援疆办公室合作拍摄制作了《走进和田》大型电视纪录片。

中国人民大学新闻学院近年来承担《光明日报》、内蒙古自治区新闻从业人员（共三期）、中关村管委会、广州市互联网宣传管理、重庆市新闻宣传骨干、中国化工集团、浙江省记协、中国石化报社专职记者新闻业务高级培训、北京地区网络编辑等多项培训任务，扩大影响力，服务社会。2013年以来，新闻学院教师还走出校门，到媒体、政府机关、海外高校发挥专业特长，服务社会。部分教师到《人民日报》、福建省委政研室等单位挂职，还有教授赴美国哥伦比亚大学孔子学院、意大利博洛尼亚孔子学院担任院长，为国家对外文化交流做了大量工作。

很多新闻学科的专家教授都参与了媒体的改革实践，他们为各类新闻媒体提供咨询、担任专业顾问、提供专业讲座，担任中国新闻奖等各类新闻奖项的评审委员，以自己的专业素养和研究成果为党和政府的新闻宣传、为媒体的改革创新、为公共传播的质量提高做出了巨大贡献。

第五章　个案：中国人民大学新闻学院的教育改革

中国人民大学新闻学院创办于1955年，是新中国成立后我党领导创办的第一家新闻教育单位，1978年开始招收硕士研究生，1981年设立硕士点，1984年设立博士点。新闻学专业是新闻学院的传统优势专业，也是全国唯一连任新闻学重点学科的学科点。1999年，教育部人文社会科学重点研究基地"新闻与社会发展研究中心"成立，人大新闻学院成为全国唯一的新闻学重点研究基地的依托单位。

办学60多年来，人大新闻学院一直是国内新闻传播教育的领军学院，在教育部组织的历次全国高校学科评估中名列前茅。人大新闻学院在新媒体环境下的教学改革探索一直为全国新闻传播院校广泛关注，产生了很大影响。因此，笔者以自己在人大新闻学院从教并担任教学管理工作的亲身经历和感受，对这一个案进行专题论述。

一、培养什么样的新闻人？——通过广泛调研把握人才培养的方向

新媒体时代的新闻教育改革最核心的一个问题是，我们要培养什么样的新闻人。这个问题是人大新闻学院近十几年来在领导班子和全体教师中讨论最多的。这所学院已经为国家培养了一万多名新闻与传播工作者，而且其中一大批毕业生成为新闻界的领军人物和业务骨干。在新的历史发展时期，学院的人才培养是否需要做出目标的调整？用什么样的模式进行改革？如何处理保持传统优势与进行突破创新的矛盾？学院围绕这些问题在内部进行过多次认真研讨，并对用人单位做过多次走访，每年邀请毕业生回校听取意见，广泛收集和分析各方面的信息，在此基础上再论证和出台一项项改革方案。

近年来，投入力量最大的一次调研是在2013年，作为学院人才培养项目的重要内容而组织的对于用人单位与毕业生的全国性调研，笔者时任主管教学工作的副院长，主持了这次调研工作。调研主要采取问卷调查和案例访谈的研究

方式，以期获取定量与定性两方面的数据。调查对象包括传媒机构、党政机关、企事业单位等用人单位中高层业务管理人员、人事部门主管，以及 2001—2012 年毕业的部分校友。调查问卷根据抽样来源，分为传媒卷、非传媒卷、院友卷三种类别，分别发放至北京、上海、广州、长沙等地有代表性的用人单位及毕业生中。回收问卷传媒卷 35 份，非传媒卷 18 份，校友卷 121 份；案例访谈记录 21 份。

调查单位包括如下机构：

北京：新华社、《人民日报》、中央电视台、中央人民广播电台、中国国际广播电台、《光明日报》、《经济日报》、《中国日报》、《法制晚报》、中国教育电视台、《北京日报》、北京电视台、北京人民广播电台、《北京青年报》、《中国教育报》、凤凰卫视、贝塔斯曼出版集团、卓众出版有限公司、《大公报》、《文汇报》、环球网、腾讯网、网易、央视索福瑞公司、《精品购物指南》、《人民公安报》、《中国航天报》、《中国气象报》、《中国安全生产报》、《中国电力报》、国务院新闻办、中国记协、中国核电、中国人民银行、中国建设银行、交通银行、中国人寿公司、中海油、北京电信、北京华润地产有限公司、歌华有线公司、中国农业大学、国家大剧院、国家体育总局等。

京外：东方卫视、上海广播电视台、《广州日报》、《南方都市报》、湖南广电集团、《河南日报》、深圳电视台、浙江广电集团等。

此外，本次调查还从 2001—2012 年毕业的校友中，随机抽取 130 名校友，对其进行了问卷调查和访谈。因部分校友联系方式更改未反馈意见，故实际反馈 121 人。这批校友的大体情况统计如下：调查对象 121 人中，在新闻学院获得学士学位的有 56 人次，硕士学位 83 人次，博士学位 9 人次。（注：有校友同时获得本科和研究生学位）

对毕业生的评价主要来自对用人单位的调查及访谈，主要内容包含了满意度概括与具体评价。

（一）基本满意度

用人单位对我院毕业生的满意度是较为乐观的。

从纵向时间轴的比较来看，在传媒和非传媒两类全部有效样本中，关于"结合贵单位情况，您认为近年来我院毕业生的整体质量"这一问题，有近 50%（45.3%）的单位选择了"基本持平"；"明显提高"和"略有提高"共有 24.5%（13.2%＋11.3%）选择；"明显降低"和"略有降低"共有 13.2%

（3.8%＋9.4%）选择（见图5-1）。

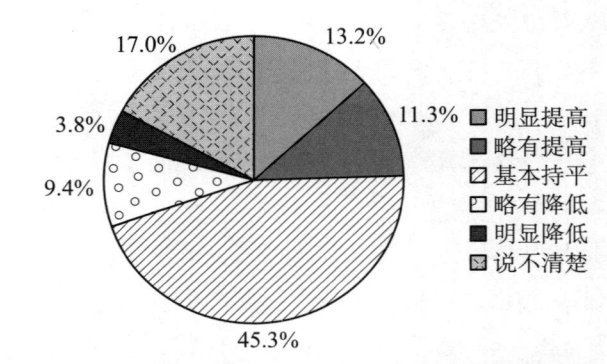

图5-1　用人单位对近年人大新闻学院毕业生质量评价统计

而通过横向对比其他高校，关于"我院毕业生与其他重点大学毕业生在专业知识和技术能力上相比"这一问题，选择"有一定优势"的样本数量达到三分之二（68.6%），只有2.0%的样本选择了"有一定差距"（见图5-2）。

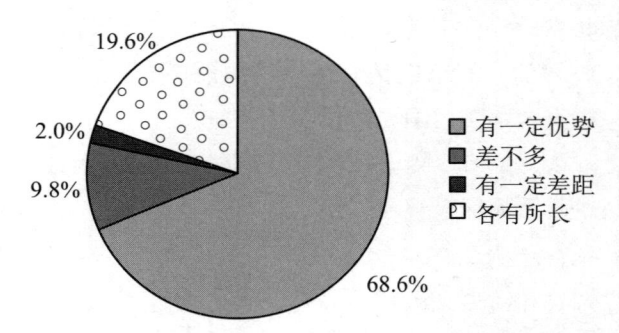

图5-2　用人单位对我院与其他高校毕业生质量的对比统计

（二）分项能力评析

本次调研将毕业生能力细分为思想道德、专业技能水平、文字及语言表达能力、组织管理能力、心理承受和调适能力、环境适应能力、跨媒体传播实践能力（传媒卷）/实践创新能力（非传媒卷）、自我获取知识能力、外语及计算机能力、工作态度与团队意识、职业道德和职业精神共11项指标，供用人单位进行细化评价。此外，本次调研还就当今媒体环境特征，围绕在问卷"传媒卷"中单设"跨媒体传播实践能力"这一指标，详细调查了传媒机构的现状和意见。

从总体来看，所有指标都获得了用人单位的肯定，若累加"非常满意"和"比较满意"两项数据视为"满意度"比例，则全部指标的满意度比例均超过了三分之二。其中，满意度比例超过90%的分项依次为思想道德（94.3%）、职业道德和职业精神（94%）、专业技能水平（92.3%）、文字及语言表达能力（90.4%）；满意度相对较低的选项为实践创新能力（66.7%）和跨媒体传播实践能力（69.7%）。

进一步观察数据可发现，获得"非常满意"这一最高评价的分项，根据得分排列前三位的为专业技能水平（50%）、思想道德（48.1%）、文字及语言表达能力（38.5%）；获得"比较满意"这一较高评价比例最高的前三位为工作态度与团队意识（59.6%）、自我获取知识能力（57.7%）、职业道德和职业精神（52.9%）；获得"基本满意"这一折中评价比例最高的前三位为实践创新能力（33.3%）、组织管理能力（26.9%）、跨媒体传播实践能力（24.2%）。

需要注意的是，有个别媒体在个别分项中选择了"不太满意"这一偏向负面的评价。这些分项是跨媒体传播实践能力（6.1%）、外语及计算机能力（5.8%）、心理承受和调适能力（3.8%）、思想道德（1.9%）、组织管理能力（1.9%）、环境适应能力（1.9%）、自我获取知识能力（1.9%）。

由此可见，人大新闻学院毕业生在道德素养、专业知识与能力方面，获得了用人单位的很高评价，也是多项能力与素质中最为突出的方面；相对而言，实践能力——尤其是媒体工作中的跨媒体传播实践能力——依然有可以进一步提升的空间。此外，尽管部分"不太满意"选项的出现是个别现象，但也应当有所关注，学生的动手能力、外语及计算机能力、心理承受和调适能力都有一些不稳定的个案出现。

（三）用人单位的具体意见

在对部分用人单位的深度访谈中，以上结论也得到了进一步印证。

如《南方都市报》指出："优势：新闻采写能力较好，毕业即可以进入工作状态。劣势：外语、具体专业知识（譬如财经）欠缺，需要多年工作之后才能成为专业记者、专业编辑。"

中国教育电视台也提到了类似的观点，认为："优势：传统项目，比如上手比较快，适应快，懂得圈内规矩，有一定实践经验。劣势：不沉稳，有点浮躁，与沉稳扎实的后期工作相比更喜欢光鲜亮丽的露脸工作。一定要转变观念和态度，客观理性地认识自己和周围的环境，善于学习提高。"

北京人民广播电台则指出："经受挫折能力较弱、开拓创新意识不明显、主动作为意识不强等；对于广播媒体不熟悉，缺乏了解。"

对此，用人单位也提出了一些解决方案，如增加新闻学、传播学之外的教学课程，设置强制修课制度，加强综合培养或跨专业培养；同时让学生更早进入专业媒体、专业部门实习，提高专业能力。此外，也有单位建议学院针对媒体属性不同，以院、系或学生小组形式选拔适合特定媒体的优秀学生，由一名或几名学校老师带队，到媒体进行集体实习，商定时间交流心得体会、与媒体相关部门交换意见，让在校学生多些历练、思考、总结、提高的机会。还有机构指出应让学生多参加传统媒体举办的活动，如开放日、媒体实习等。

在这次调查中，还特别要求用人单位与毕业生对当下的新闻教育进行了评价。毕业生校友抽样调查结果显示，在"新闻传播学是否越来越得到社会的重视和了解"这一问题上，52.0%的人认为得到重视，46.3%的人则表示否定。而在"大学生学什么专业都无所谓，只要综合素质好，就可以找到好工作"这一观点上，43.0%的人表示"非常赞同"和"比较赞同"，42.1%的人表示"不太赞同"和"很不赞同"。

同样，用人单位的态度也相类似。在"您认为如今新闻传播机构需要新闻传播专业对口的学生吗？"这一问题上，45.7%的传媒机构表达了对专业的看重，而51.4%的传媒机构认为主要看毕业生的个人素质，所学专业并非考察重点。

学院认为，综合两方数据分析，如果仅仅简单地从就业角度来看，当下的新闻传播教育并不必然给学生就业带来明显优势。这并不能单纯地归结为新闻教育本身存在的问题。整体的社会环境存在分工细化的同时，又在一些行业呈现出多领域融合的趋势，在这一方面媒体表现得较为突出。现在媒体行业"竞合"发展态势对从业人员的能力、素质和专业背景提出的新要求，给高校教育工作、毕业生心理都带来了一定的压力。

针对这一问题的解决，毕业生和用人单位都对跨专业的联合培养方式以及跨媒体的实践课程表达出了很高的认同度。就"目前有高校新闻院系与经济、法律等院系联合培养新闻人才"这一举措，毕业生的认同度达到88.4%（包含"高度认同"和"基本认同"，下同），用人单位的认同度为75.4%。就"跨媒体实践的课程已成为有些高校新闻院系的必修课"这一情况，毕业生的认同度为83.5%，用人单位则高达98%。

调查显示，传媒机构对于新闻教育改革举措方面，最为看重的三项依次为：

（1）强化教学实习及社会实践环节，加强应用能力的培养；

（2）与政法、经管、文史等其他学科联合培养，拓宽知识面；

（3）结合媒介融合时代背景，加强跨媒体技能的锻炼。

而相关调查，来自非传媒机构的排序为：

（1）强化教学实习及社会实践环节，加强应用能力的培养；

（2）结合媒介融合时代背景，加强跨媒体技能的锻炼；

（3）与政法、经管、文史等其他学科联合培养，拓宽知识面。

在针对理想新闻人才的描述上，传媒机构所看重的要素依次为：

（1）具有较强的新闻敏感，采访业务功底扎实；

（2）社会责任感强，具备新闻理想和职业道德；

（3）适应全媒体时代要求，从容应对跨媒体工作的需要。

非传媒机构的意见排序为：

（1）社会责任感强，具备新闻理想和职业道德；

（2）适应全媒体时代要求，从容应对跨媒体工作的需要；

（3）具有较强的新闻敏感，采访业务功底扎实。

由此可见，不同类型用人单位对新闻教育与新闻人才的期待内容基本一致，只是在排序上出现了略微差别。"加强实习与实践环节"这一建议最为集中。针对毕业生的基本素质，传媒机构更期待扎实的专业基本技能、敏锐的新闻发现能力，非传媒机构则更看重社会责任、职业道德等。"加强跨媒体技能"这一建议两类机构同样重视，是当今媒体环境下亟待重视和解决的问题。

用人单位的观点在毕业生问卷中也得到印证。

关于"高校新闻传播院系在人才培养方面的改革"选项的分析标明，选项排在前三位的分别是"与政法、经管、文史等其他学科联合培养，拓宽知识面""加强专业采写编评等新闻基本技能的训练，打牢专业基本功"以及"结合媒介融合时代背景，加强跨媒体技能的锻炼"。

在关于"培养理想的新闻人才"这一话题上，排在前三位的选项分别是"应该适应全媒体时代要求，从容应对跨媒体工作的需要""社会责任感强，具备新闻理想和职业道德"以及"具有较强的新闻敏感，采访业务功底扎实"。

访谈中，用人单位针对新闻教育的意见与建议主要集中在两个方面，即加大"业务实践"和"专业理念"这两个方面的教育力度。

他们普遍认为，在校时应当给在校生特别是研究生多增加些实践类内容、作品研讨会、专题设计头脑风暴等课程内容，这样会更好地使理论与实践、教与学、学与用融合发展、互相促进、共同提高；而学生在校期间，更多的收获是理念上的,在潜移默化中形成和强化了对新闻理念的认识,比其他专业出身的毕业生能够更加准确地理解新闻的本质,更加快速地适应传媒业的变化趋势。如《南方都市报》就提出"希望增加(1)中西方优秀新闻案例解析;(2)前沿媒体形态的观察;(3)媒体运营、管理方面的课程"。

(四)毕业生的建议

人大新闻学院毕业生关于新闻教育的意见、建议主要归结为以下五个方面。

1. 课程

在课程建议方面,人数最多的回答是要进行跨学科教育,即增加对除新闻之外的学科知识的学习,如经济、法律、管理等等,不少被调查者提出跨院系合作的建议;排在第二位的是关于课程设置的建议,其中有3人提出授课内容应及时更新、与时俱进;有5人认为应增加业内人士讲座(见表5-1)。

表5-1　　　　　　人大新闻学院毕业生对课程设置的建议统计

类别	数目
跨学科教育	24
改变课程设置	7
增加讲座	5
跨媒体教育	4
加强理论学习	4
新闻职业伦理教育	4
加强英语使用能力	3
提高"传播学"地位	2
加强媒介技能教育	2
较早划分学习方向	1
学习美国的教学机制	1
进校先做职业教育	1
注重扎实的基本功训练	1
重视研究方法教育	1

对于课程设置,有毕业生提出:"适当将专业课向一、二年级倾斜,邀请新锐学者和老师来校讲座,将新闻、广告和公共关系的培养较早地划分出来……建议增加多学科知识的课程,并联合校外甚至国外传媒机构,开展多种形式的互动教学形式。"有校友提出:"选修课可丰富些。"还有校友提出:"学校的课程设置应当与媒体发展状态和就业大环境密切相关。一方面,一些传统媒体将研究生学历设为报考的门槛;另一方面,新闻是一个本科生完全可以胜任的行业。在本科生教育中,我们既要开一些知识性、理论性的大课,也要开设专而

精的实践小课；在研究生教育中，我们一定要接地气，一定要让研究生有动手的能力……可以参考其他学校的一些经验，从其他院系选拔一些学生来新闻学院。中文、经济、金融、法学，都可以，可以在大二的时候进行跨系考试。"

诸多校友表达出了对跨学科的重视，有校友说："跨学科教育，新闻领域也分金融、法律、教育、IT、汽车等，能与某一领域结合的新闻人才更具竞争力。"有校友提出："课程相应调整。以专业课为主，经济、法律等其他专业的选修课可以多开，这样可以让学生选择自己将来擅长的报道领域发展。"有校友提出："希望学院要强化对学生经济、法律等专业知识的培养，非常重要。即使学生以后不做媒体，在企事业单位做宣传工作，写稿件时也需要会看报表；如果是做媒体，不论跑任何领域，都离不开国家的经济环境，基本的知识一定要懂。"有校友提出："鼓励学生选择第二专业，或者有更多选择其他学院课程的机会。"有校友提出："给学生争取更多的公共课以供选择。媒体行业喜欢一专多能的人才，新闻的素养和技能的培养是我们学院的责任，但是让学生找到自己感兴趣的领域也很重要。""跨学科教育。不仅仅是和经济、法律专业。实际上，经济记者、法律记者没有那么多，至少不能涵盖大部分，而且跨学科也不仅仅是直接为工作服务，一个记者需要的知识是多方面的，哪怕是辅修看起来冷门的哲学、历史，对记者也是很有帮助的。按说应该记者主动学习，不过，学生可能存在惰性，以及不知道该怎么学，况且，多一张双学位证书对找工作也是有帮助的，所以不如由学校、学院建立机制，鼓励甚至要求新闻学院的学生跨学科辅修。"

有校友提出了对新闻职业道德方面课程的重视，"还是需要扎实的理论功底，以及对于新闻职业伦理方面的教育"。

有校友表达了对职业教育课程的重视："进校先做职业教育课。大学生只有极少部分是真正了解专业才报考专业的，绝大部分对专业的了解少之甚少。应该先让学生了解国内传媒行业的大体情况，一来可以让学生尽早确立明确的目标，二来，不适合的人也可以早点淘汰、转移目标。好过毕业才发现自己不适合、不喜欢干这行，找不着工作，或是工作不得志。"

还有校友建议教学课程理论与实践相结合："建议采写、编辑、新闻摄影等业务课老师每学期以讲座的形式请几次采编一线的记者、编辑、摄影记者来给同学们讲讲新闻实务。""多和业界交流，新闻传播都是实干大于理论的学科。专业课多请业内人士来教学，不仅仅是一堂讲座，最好是连续一学期的有系统的教学。和业界人士多接触，也方便将学生推介到媒体中实习。"

2. 交流与实践

在交流与实践方面，人数最多的建议是增加实践、实习的机会（26人），其中，有些人提出了更具体的方案，有2人建议增加模拟访谈、模拟新闻发布会的训练，有3人提出少考试、增加实践在考核中的比例，还有人提出减少课时，给学生充足的时间实习；有7个人提出了多和毕业校友交流的建议，比如建立学院校友关爱师生基金、定期举办首都媒体界校友联络会，做大影响力等等；还有3人认为应增加学生国外交流的机会。

3. 师资队伍建设

这次调查还侧重了解了毕业生对师资队伍建设的意见，在填写了建议的毕业生中，有5人认为应该加强师资力量，其中有2人建议引进优秀的一线从业人员任教，有2人建议淘汰讲课差的老师；此外，还有人提出应该多关心教师、实行导师制等建议。

4. 在校生培养

对于在校生的培养，有校友提出："关键还是在于制造氛围让学生多读读书，起码建立起成熟的世界观、政治观，多了解社会比较重要。所以相较而言我觉得还是投入些资源为学生培养一些媒介技能吧。""首先是要培养正确的新闻伦理道德和法律观念，其次是新闻敏感和全媒体素养，再次才是新闻采写技能。""对于新闻专业人才，更应具备的是区别真伪和善恶的能力。而在人人都能发声的时代，如何发出正确的声音，或者说如何发出与众不同的声音，才是对新闻专业人才的最大考验。"

诸多校友表现出了对媒介融合背景下对学生新媒体技能和观念培养的重视："引导学生熟悉全媒体的运作，能运作新媒体为自己从事新闻工作时创造便利。""关注新媒体和新技术的发展。从我们报社看来，传统媒体式微已经很明显，新媒体正在蓬勃发展，未来很多机会都是蕴藏在新媒体中。另外是新技术，如大数据等。""让学生关注这些新传播技术背后的原理与运作方式，大概了解如数据库系统、新闻推荐系统及App开发等，让学生对新媒体传播从技术实现到前端应用有一个宏观全面的认识。"

有校友对被专业调剂到新闻学院的学生表达了特别关注："应该重视未被第一专业录取而是被调剂进来的学生，尤其是那些对新闻传播比较有抵触的学生。这些人很可能进来后就一直抱着抵触情绪了，那么结果很可能是双输。建议开学后，安排多场座谈，对这些人进行心理辅导、感化他们，使他们尽快地尽量好地融入这个环境和氛围中去。这样学院虽然'放下身段'，但能让学生感受到更多的关怀。"

有校友提出对学生思维方式和独立思考能力的培养很重要："新闻专业的学生需要的是更为扎实的知识存量，冷静和独立的思考能力，以及快捷的信息处理能力。从芜杂的信息中有独立而冷静的洞见，避开人云亦云炒作跟风，应该是很有必要的。""学院传授的'术'与'道'，都只是行业入门的基础和原料，更重要的是一种思维的方式和跳脱传统的能力。传播的快速、精准、有力，往往不是技能的规程或者理论的指导来的，而是它们背后隐藏的思维方式得来的。"

5. 技术技能训练

针对现今社交媒体大行其道、媒介融合全面来袭的实际情况，本次调研在问卷方面特别设计了关于"新传播技术所带来的媒体工作者新要求""媒介融合时代，我院应当更加注重对学生专业理论知识的培养还是全面的媒介技能的训练？"这两项贴近现实、较为集中的话题讨论。受访者也都给予了详尽的回答。

对新传播技术条件下我院应当注重培养学生何种知识和技能这个问题，传媒机构列出的意见主要包括如下五点：

一是树立公平、公正看待与分析问题的素质。传媒机构多认为新闻传播专业学生应有独立思考和判断能力，不能人云亦云，还要有强烈的人文意识和社会责任感。如何平衡、全面、大局地看待与判断新闻事件是需要在大学期间就帮学生树立起来的，学生应具有对新闻事件独到的判断。如《北京日报》经济新闻部主任说道："个人认为，知识和技能是次要的，世界观和方法论更重要。因为人人都有麦克风，技术超越的空间可能不是很大，但能够公正、客观地看待和分析问题，这可能是未来掌握公器的媒体人更需要具备的素质。我觉得哲学应该是一门必修课。"

二是全媒体时代对于新媒体使用技能的培养。传媒机构多认为在如今的全媒体时代，基本的计算机数字技术应该具备，比如视频制作、流媒体应用、新闻现场信息同步传输等。

三是扎实的采写功底。扎实的新闻采写基本功，对新闻事件的准确判断与把握也是传媒机构普遍认为应继续培养学生的方面。

四是网络新闻传播中的专业素质。传媒机构认为在新闻碎片化的时代，作为传统媒体人员需要有对信息过滤、整合以及深加工的能力，且要具有对网络话题的敏感度和导引力。

五是其他专业的知识。传媒机构认为新闻传播专业学生应加强对其他专业知识的学习，以满足当前日益复杂的传媒结构。

非传媒机构的意见也较为类似，有以下三点较为集中：

一是新闻敏感度以及扎实的新闻业务功底。非传媒机构认为新闻学院要注重学生专业基本功培养；加强新闻敏感性培养，提高深度分析问题的能力与水平，同时加强新闻职业道德教育等。

二是正确的道德素质。非传媒机构认为在大学期间培养学生正确的人生观、价值观，是大学教育过程中十分重要的环节。

三是全媒体时代学生实践能力的培养。非传媒机构认为在全媒体时代，新闻学院学生对于社会化媒体等新媒体使用的技能以及学生的实践经验是应重点培养的方向。

而毕业生们在对我院应当注重培养学生何种知识和技能这一问题的看法上，有22%的人认为我院应注重培养学生的基本功，如"采、写、编、评"等，位列第一；排列第二的是跨媒体、全媒体能力，持此看法的人有20.5%；排在第三的有两个，比例均为14.3%，一是认为应该锻炼学生的价值判断、筛选信息能力，二是认为学生应该有综合知识，成为"杂家"。

对"媒介融合时代，我院应当更加注重对学生专业理论知识的培养还是全面的媒介技能的训练？"这一问题，无论是传媒机构还是非传媒机构，都一致认为两者同样重要。它们同时建议在坚持传统优势和特色的基础上，可以在专业理论基础教学中适当增加一些科学技术相关课程，如系统论、信息科技发展史、网络与通信等基础内容。

如《光明日报》人事部负责人认为："在媒介融合的趋势下，对学生既要加强专业理论知识的培养，使其具备新闻理论基础和以新闻人的眼光看问题的视角，同时更加侧重全媒体的媒介技能训练，在这方面要注重培养学生的新媒体思维，引发他们对传统媒体与新媒体融合途径的思考，以及传统媒体在新媒体的环境中如何突围等。"

毕业生的观点也基本与用人单位一致，对于媒介融合时代应更加注重对学生专业理论知识的培养还是全面的媒介技能的训练的看法，人数最多的答案是"两者并重"，占35%的比例；排在第二位的是全面的媒介技能，有30.6%的人选择；随后是专业理论知识，有19.8%的人选择。

这次调查是人大新闻学院在人才培养改革处于关键节点上的一次自我审查，调查中所获得的所有数据、意见和建议对于学院的教育改革起到了重要的参考作用。

二、从新设专业、实验班到未来传播学堂：不断推进的育人模式探索

伴随着数字技术与网络传播的迅猛发展，各类新闻传媒正在跨越介质鸿沟走向互动与融合，媒介融合需要其从业人员全面掌握各类媒体的知识和业务技能，对新闻人才培养提出了新的要求。而我国新闻学科的专业方向与课程设置长期以来是以传统媒体的人才需要为基础、按媒介种类而确立的，如分为报刊新闻、广播电视新闻等，已经难以适应媒介发展的现实需要。这种情况在人大新闻学院也同样存在，长期以来本科专业中新闻学侧重培养平面新闻媒体人才，广播电视专业侧重培养广播电视新闻人才。当然，这种专业设置也是根据教育部高等学校新闻传播学类专业教学指导委员会所确定的专业设置规划做出的安排，而这个专业规划设置后来有所调整，如增加了网络与新媒体等新的专业，但总体上看，根据媒体介质划分专业的传统做法迄今并未有根本性的改变。

新闻教育改革与新闻业变革一样需要有较长时期的摸索、试错，人才培养模式的变化也是由一些具体的局部性的改革举措开始的。如在媒介发展水平较高的西方国家，有一批新闻传播学院在 21 世纪初开始设立新的专业或培养项目，如美国密苏里大学新闻学院增设的"融合新闻"专业等。中国人民大学新闻学院在对用人单位的需求进行了调研，对国外一些著名新闻传播院校进行了考察，并听取了各方面的意见和建议之后，决定从调整新闻学专业的培养目标入手，对教育模式进行改革。这一改革经历了几个重要阶段，从增加专业方向到举办双学位实验班，展开了多个层面的尝试。

（一）开设"数字新闻传播"专业方向，开始探索全媒体型新闻人才培养

2004 年 3 月，学院领导班子做出决定：新闻学专业不仅要为平面新闻媒体培养人才，还要使新闻学专业的学生能够胜任各种类型的媒体特别是新媒体的新闻工作。这一目标也是新闻学专业作为全国教育"质量工程"的第二类特色专业点建设的方向。具体思路是，在保留原有的专业方向（新闻学、新闻摄影）的基础上增设一个新的专业方向"数字新闻传播"作为培养"全媒体"型新闻人才的"试验田"，同时对全专业的课程体系进行改进，并以实验中心建设、实验教学模式创新以及作为支撑条件的教学案例库建设和一系列精品课程建设，

将新闻学专业打造成"新闻人才培养创新平台",以保持该专业在全国新闻教育界的领军地位和示范作用。

人大新闻学院设立的这一专业方向,是立足于新媒体与传统媒体融合发展的客观变化,整合全院的教育资源做出的规划和设计,是在媒介走向融合的这一过渡性历史时期改革新闻人才培养模式的一块"实验田"。这一项目的教师团队对新媒体的发展状况与人才需求进行了全面的调研,完成了相关的研究报告,规划了新专业的培养目标、教学方案并编写出所有核心专业课程的教学大纲。

"数字新闻传播"专业方向的培养目标是造就一批适应新媒体以及实现数字转型的传统媒体需要的新型新闻人才,因此,该方向的基础专业课程充分利用新闻学院的已有课程资源,将新闻学理论、新闻史、新闻伦理与法规等作为学科基础课,专业核心课程则将传统新闻学的课程(新闻采访写作、新闻编辑、新闻评论、新闻摄影等)与基于数字和网络技术的新媒体方面的新课程(数字媒体技术应用、多媒体信息传播、网络新闻编辑、网络互动管理、移动信息传播、新媒体管理等)相结合,通过这种课程体系的整合培养具有"全媒体"技能的新型新闻人才。该专业方向的建设采用"跨教研室建设"和与业界合作建设的新思路进行,从2006级开始每一级都有20多位本科学生经过自主选择进入该专业方向学习,教学工作进展顺利,学生对所有专业课程的评分一直保持在90分以上。

根据新媒体专业方向的特点和现有的师资状况,数字新闻传播专业方向的建设引入了新的理念,包括:(1)跨教研室建设,即以新媒体教研室为主导,充分利用新闻学院其他教研室的力量,实行优势资源组合。(2)与业界合作建设,在新媒体专业方向的建设方面,探索出一条切实可行的与业界合作的道路。其中,重点的合作对象为人民网、新华网与新浪网。利用各个网站的资源优势联合开设了一些实践性很强的课程。这一专业方向所取得的阶段性成果,在全国新闻传播教育界引起了广泛关注。

2009年,学院将"数字新闻传播"方向的办学思路全面推广到学院的各个专业。因为我们认为,不仅是新闻学专业需要将网络与数字传播纳入教学体系,广播电视、广告学、公共传播等专业方向都与网络化数字化密不可分,培养技术全能型的专业人才应该成为所有专业的共同目标。基于这种认识,学院在修订2010级本科教学方案时,新闻学专业不再单设"数字新闻传播"方向,而是对该方向的新媒体教学内容连同新闻学、广播电视专业的核心业务课程内容重新进行了提炼和整合，形成"新闻业务基础""音视频内容制作""数字传播技术应用"等几门学科基础课程，在全院通开，以保证每个学生都能不受其专业限制而掌握各类媒体的传播技术，并以全媒体运作的理念去把握其专业领域的知识和技能。

（二）跨专业联合创办实验班，推动复合型专业人才培养

随着新媒体发展尤其是社交网络媒体的兴盛，传统媒体在新闻传播中的垄断地位已经不复存在，普通民众的参与一方面改变了新闻传播的格局，极大地丰富了新闻信息的来源，但另一方面也造成信息泛滥、真假混杂，从而带来极大困扰。这种状况促使我们重新认识新闻媒体和专业新闻工作者的位置和价值。正如业界人士提出的，媒体的多元化、信息的广泛性和技术的交互性导致传播小众化、专业化，在这一趋势下，大众传播与小众传播、广播与窄播并存不悖，分众传播成为传统媒体和新媒体的一个新的选择。服务对象的专业化必将导致服务内容的精细化、个性化，这既是传媒技术发展的必然趋势，也是业界竞争的选择结果。但专业化和精细化的要求是深度、独特和贴近，这就要求媒体从业人员具有一定的专业知识背景，是某个行业或领域的专家，这样，媒体才能为不同阶层、不同背景、不同知识层次的人群提供贴近性的精细化信息服务。因此，媒介融合时代表面上看来需要的是人才的技术适应性，实际上更需要的是人才的内容适应性，需要的是在某个领域、某个学科有较深造诣的专才。对于新闻传播院系来说，培养具有专才潜质的知识复合型人才，已经是迫在眉睫的任务。

正是基于这种认识，人大新闻学院在2011年开始进一步深化本科人才培养模式的改革，探索跨学院、跨专业联合办学，开设两个双学位实验班，培养具有复合型的专业背景、能够胜任专业化要求更高的新闻传播工作的未来新闻工作者。

一是与人大法学院联合开设了"新闻学-法学"实验班，通过对新闻学与法学两个专业的教育资源整合，培养一批具有新闻传播学与法学专业知识、执业技能和发展潜质的高端复合型本科人才。毕业生适宜在新闻媒体从事法治新闻报道，在政府、企事业单位从事公共传播与宣传管理工作，也可以从事立法、司法与法律服务工作，以及在相关领域从事教育与科研工作。这个实验班从2011年秋季开始每年从两所学院的一年级本科学生中选拔20～30名优秀学生，通过四年的特殊培养，使其掌握新闻学与法学两个专业的知识和技能，最终获得新闻学与法学双学位。

学院在举办实验班的论证报告中这样阐述其必要性与可行性：

进入新的世纪之后，社会变革对人才培养不断提出新需求。在新闻传播领域，数字技术与网络传播的发展改变了新闻与信息传播的生态与格局，推动了媒体的变革。新闻单位一方面迫切需要具有"全媒体"传播技能的新闻专业人才，另一方面也迫切需要有复合型知识结构和专业背景的"专家型"的新闻人才以提高新闻传播的品质。尤其在今天，中国社会还处于转型期，各种社会矛盾的化解需要新闻媒体承担更多的责任，新闻报道和舆论引导要求新闻从业人员不但具有良好的新闻素养和全面的新闻专业技能，还应该具备良好的法律基础，能够运用法律专业知识进行新闻报道和宣传工作。从这个意义上说，具有新闻学与法学两个专业背景的记者编辑将更为媒体所需要，也更能对社会的发展起到推进作用。因此，新闻学教育应该与法学教育相结合，探索新闻学-法学双学位人才的培养，这也是本科人才培养模式的创新之举。

据调查，复合型人才培养在西方发达国家的著名大学已经取得了一定的经验。如美国密苏里大学新闻学院和该校商学院、法学院、人类环境科学学院、教育学院等也有诸多合作项目，如同法学院的合作包括几个不同的双学位项目："法学博士和新闻学硕士""法学博士和新闻学博士""法学硕士和新闻学硕士""法学硕士和新闻学博士"。美国哥伦比亚大学新闻学院近几年来也一直在进行培养"专家型"记者的实验，其双硕士学位项目就是与相关的其他学院合作开设的，共有五种双学位专业：新闻学和法学、新闻学和工商管理、新闻学和国际关系、新闻学和地球与环境科学、新闻学和宗教学。这些项目的研究生在两所学院各修满规定的学分并参加毕业考试，最终能获得两个硕士学位。相比较，国内的许多新闻学院虽然也在综合性大学中，但对于借助其他学院的学科优势进行横向联合实现教育资源整合开发却少有作为，这是值得我们反思的。我们如果要真正做到培养专家型新闻人才，让学生具备更加合理的知识结构，就必须在跨院系跨专业的合作上动脑筋，在更高的层面上进行教育资源的配置和优化。

人大新闻学院与法学院在新闻传播学与法学两个一级学科都是教学质量排名全国第一，有着悠久的办学历史、优秀的师资队伍和良好的学术声誉，整合两所学院的学科资源进行人才培养新模式的探索，对我国普通高等教育在新时期的改革具有表率意义和推进作用。新闻学院和法学院在新闻业界和法学界的良好声誉和影响力也为实验班的开设提供了外部条件。北京作为首都，集中了中央级党报和其他全国性媒体的法治宣传部门、全国性的法律专业媒体，以及党政机关、社会组织和企业的宣传部门，它们都对既懂新闻又懂法律的复合型人才有着迫切需求。新闻学院和法学院的院友资源和合作伙伴关系，为实验班的社会实践和学生求职提供了保障。

二是与人大国际关系学院联合开设了"新闻学-国际政治"实验班，通过对新闻学专业与国际关系专业的教育资源整合，培养一批具有新闻传播学与国际关系专业知识、执业技能和发展潜质的高端复合型本科人才。毕业生适宜在新闻媒体从事国际新闻报道，在党政机关、企事业单位从事公共传播与宣传管理工作，也可以从事外交、外事与涉外事务服务工作，以及在相关领域从事教育与科研工作。

设立"新闻学-国际政治"实验班，主要基于以下理由：

第一，人才培养模式转型的需要。进入新的世纪之后，社会变革对人才培养不断提出新需求。在新闻传播领域，数字技术与网络传播的发展改变了新闻与信息传播的生态与格局，推动了媒体的变革。新闻单位一方面迫切需要具有"全媒体"传播技能的新闻专业人才，另一方面也迫切需要具有复合知识结构和专业背景的"专家型"新闻人才，以提高新闻传播的品质。尤其在今天，中国已经融入国际社会，作为负责任的全球性大国的中国不仅要实现自身的繁荣和发展，而且要为世界的和平发展、为建立和谐世界承担更多更大的国际责任，这需要国内的新闻媒体承担更多的责任，新闻报道和舆论引导要求新闻从业人员不但具有良好的新闻素养和全面的新闻专业技能，还应该具备良好的国际关系理论基础，能够运用国际关系专业知识进行新闻报道和宣传工作。而以新闻学专业的传统教育模式很难培养出具有这种复合型专业背景的人才。因此，跨学科跨专业的合作是人才培养模式创新的必要之举。

第二，新闻学与国际关系同属于具有较强应用性的社会学科，具有极其重要的契合关系，为合作培养复合型人才奠定了基础。其一，两个专业的培养目标是相互渗透的。一方面，国际关系专业要求学生具备良好的全球视野，对国际问题具有敏锐的观察力和客观的解释力，能够通过出版社、报刊、电台、电视台、网络、街头宣传等新闻媒介向各级政府、企业和民众客观准确地报道纷繁复杂的世界，为政府的外交决策、企业的海外经营、国民的国际知识扩展服务；另一方面，新闻专业要求学生具有敏锐的政治意识和基本的国际素养，确保其发现、整理以及传播信息的客观公正，以及价值判断符合时代要求。可以说，国际关系与新闻在政治性、政策性、价值传递性以及功能建设性等方面是相通的。其二，两个专业的就业领域是相互融合的。随着中国改革开放的发展、中国企业"走出去"战略的实施，中国与国际社会的交流与合作更加广泛，越来越多的人需要通过媒体了解世界，报刊、电台、电视台、网络、出版社等各类媒体需要既具有国际关系专业素养，又具有新闻专业素养的人才。因此，培养具备两个专业素养的人才，有利于减少专业壁垒带来的知识片面化。

第三，新闻学与国际关系两大学科的强强联合有利于推动人才的创新，并以此影响市场的需求。我校国际关系与新闻同为排名全国第一的学科，其学科地位、师资队伍、科研和教学质量均属国内一流水平，拥有国内高校最齐全的重点学科，以及博士点和硕士点布局。两院的本科教育均具备成熟的人才培养模式以及持续创新的潜力。这样，在参照现有实验班的基本运行情况的基础上，根据社会发展需求，两院可以联合培养高端创新型人才，以扩展学生就业的领域，并且探索跨学科合作教学科研的形式。

"新闻学-国际政治"实验班也于 2011 年 9 月新生入学时开始运行。实验班学生从新闻学院和国际关系学院的大一新生中选拔，各 15 名左右。由两所学院共同设计联合培养的教学方案，专业课程也由两个专业的老师共同开设，对学生共同指导。

在办实验班的同时，学院鼓励那些没有机会进入实验班学习的同学充分倚靠中国人民大学在人文与社会多个学科上的领先优势，利用课余时间学习自己有兴趣的其他专业。因为从 2013 年开始，中国人民大学在学校层面重新规划本科教育改革，在全校实施"本科人才培养路线图"。这次改革的最大动作是所有学科和专业都面向全校学生开放，所有本科课堂都向非本学院本专业的学生开放，鼓励学生自主辅修第二学位或专业，以学分认证的方式授予第二学位证书。学校的这项改革为新闻学院正在推行的复合型人才培养模式提供了更为有利的条件，学院将有更多的学生能够根据自己的条件和兴趣进入其他学院学习第二专业的课程，而学院也给予了学生更多的选修指导和鼓励，包括出台了推免保研的加权奖励政策。近几年，已经有一大批毕业生在完成本学院学业的同时，还在人大商学院、经济学院等获得了第二学士学位或完成了第二专业的学业。据最新统计数据，目前我院在校本科生二年级到四年级的学生，有一半左右在其他学院辅修第二学位或第二专业。

（三）校企合作，培养未来传播精英人才

2016年，人大新闻学院人才培养模式改革进入了一个新阶段，在继续办好培养复合型新闻人才的实验班的基础上，开办"中国人民大学未来传播学堂"。未来传播学堂由中国人民大学新闻学院与蓝色光标传播集团共建，旨在探索培养数字传播时代的精英人才。双方第一阶段合作期限为10年，在此期间后者将按年投入，累计总投资额达1亿元。未来传播学堂成立的意图如下：

一是落实中国人民大学综合改革方案、"十三五规划"和本科人才培养路线图，跨媒体、跨学科、跨文化培养高级新闻传播人才。跨媒体即破除新旧媒体界限，以数字传播的观念、原则和路径重构教学体系，造就融媒体、大传播精英人才；跨学科既包括微观上多学科课程体系的介入，也包括面向管理学、社会学、法学、国际关系和财经学科的合理开放，培养双学位人才；跨文化即每年选拔适当比例的学生赴海外一流名校访学、交换，全面提升人才培养的国际化程度。

二是通过课程体系调整，完善通识教育、专业教育和人格训练三位一体的人才培养模式。未来传播学堂将在人大既有的通识教育体系的基础上，根据专业特点和人才培养目标，进一步强化通识教育的讲授、阅读和综合训练；更加关注前沿专业知识训练，妥善处理理论与实践、专业素养与动手能力的关系，造就思考、表达和行动力俱优的高端人才；通过读书会、工作坊和各种创新型的个体与团队训练，造就有悲悯仁爱之心、担当责任、善于合作的社会栋梁。2017年秋季学期，学院又重点投入建设了三门实验课程，覆盖了数据新闻生产、大数据与算法、智慧传播与未来媒体等前沿领域。

三是坚持和发扬人大新闻与传播教育的优良传统，同时不断尝试各种观念创新和机制创新。譬如，师资队伍建设实行"三三制"，即力争通过两三年的努力，除公共课外，形成本院教师占三分之一、跨学科和业界教师占三分之一、全球范围内特聘讲席教授占三分之一的教学团队。创新教学内容和教学形式，积极推广翻转课堂、研究型课堂、案例教学和情境教学。

四是适应"95后"学生的特点，以学生为本位，实质性推进因材施教。未来传播学堂重视学生的综合素质，更看重其个性、特长和创造力。在教学管理和服务上，学堂将致力发现学生个体的独特能力和气质，并为其提供拓展条件和环境。

五是作为人大本科人才培养模式改革的一个重要尝试，未来传播学堂将反

哺新闻传播教育的整体改革和发展，推动整体性的教学创新和学术创新。学堂的教学管理与服务模式、课程体系设计和实施将有利于带动传统教育模式的创新，带动知识生产、创新和转化模式的创新，面向未来、面向社会、面向世界培养精英传播人才。

未来传播学堂成立后，2016年至2019年的每年秋季，在学院二年级学生中选拔了一部分学生进入学堂学习。这一教育实验的实际效果尚待检验。

三、建设实验平台与创新实验课程：传播技术教育紧跟前沿

在新媒体环境下，新闻人才培养一个非常重要的方面是传播技术教育，因为媒体技术发展迅猛，如果新闻传播专业的学生对技术工具的了解和掌握不能与时俱进，将直接影响他们的动手能力，以及进入新闻岗位后的工作适用能力。因此，人大新闻学院将培养学生的全媒体传播技能放在教育改革的重要位置，决心通过建设国内一流的新闻传播实验中心，为培养"全媒体"型新闻人才提供实验教学平台；通过学生媒体集团建设与课程建设相结合，开创实验教学的新路子。

（一）实验中心建设

人大新闻学院很早就把新闻传播实验中心的建设当作学科发展的重要基础，在"211工程""985工程"建设中实验中心一直是建设重点，1999年以来用于实验中心设备建设的国家专项资金超过1 000万元。

2006年和2007年，实验中心在1999年启动与北大方正集团的合作的基础上，又两次扩大合作范围。方正集团提供的报社采编系统、网络信息发布系统、多媒体数字报纸出版系统等多种软件，使实验中心具有了从报社到网站的完整的新闻生产环境。

2007年，实验中心与美国思科公司和中央电视台合作建成中国首个"思科网真演播室"，中央电视台则将新推出的周播谈话类节目《我们》在此演播室录制。新闻学院把学生的电视方面的实验教学有机结合到这一节目制作过程的相关环节之中，使实验教学与实践的结合更为紧密。这一创新的合作模式，不仅为新闻传播实验中心赢得了价值2 000万元的设备，同时也创新了实验教学的模式。

新闻学专业课程在实验中心进行实验教学的有10多门，如摄影技术、新闻摄影、摄影专题、摄影造型技巧、摄影采访与图片编辑、音频视频内容制作、

网络传播概论、多媒体信息传播、数字技术应用、新闻编辑等。在实验中心开设的实验项目均为综合性、设计性实验。许多实验作品直接为媒体所采用，社会效益明显。2006 年，新闻传播实验中心获得"北京市实验教学示范中心"称号；2008 年，该中心获得了"国家级实验教学示范中心"称号。

在建设实验中心的同时，学院还将新闻传播业务课程的教学与学生媒体建设相结合，形成课堂教学和业务实践相融合的新型教育模式。学生在已有的学生媒体《新闻周刊》的基础上创办了学生网络电视台、网络电台和网站，形成"接力传媒集团"，吸纳全院本科生阶段性地进行各种专业实验。

（二）跨媒体传播实验课程建设

2006 年，新闻学专业新开设了一门专业课程"跨媒体传播实验"，将学生媒体的运行与课程教学相结合，指派专业教师具体承担教学和指导工作。经过两年的课程建设与学生媒体实验，组织完成了对学生报纸《新闻周报》的改版改制工作，研制出电子报纸，并完成了学生网站的建设工作。

2009 年，"跨媒体传播实验"课程由新闻学专业课程改为全院本科生通开的实验课程，并从大二到大三连续开设。学院选拔新闻采写、新闻编辑、新闻摄影、广播电视新闻、新媒体等各专业方向的青年教师，组建了跨媒体实验的青年教师团队，加强对实验教学的管理。课程共分三段进行连续性实验：第一段主要进行跨媒体传播的基础知识教学与技术操作训练，由高年级学生带领低年级学生在老师指导下进行；第二段提供 8 个至 10 个不同实验内容的跨媒体实验工作坊，由学生自主选择，完成特色化的专业实验，这些工作坊有些以校内媒体（包括学校网络电视台、《就业指导报》、《新闻周报》、新周网、新闻数字博物馆等）为教学实验平台，有些与社会媒体合作，如与中国网合作开设了新闻视觉传播工作坊，让学生的实验成果能得到正式发布。第三段为综合型跨媒体实验，每个学生综合运用前期学习的传播技术，独立设计并完成一个跨媒体的新闻作品，要求至少包含三种媒体表现形态。在全院范围内举办"跨媒体作品大赛"，对优秀成果进行奖励。该课程开设以后有过百位学生的实验作品获得全国大学生摄影比赛、DV 纪实作品大赛、多媒体作品比赛、数据新闻作品比赛和"创新杯"等各类大赛的奖项。

为了将社会资源引入校内跨媒体实验教学，学院聘请新闻媒体的专家组建跨媒体实验指导专家委员会，定期对学生的跨媒体实验进行指导，并对最后一期的跨媒体作品大赛进行评审。鼓励各跨媒体实验工作坊与社会媒体合作，共同设计实验项目,并将学生的实验成果通过社会媒体进行发布。

2015年10月,学院对已经毕业、步入工作岗位的2006—2010级毕业生进行了问卷调查,了解跨媒体课程的实际效果和存在的问题。为了使调查结果更贴近预期目标,问卷调查对象限定为正在/曾经从事媒体相关工作,或在政府、企业、机构的新闻、广告、公关等部门工作,日常媒体使用与媒体接触较为频繁的毕业生群体。这次调查回收有效问卷78份。

毕业生对跨媒体实验课程总体效果的评估是,认为"很有帮助"和"有点帮助"的合计占比达93.59%。而对于"收获是什么"的反馈中,"创新思维"能力成为毕业生在跨媒体实验教学中的最大收获,占比达到38.46%,"多媒体传播技术的应用"占比24.36%,"媒介融合的理念"占比23.08%。在开放性的回答选项中,毕业生其他收获包括"团队协作能力""抗压能力""突发新闻前的应变能力""批判思维能力"等等。这次调查中获知的一些问题,如"实验条件有限""个别教师指导水平有限"等,受到学院的重视,并在后续教学中做了相应的改进。

四、案例教学的开创性探索:案例库建设与案例教材建设

人大新闻学院在教育改革中一个引起全国关注的成果是建设成功全国第一个"新闻传播学案例库",为在新闻学教育中推广案例教学、实现新型新闻人才培养目标提供了支撑。

自1870年哈佛大学法学院将案例教学应用于大学课堂以来,这一教学手段已在法学、公共行政、工商管理等多种学科的教学活动中广泛展开。而与之相比,新闻传播教育在这一领域的研究进入较晚。2005年,中国人民大学新闻学院启动"新闻传播学案例库"建设,成为国内也是全球范围内第一家探索案例教学与建设案例库的新闻学院。"新闻传播学案例库"(Journalism & Communication Database)是中国人民大学"211工程"和"985工程"重点资助的项目,旨在以案例开发带动案例教学,全面提高新闻传播教育水平,并为我国新闻教育提供教学经验与案例教材。

(一)起步与发展

从2005年到2012年,通过七年的建设和发展,案例库的规模、案例开发的规范标准以及案例教学的应用范围,都在人大新闻学院得到了长足的进步。

参与"新闻传播学案例库"建设的共有9个教研室,分别为新闻采写教研

室、新闻编辑教研室、新闻摄影教研室、广播电视新闻教研室、新媒体教研室、广告与公关教研室、编辑出版教研室、媒介经济教研室和新闻理论教研室。这些教研室的教师与他们所指导的部分研究生组成 13 个案例库建设小组，分头建设以下 13 个案例库：新闻采写案例库、新闻编辑案例库、新闻评论案例库、新闻摄影案例库、广播新闻案例库、电视新闻案例库、新媒体传播案例库、广告案例库、公共关系案例库、编辑出版案例库、媒介经济案例库、新闻伦理与法规案例库、传播学研究方法案例库。案例数量从最开始的 40 余个，发展到至今超过 600 个，极大地丰富了各项课程的案例教学活动。

学院案例库建设团队每年不定期召开研讨会，不断总结经验，发现问题，研究在全院范围内通行的"新闻传播学案例库"建设的统一标准，包括质量标准和技术标准两个方面的总体要求。在具体内容方面，《新闻传播案例库案例验收标准》和《新闻传播学教学型案例模板》相继出台，为教师的案例制作提供了具体标准和可行性方案。在案例制作流程方面，学院制定了《案例库用户分级管理规则》和《案例库编辑规范》，下达所有案例编写人，以进一步细化和明确案例制作、管理和发布的技术要求。同时，组织所有参与案例开发研制的教师和学生进行技术培训，培训活动每学期不少于一次。

此外，通过案例教学方法的应用，学院的整体教学水平也得以提升。据 2006 年统计数据，全院得到案例库支持的包括全院本科基础课程、各专业的本科专业课程和研究生的专业课程，共计 68 门，都在课堂教学中运用案例成果开展教学活动，帮助学生更好地掌握分析专业问题与解决实际问题的思路和方法。学院的课程教学水平一直保持在较高水平，多门专业课程建设成为全国精品课程和北京市精品课程。在案例库建设与案例教学推广的同时，还组织教师编写出版一套"新闻传播学经典案例"教材，选择案例库中的部分优秀案例，向社会公开推广。这套教材已经正式出版 6 部：《新闻编辑案例教程》《新闻评论案例教程》《广告学案例教程》《网络传播案例教程》《传媒经济学案例教程》《新闻法规案例教程》。

（二）创新之处

案例教学与案例库建设作为新闻学院教学改革的重要组成部分之一，有着众多创新之处。

第一，案例库的结构设计参考了新闻传播学的学科特征。根据新闻传播学科的人才培养目标与课程教学安排，学院设计了案例库的总体结构框架，13 个子库涵盖了学院各系各专业方向；已经开发成功的案例有600多个，全面覆盖了该学科本科生与研究生的主干业务课程及部分需要进行案例教学的理论课程。

第二，案例库开发标准的制定也具有本学科的特色。案例开发领导小组根据新闻传播学科人才培养与教学改革的需要，在吸收兄弟学科案例开发经验的基础上，完成了主要类型案例的模板设计工作，提出了案例开发的具体要求与质量标准。

第三，学院编写出版了国内第一套新闻传播学科案例教材。通过对案例内容的不断扩充，以及对案例教学经验的不断积累，六部相关教材已经相继出版，内容涵盖了编辑学、广告学、新闻评论、新闻伦理、传媒经济与网络媒体，每部教材都内容翔实、体例完整，涉及案例都是新近发生的业内重大事件与焦点问题，对学生的实务学习有着很好的效果。这些教材除在本学院使用，还被多所新闻传播学院采纳用于教学。

第四，学院初步探索出新闻传播类专业课程的案例教学方法，在课堂教学与为媒体提供的业务培训中积极使用案例成果，探索案例教学方法，取得了良好的教学效果，多门课程建设成为全国精品课程、北京市精品课程。新闻核心专业课程教学团队因教学业绩突出，2008年被评为北京市优秀教学团队。

第五，在发展教学工作的同时，不忘重视学术科研的提高，获得了本学科最早一批案例教学研究成果，发表了若干篇研究新闻传播学科案例教学的学术论文。

（三）建设成效

新闻传播案例教学与案例库建设项目在十多年的发展中，对学院的教学发展、师资建设都起到了积极的推进作用，同时也使得新闻学院同媒体业界的关系更为密切，对新闻传播业界的业务培训具有积极的贡献。

案例库直接服务于本院本科专业课程与研究生课程教学，对在全院推广案例教学方法、进行教学改革、提高教学水平上起了关键性的作用。我院得到案例库支持的包括全院本科基础课程、各专业的本科专业课程和研究生的专业课程，共计68门。

案例开发与研究对本院教师教学和科研能力的提高起到了积极的促进作用。目前在13个案例库建设小组中，中青年教师占到80%以上，他们全部在教学一线担任基础课程和专业课程的教学任务，因此，案例研制与案例教学能够真正相互结合，最新开发的案例能够真正运用于课堂教学，这对教学内容的不断更新和教学方法的改进有实实在在的推进。据学校教务处公布的数据，近十年中学院全体教师的课堂教学评估的平均成绩一直保持在 90 分以上。此外，教师能力的提升还表现在很多青年教师在案例研究的基础上进一步完成了学术论文的写作，他们发表在核心期刊上的论文数量在这两年有明显提高。在进行案例研究的过程中，教师与新闻媒体的联系得到了加强，更多的一线记者编辑被请到学院的专业课堂上，带来业界最新的成果和经验，开阔了学生的视野，受到了广泛欢迎。

案例库建设对培养学生的研究能力也起到了促进作用。参与案例库建设工作的有硕士研究生和高年级本科生，他们在指导教师的带领下承担一部分案例的资料收集和媒体调研任务。因为参与这项工作，研究生与导师的接触和交流更加频繁，导师对学生的指导更加具体，一些学生在导师的指导下还将案例研究成果写成论文公开发表。有些本科生和研究生以案例为基础，进一步深入研究，发展成学位论文。学生们普遍反映，他们愿意加入学院的案例库建设小组，这项工作带给他们与媒介一线人员接触的机会，使他们对业界的最新变化能够深切地感受和把握，这对他们的专业学习、实习乃至今后的工作都有非常大的帮助。

案例库建设对新闻传播业界的业务培训具有积极的贡献。近两年来，学院先后为多家新闻单位进行了在岗人员的业务培训工作，包括对报社新闻记者编辑的培训、对政府管理人员的培训、对商业网站业务人员的培训等，担任培训任务的许多教师在培训教学中采用了案例研究成果，这一方面起到了以案例研究提升培训质量的效果，另一方面也使案例库在社会上引起更多的关注和重视。

五、总结与思考

人大新闻学院本科教育十年探索和改革，只是我国新闻传播教育改革的一个个案。作为国内办学历史最长的新闻传播学院之一，该学院所探索的这条道路所采取的相关措施都是根据学院自身的资源和条件，同时借鉴国内外优秀新闻传播院系的经验而做出的选择。这一改革取得了很多成绩，如 2009 年学院的教改项目"媒介融合趋势下新闻人才培养模式创新平台建设"获得了全国教育成果二等奖、北京市教育成果一等奖。2013 年，"新闻传播学案例库建设与案例教学"获得北京市教育成果一等奖。2018 年，"中国特色新闻传播人才的生态型培养体系构建"获得全国教育成果二等奖、北京市教育成果一等奖。这些改革成果使人大新闻学院在全国新闻传播教育界一直保持着领军地位。

这一个案对于我国新闻教育改革的参考价值与借鉴意义主要体现在以下几方面：

第一，新闻传播院校的人才培养的定位与教育模式选择是一项根本性的重要决策，需要通过充分的调查研究和周密的论证掌握充分的信息，再慎重做出决定。人大新闻学院在教育改革中，一直重视对用人单位、毕业生以及在校师生的调研，利用可能利用的一切机会收集各方面的信息，掌握人才需求的变化以及受教育者的反馈，这对于每一个改革项目的出台和推进在方向上、总体进度的把握中具有重要作用。

第二，新闻教育改革是一个不断推进、不断调整的过程，需要一步一步稳扎稳打，不可懈怠，也不宜急躁，需要通过一项项具体的措施、一个个具体的项目管理逐渐向理想目标靠近。这个过程也是试错的过程，尤其是史无前例的创新型项目，如人大新闻学院的案例库建设工作，没有多少现成的经验可以照搬，只能根据自己的学科特点和条件进行探索，在案例开发的过程中逐步总结经验，最终形成规范和制度。

第三，在新闻教育改革中，既要开拓创新，又要保持和发扬传统优势，要追求最优化的效果，而不是顾此失彼，在获得某些方面的成功时也丧失了原有的某些优点。对于像人大新闻学院这样的老牌学院，这个问题的处理尤其重要，事实上在教育改革中，对于办学传统和优势的自我评价及对于自身不足的认识一直是学院领导班子和全体教师都关注的话题，而且对用人单位和毕业校友的调研也在不断帮助大家做出研判。人大新闻学院的教学改革先从抓技术教育入手，如创办数字新闻传播专业和开设跨媒体传播实验课程，就是因为大家都感觉到在中国人民大学这样一所以人文社会科学为优势的综合型大学中，学生的人文社会素养教育具有先天优势，而学院自身在基础专业理论教育方面也一直保持着全国最高水平，相比较而言，实践技能的训练还有待进一步加强。但是，对于技术教育的强化，又不能以削弱专业理论教育为代价，把握两者的平衡，就要通过对教学方案的精心设计以及教学过程中的严格管理来实现。

第四，充分开发利用各方面的资源，通过广泛的合作实现新闻教育的创新。人大新闻学院的所有改革举措都是建立在各种合作之上的，如创办新的专业方向是通过与媒体单位的合作实现的，创办实验班是通过与人大其他学院的跨专业合作实现的，创办未来传播学堂是通过与企业的合作实现的，创建新闻传播学案例库，也是在一批媒体单位的签约支持下实现的。对外部各方面资源的开发利用是人大新闻学院不断推进教育改革的根本保障，而且来自外部的支持和协助也为改革提供了源源不断的动力。

  人大新闻学院的教育改革取得了可喜的成果，但也有一些问题需要通过继续改革来解决。首先是师资队伍建设还有待进一步加强，数量规模和人才结构都需要进一步优化。其次，课程设置还有待进一步完善。当然，在这两个主要的问题之外，还有不少具体的困难和问题，对于有着较长历史与良好口碑的人大新闻学院，新闻教育改革还有漫长的路要走下去。

第六章 个案：新闻编辑课程及其教材建设

新闻传播教育改革中，专业课程与教材建设是相对微观层面的内容，本章以笔者主持建设全国精品课程"新闻编辑"，以及作为首席专家主持编写"马工程"教材《新闻编辑》的亲身经历进行总结和思考。

一、新闻编辑业务的变革与走向

新闻编辑，作为新闻机构中专职从事新闻传播工作的人，最早是在报纸编辑部中出现的。后来随着媒介发展，在广播电台、电视台、网络媒介中也有了新闻编辑。虽然在不同类型的媒介中新闻编辑工作的具体任务及其分工有所不同，但从新闻编辑业务的共性方面进行分析，新闻编辑工作的内容主要包括新闻信息载体设计、新闻报道的策划与组织、新闻作品的修正和把关、新闻信息的整合与展示这几方面。

具体来说，新闻信息载体设计是宏观的、前期性的新闻编辑业务，具体包括对报纸新闻版组或新闻版（含新闻性专版）的定位与设计、对广播电视新闻频道或新闻栏目的定位与设计、对网络媒介的新闻频道或新闻栏目的定位与设计。新闻报道的策划与组织是中观的、贯穿传播活动全过程的新闻编辑业务，具体包括对各个时期新闻报道选题的决策、对报道方案的设计，以及对新闻报道活动的组织实施和调控。新闻作品的修正和把关是微观的、更加具体的新闻编辑业务，具体包括对所有表现形态的新闻作品的选择、修正和核查把关。这些新闻作品包括文字稿件、新闻图片、广播音响报道、电视影像报道、网络多媒体新闻、移动端新闻等。新闻信息的整合与展示则是介于微观与中观之间、后期性的新闻编辑业务，具体包括对单个新闻作品的组合配置，对报纸版面的设计编排，对广播电视新闻栏目的组合编排和播出、对网络新闻栏目的组合编排，以及新闻网页、移动客户端的设计编排。

新闻编辑业务在改革开放以来一直处于变革与发展中，并在今天媒介融合发展的进程中表现出新的发展趋势。

（一）新闻编辑业务在各个层面上的突破与变革

改革开放之初，新闻编辑业务模式只有一种：党报编辑模式。因为当时传媒种类和数量都非常有限，1978年全国公开出版的报纸只有178家，90%以上是党委机关报。广播电台种类单一，也由各级党委直接管理。电视刚刚开始进入家庭，影响力甚微。各类媒介之间缺乏竞争，绝大多数新闻媒介作为党政机关的舆论工具主要担负宣传任务。在这样的传媒结构基础上形成的新闻编辑模式必然是以《人民日报》为参照标准的高度一致、缺乏差异化的党报编辑模式，"千报一面"的情况在所难免。新闻传播表现出传播者本位、由上至下简单灌输的特点。

1981年，在"文化大革命"中全部被停办的晚报开始了"复生"与"复兴"之路。晚报与机关报不同，不能靠行政拨款办报，也不能享受公费订阅的保护，因此必须以读者认可的内容与形式赢得市场。晚报选择了贴近读者、贴近生活的办报路子，利用出版时间差与日报展开新闻竞争。在新闻稿件的选择和编排方面，除了重时效，对新闻的接近性、趣味性的追求，也成为这类报纸的共同特点。无论是新闻标题制作，还是版面设计编排，晚报都表现出与机关报完全不同的风格特色，受到读者的喜爱和好评。可以说，晚报在20世纪80年代的探索与突破，为我国的新闻业务改革拉开了序幕。

晚报的成功对机关报形成了压力。20世纪80年代末至90年代初引人瞩目的"周末版热"可谓是困境中的机关报奋起改革的一场办报实验。这场实验实际上是引入了晚报的业务改革思路，希望以贴近读者的内容与生动活泼的形式唤回读者的关注和热情。到1992年，1/2中央部委报纸、2/3省级报纸创办了"周末版"，其中不乏像《南方周末》这样风行全国的佼佼者。"周末版"取得了不少成功的经验，这些经验从选题的独家性、报道手法与体裁的创新、新闻标题的变革到报纸版式的变化等，涵盖了新闻编辑微观业务的方方面面。机关报通过这块"试验田"为后来报纸的进一步改扩版积累了经验。但由于"周末版"自身的特殊性及其功利性目标，这场实验未能解决机关报的根本性问题——如何才能做好时政新闻、经济新闻等严肃新闻的报道？可以说，新闻改革在这一时期表现出明显的"边缘突破"特征。

1987年，中国报纸的扩版浪潮在广州激起第一朵浪花，《广州日报》由4个版扩为8个版并得到好评，被广州市民评为当年本市发生的"十件大事"之一。第二年，上海《解放日报》与《天津日报》紧随其后也迈出扩版的第一步。

到 20 世纪末，几乎所有的报纸都经历了不止一次扩版改版，广播与电视节目的改版同样此伏彼起，新增的频道与栏目令人目不暇接，新闻节目比重不断增加，新闻滚动播出逐渐成为常态。

媒介产品的种类和数量增多意味着新闻竞争的不断加剧，而新闻编辑水平在这场竞争中决定着新闻的品质和媒介的竞争力，突破传统规则，追求更快、更新、更好，是新闻编辑的必然选择。

版面作为报纸的外在形象，三十多年来的变化无疑是新闻编辑业务改革最具代表性的一个缩影。版面的变化是持续渐进式的，促使报纸版面改革的因素除了报纸类型的多样化、版面数量的不断增加、媒介竞争的日益加剧之外，科学技术的广泛运用为新闻编辑提供了创新的利器。20 世纪 80 年代以后，电子排版的普及、印刷技术的更新包括彩色印刷的普及以及数码相机、卫星传稿等技术的运用等，为报纸版面设计和制作提供了更大的自由发挥的空间。因此，我国报纸版面从单调的黑白灰走向五彩缤纷，从全国尺寸一律的两种报型变得规格大小不拘一格。可以说，编辑业务的每个环节都在版面上留下了变革的印迹，比如对版面"导读"功能的重视逐渐取代对版面"美化"的强调，这是新闻编辑理念由传者本位向受众本位转变的结果，"导读"从广义上说就是要通过版面元素的组合引导和方便读者快速阅读，从狭义上说指报纸的第一版开设"导读窗口"，为读者了解厚报的内容提供指南。又如企业识别系统（CIS）的理念被引入了报纸版面设计之中，1999 年创办的杭州《都市快报》设置了"版式总监"这一从未有过的新职位，推出了国内第一张"异型报纸"，体现出与国际潮流相吻合的特征。再如新闻照片数量增多、篇幅加大，成组照片大量采用，照片的质量也不断提高，从 20 世纪末香港澳门回归祖国到新世纪初北京奥运会圣火在全球传递，越来越多的精彩新闻照片展示了一个个历史上重要的瞬间，带给人们永恒的记忆。此外，图示与新闻漫画在版面上大量出现；标题越发追求醒目和独特，字号普遍加大，在版面上更加突出；稿件的排列越来越多地采用模块结构，以方便读者阅读和剪辑；线条、色块、色彩的运用更加频繁，也更加注意视觉美观和对内容的表现力……

在这一系列的变化中，传统的新闻编辑规范被新观念与新技术不断突破，如对新闻价值的判断不再是单一标准，不同媒介对稿件的选择与处理有着各自不同的取向，媒体的定位与特色通过头条、导读、图片等得以张扬；版面设计不再遵守"苟日新、日日新"的传统教条，静态设计、版式稳定逐渐成为主流；

版面上不能通栏断线的规则不再被遵循；标题新闻、与传统不相符的新式提要题等出现在版面上；以往很罕见的大胆留白和用色，在版面上营造出了让人耳目一新的新清和亮丽……

新闻编辑业务在中观与宏观层面上的突破与发展更为显著。在改革之前新闻媒介无论是自身定位还是新闻报道都完全听从上级领导机关的行政命令，缺乏办报办台的自主权。因此，新闻编辑业务局限于微观层面，编辑的主要任务就是组稿、选稿、改稿、制作标题和设计版面，新闻编辑学教学和研究也主要围绕这些微观业务展开，对中观与宏观层面的内容涉及不多。1981年之后，晚报、都市报、专业性报纸、生活服务类报纸等新型报纸纷纷崛起，广播电视频率频道迅速增加，宏观业务的重要性日益凸显出来，新闻编辑对于媒介定位的思考和报道策划的重视开始逐渐加强。

如果说，20世纪80年代《北京晚报》《新民晚报》等一批著名晚报以其"家庭报纸"的定位和"走入寻常百姓家"的办报风格，为中国媒体的发展开辟了一条新的道路，那么1995年创办的《华西都市报》及其后来的一批追随者，则在传统晚报的基础上又向前迈进了一步，以更加多元化的报纸定位和更加成熟的报纸设计后来居上。《华西都市报》创办者席文举提出的"总编辑就是总策划"从一个侧面反映了高层编辑业务职能的转变。

"都市报热"只是中国媒介产业崛起的风景一角。事实上，在市场经济的带动下，各类新闻媒介的产品种类都在不断递增，产品规模不断扩张，各类媒介产品结构的改造频率都在加快，每一次扩版改版，都是媒介对自身定位的重新审视和调查，对传播内容和形式的重新设计。

政治变革同样是媒介变革的巨大推动力。1998年我国政府机构改革，2003年中共中央下达19号文件对报纸结构进一步进行调整，使一大批行业机关报面临一次又一次的命运转折。一些报纸因此倒闭，但也有一些报纸通过重新定位获得了更大的生存空间，如《中国汽车报》在划归《人民日报》之后，探索出办产业经济报的新路子，变日报为周报，提高了报道的专业性和报道深度，发挥了专业媒体的优势，从而获得成功。

20世纪90年代，中国广播的"分身术"催生了众多的专业电台，如经济台、新闻台、交通台、音乐台、儿童台等等，真正实现了"分众"式的"窄播"，服务对象更明确，传播的内容和方式更具有针对性，广播的特色也由此走向多样化。有线电视与卫星电视的崛起，使电视频道剧增、节目改版日趋频繁。

中央电视台新闻频道在走过一段艰难探索的道路之后,在四川汶川大地震发生之后反应迅速、信息全面的连续直播赢得了全社会的尊重和好评。

"新闻报道策划"于1993年正式提出,1997年开始成为新闻界关注的热门话题,虽然实践中的困惑与学术层面的争议至今没有平息,但策划为新闻传播带来的变化却有目共睹。1997年香港回归祖国,中央电视台史无前例的72小时直播,是精心策划与组织的产物,各家报纸五彩纷呈的版面同样也是策划的结晶。2001年北京申办2008年奥运会取得成功,围绕奥运会的新闻报道策划持续了近8年,在新闻传播史上实属罕见。10年前,就有一位报纸总编感慨说:"在今天,'独家新闻'的概念已发生了深刻变化。'独家新闻'已不仅仅意味着抢到了'第一落点'和'第一时间',它还意味着独家观念、独家视角、独家方法。"事实证明,任何"独家"都离不开新闻编辑的策划和组织,无论是媒介定位与产品设计这一宏观层面上的战略性策划,还是新闻报道这一中观层面上的战略与战术策划,都是新闻媒体赢得竞争的利器。

宏观新闻编辑业务的重要地位决定了新闻编辑部组织机制随之变革。在报社编辑部中,"采编合一"与"采编分离"的利弊纷争一直是争议话题,如何将这两种模式有效地组合以扬长避短,成为"改版"与"改制"必须解决的问题。事实上,任何一种组织结构都有利有弊,媒介对于新闻编辑部的设置只能根据自己的目标和条件来决策。《广州日报》1998年打破了以往"科室结构"的组织机制,推行国际通常采用的"大采访工作通间"和"大夜编中心"。"大夜编中心"使稿件编辑权集中以后,"编辑中心真正成了采访工作的指挥棒,完成了一个良性循环,即'市场指导编辑方针——总编辑在舆论导向的前提下,按市场信息指挥编辑中心——编辑中心以其版面的设置和稿件选择的标准指挥采访部门'"[①]。至20世纪末,"编辑中心"已经在各类新闻媒体中纷纷建立,这实际是对"编辑指挥记者、版面引导报道"的新的管理模式的确立,这一模式对新闻编辑提出了更高的要求。

在媒介融合发展不断深入之后,媒体集团近两年纷纷开始建设"中央厨房"这一新的内容生产平台。"中央厨房"的概念源自餐饮业,原指统一采购、标准化生产、集中分发配送的大厨房模式。这一概念在21世纪初被我国新闻传媒界借用,表达了对新闻内容生产适应媒体融合需要,实现"一次采集、多次加工、

---

① 王放. 销量取决于质量:广州日报发行破百万的启示 [J]. 新闻记者,1999 (4):38-40.

多媒体发布"的构想。2014年3月，《人民日报》成立媒体技术股份有限公司，承建《人民日报》媒体融合发展的技术平台、运营平台和资本平台，以"中央厨房"正式命名，这一概念在全国范围内引起了广泛的关注和热议。

其实，纵观我国媒体融合的进程，类似"中央厨房"的设计和实验已经有不短的历史。如2005年，南方报业传媒集团曾提出构建"新闻数码港"设想，碍于条件不成熟未能实现。2008年3月，烟台日报传媒集团成立全媒体新闻中心筹建小组，按照全媒体战略的实施计划，采用集团研发的"全媒体数字复合出版系统"，进行"从集团层面再造采编流程，并实现内容集约化制作"的课题实验，2009年"全媒体新闻中心"正式运行，在行业内产生了一定的影响。

2013年，党的十八届三中全会提出整合新闻媒体资源，推动传统媒体和新兴媒体融合发展；2014年，中央全面深化改革领导小组第四次会议审议通过了《关于推动传统媒体和新兴媒体融合发展的指导意见》，媒体融合上升为国家战略，对于"中央厨房"建设是一次极大的推动。这一年，除了《人民日报》开建"中央厨房"，羊城晚报报业集团也开始搭建全媒体采编大平台，展开了内部机构重新设置和硬件技术升级，纸媒、网站、微博、微信等多元平台24小时不间断发布新闻；成都传媒集团数字采编中心正式运营；《广州日报》成立"中央编辑部"。到2015年7月，经过半年试运行的新华社全媒报道平台正式启动，一年内推出了300多组"新华全媒头条"。2016年8月，新华社与首批42家传统主流媒体签署协议，成立全国首个国家级开放全媒体平台，新平台具有内容生产、渠道分发、版权追踪等功能，共享新华社全媒体传播渠道。2016年10月，《人民日报》融媒体工作室计划正式启动，目前已有麻辣财经、学习大国、新地平线、半亩方塘、一本政经、智理行间、国策对话场等27个融媒体工作室的新闻产品实现了线上线下深度融合。2017年1月，《中国青年报》在周六、周日不再出版纸质报纸，取而代之为"移动周末版"；《南方都市报》成立的"智媒体实验室"推出写稿机器人"小南"。同年2月，《经济日报》全媒体中心"中央厨房"启动试运行，创新实现"一支队伍采集、多个平台生产、多个渠道分发、全部流程调度"的运行机制。

综上，从2014年到2017年，经过三年的探索和实验，我国媒体"中央厨房"建设从摸索经验走向阶段性总结和面向全国的理念推广、手段复制和经验传播。2017年初，中宣部部长刘奇葆在推进媒体深度融合工作座谈会上，把"中央厨房"定义为"龙头"和"标配"。同年3月，刘云山在《人民日报》"中央厨房"调研时强调,媒体融合已经到了向纵深推进的关键阶段。

2019年1月25日,习近平带领中央政治局在《人民日报》新媒体大厦进行了一次集体学习,主题是"全媒体时代和媒体融合发展",并提出了"全程媒体、全息媒体、全员媒体、全效媒体"的新概念,对我国媒介融合再一次加大推进力度。

综合中央及地方媒体的改革实践,可以看出,"中央厨房"模式改变了传媒组织运行的动力机制,为新闻生产提供了新技术和新平台,开创了新闻内容生产的新模式。具体而言,"中央厨房"改变了既有的新闻媒介资源、信息资源、受众资源和环境资源,实现了新闻资源开发与利用的四轮驱动:一是基于组织结构调整、技术平台建设与空间平台设计,重新整合新闻媒介资源;二是基于新闻生产流程再造,快速、全面、深入呈现报道,挖掘新闻信息资源的价值;三是加强用户连接,对公众进行新媒体赋权,以新的机制开发新闻受众资源;四是顺应新闻环境资源,在瞬息万变的信息环境中把握主动权。

从本质上讲,"中央厨房"改革的关键在于新闻生产者对自身以及外部资源的创新性开发与利用,而新闻编辑作为新闻生产活动的重要主体,承担着资源开发、生产创新和理念升级的新任务。基于"中央厨房"建设的视角看新闻编辑业务改革,我们认为,这次变革不同于以往单一媒介的内部改革,它要求新闻编辑以协作共赢为目标,重新挖掘媒体资源潜力,这种开放的姿态和包容的格局或许将使传媒组织在多元格局下探索出一条可行的转型之路。

在"中央厨房"模式下,新闻编辑的角色发生了一些变化。

传统定义中,编辑是新闻生产主体的重要组成部分,承担着设计新闻信息载体、策划组织新闻报道、修正把关新闻作品、整合展示新闻信息、组织引导新闻互动和公共交流的工作。当前,随着技术、经济、政策等因素变化,新闻生产进入全新时代。一方面,媒体种类越来越多,各类传播渠道的功能面临分化;另一方面,传媒集团的资源聚焦,通过"中央厨房"进行集中开发和报道创新。"中央厨房"模式重构了新闻生产流程,优化了新闻传播渠道,为信息资源增值开拓了一片新天地,也实现了对新闻编辑角色的再定义,达到集约生产、全面联动和效率最大化。在新环境带来的挑战下,新闻编辑作为新闻策划的总指挥、新闻资源的总调度、新闻素材的加工员、公共话题的策展人,承担着旧时代和新时期所赋予的多重角色。

这里,我们以中央媒体的代表《人民日报》"中央厨房"为例,分析新闻编辑的角色转换及其业务改革。《人民日报》于 2015 年"两会"期间首次试行"中央厨房"工作机制，统筹全报社的资源，协调大报编辑部、新媒体中心、人民网等各个部门的人财物力，既为《人民日报》各类终端提供新闻，也为国内外媒体定制多语种全媒体产品。制度改革带来生产效率的突破。2015 年全年，《人民日报》启动"中央厨房"机制 12 次，其中包括博鳌亚洲论坛 2015 年会、习近平出访巴基斯坦和印度尼西亚等活动报道，总计发布新闻产品 2 100 多个，国内外各类媒体转载 54 000 多次。2016 年"两会"期间，《人民日报》"中央厨房"以 218 个产品、2 000 多家媒体的覆盖量，被中宣部称为"中国两会新闻的世界工厂"。2017 年"两会"报道中，"中央厨房"以 165 个报道版面、39 个短视频及 H5 产品、96 个融媒体工作室作品再创历史新高。

近几年来，以媒体业务的供给侧结构性改革为支撑点，《人民日报》"中央厨房"进行了诸多尝试，包括编辑部结构改造、采编发流程再造、新闻生产机制重构、报道叙述方式升级，这些改革都涉及新闻编辑自身的角色转换和编辑工作的任务转变。具体表现为两个方面：

第一，"中央厨房"推进了新闻生产的流程再造，在新的协同式生产流程中，新闻编辑作为组织者和协调人的角色，统筹资源的功能更加凸显，合作意识尤其重要。《人民日报》建设"中央厨房"的重要目标之一是"打通壁垒"，更加有效地进行资源整合。因此，"中央厨房"正式上线后的第一个任务，是在 2016 年全国"两会"期间从报社 12 个部门抽调了采编、技术人员 47 人组成"中央厨房"运营团队，具体分为内容制作、运筹推广和可视化三个小组，以组织机制的创新带动了新产品的生产。2016 年 10 月以来，"中央厨房"孵化的跨部门融媒体工作室拓展了报纸版面的内容空间，报社的传统编辑记者可兼任工作室负责人，通过沟通机制实现与媒体技术公司、人民网等单位技术人员的协作生产。与此同时，通过报网互动形成良性循环，线上线下有效联动。具体来讲，融媒体工作室的作品以二维码为接口返回《人民日报》版面，读者可扫码登录《人民日报》客户端等新媒体平台，进一步获取同一新闻主题下的多媒体作品，媒介深度融合的发展水平达到新高度。

协同式的新闻生产带来了新闻报道的多样化呈现。2017 年"两会"期间，《人民日报》推出"融两会"专栏；国策说工作室在"两会"开幕日推出"两会即时看"系列数据解读报告；3 月 4 日起评论部推出《两会侃侃谈》微视频，每期三分钟，每期一个评论员出镜解读"两会"热点，这是评论部评论员首次大规模出镜，引发网友追捧。H5 作品《2017 我来北京开两会》《两会喊你加入群聊》《我们给总书记寄明信片》《跟票圈好友请个假，我去人民大会堂听报告了》，互动游戏《厉害了，word 检察官》《我的两会秘密花园》《我也想当国旗手》在微信平台传播广泛。微视频《当民法总则遇上哪吒》古为今用，通俗易懂解读时政新闻。

在"中央厨房"这种全媒体生产平台上，新闻编辑的组织与协调功能没有局限于报社内部，而是跨越组织界限，整合行业资源，实现多元协同报道。2017 年"两会"期间，包括河南日报报业集团、广州日报报业集团在内的多家媒体入驻《人民日报》"中央厨房"大厅，来自豫、川、湘、鄂、苏、粤的 6 家媒体在《人民日报》"中央厨房"合作推出了 H5 作品《您又有 6 位亲友来电》。多媒体互动形成深度催化，在"两会"的版面编排上形成不同部门间的作品搭配。比如，3 月 8 日要闻 2 版头条《严字当头扶真贫真扶贫》是来自政文部记者吴储岐的"两会"文字报道，下方二维码搭配了评论部《两会侃侃谈》微视频第 5 期盛玉雷的扶贫解读《你送我羊，可我的家里没有草原》，在同一话题下，版面编辑让不同部门、不同形态的作品相互呼应组稿，使报道更为全面丰满，增强了可读性。

新闻编辑在新闻传播过程中一贯担负着选题决策和产品设计工作，并通过对新闻素材的再认识和再创作，实现新闻产品价值的提升。"中央厨房"建设使新闻编辑履行这一传统职责要跨越更高的门槛。编辑必须探索如何通过对新闻素材的跨界、跨单位整合加工，实现新闻产品报道内容、呈现形式和风格特色的全面升级。以《人民日报》"中央厨房"的 H5 游戏《我的两会秘密花园》为例，这一产品由"麻辣财经"工作室、"一本政经"工作室和"半亩方塘"工作室合作出品，大报传统编辑首先为 H5 产品策划出创意和文案，随后提交"中央厨房"进行评估，通过审批的项目由"中央厨房"调动资金、技术和资源进行孵化生产，编辑全程与媒体技术公司、人民网的美编和技术人员沟通协作，跟进产品进度并提出修改意见。可见，在跨部门的多媒体内容生产过程中，传统报社编辑仍然承担着策划设计的重要角色，而实施者的角色则交付美工、编导、程序员等专业技术人员。在此过程中，编辑不仅需要具有新媒体内容生产的创新精神，保证产品内容在多媒体平台实现的丰富性和生动性，更要培养齐心协力的合作精神，通过团队的力量实现内容联动生产。"麻辣财经"工作室牵头人李丽辉在 2017 年"两会"报道后表示："在两会我不是一个人在战斗。作为一个团队,'麻辣财经'工作室要同时为新媒体和报纸提供不同产品,全方位报道好两会。以前大家写稿子不需要'露脸',现在音频视频、H5动漫都得招呼,没点'看家本事'还真不行。"

第二,报道方式升级对新闻编辑提出新要求,新闻编辑开始扮演多媒体产品策划人、制作人的角色,多元知识储备和跨界报道能力的重要性不言而喻。在融合传播环境中,编辑若想继续担任公共论坛主持人和新闻话题引导者,就必须走到新媒体平台上,用精品赢得受众的喜爱和认可,进而引导舆论走向。一个世纪前,徐宝璜在《新闻学》中对新闻编辑的本义概括有四点:翔实、明了、简单、材料适当之安排。然而,随着新技术的迭代升级,传统的编辑生产方式已难以为继,一味故步自封、因循守旧,必将面临"自说自话"和"受众流失"的困境,当下的传统媒体编辑还需要具有担当"多面手"的意识。

2017年"两会"期间,《人民日报》客户端推出特别视频节目《厉害了我的两会》,每期节目为5分钟,前一半由"两会"特刊七版主编赵婀娜盘点当日新闻,后一半由《人民日报》总编室社会版主编李智勇进行热点点评,每期播放量都过百万。传统报纸编辑赵婀娜做起了出镜主持人,在节目中以"老娜"自称,语言风格清新、活泼、生动、接地气,除了视频节目主播,她还担任了《两会进行时》直播节目的特邀嘉宾、"中央厨房"的"半亩方塘"工作室负责人,以及"两会"特刊的版面主编。她说:"在新媒体日新月异的今天,努力让自己成为一名'十八般武艺样样精通'的全能型编辑记者,我们每个人都在努力。"

"中央厨房"这一新的工作平台要求新闻编辑不断适应传播载体和形式的变化,把传统优势加速向互联网拓展和延伸,抢占新媒体的传播高地。2016年,"中央厨房"数据新闻与可视化实验室创立了"国策对话场"微信公号,并在其中打造了一个叫"众议厅"的微社区。为什么要新创办这样一个公号和社区?部门主任关玉霞解释说:"当前,时政新闻的解读稿件多采用中办、国办的统一稿件,'国策对话场'希望能突破现状,做出老百姓看得懂的时政新闻,用图解、大数据、H5这些生动形象的多媒体方式,挖掘政策文件中的新闻要点。我们所有融媒体产品的下方,都会带有'国策对话场'二维码,引导读者来到微信公号平台,参与话题讨论。可以说,我们想把公众都吸引到这个平台上,为老百姓打造一个了解时政、参政议政的空间。"

同时,"中央厨房"团队还会对公众讨论内容进行大数据分析,"二次加工"

成新闻产品或研究报告，反馈报告通过内参直达中央决策层。从本质来看，"国策对话场"是"中央厨房"为用户搭建的公共话语平台，为公众参政议政开辟新媒体空间的公共领域。在这一过程中，编辑记者担任新媒体场域中的公共话题"主持人"，用户发表的观点、看法成为"深度新闻"和舆情报告的素材，被纳入新闻生产中。这种共同参与报道策划的方式，将进一步促进"中央厨房"与受众的实时互动、无缝对接，为新闻报道的模式创新提供了有利条件。

重新定义编辑生产，准确把握用户需求，不仅需要编辑自身的能力素质提高，还有赖于机制变革和指标升级。为了攻下深度融合的"腊子口"，《人民日报》加大了"中央厨房"改革力度，对报、网、端、微的采访力量实行统筹管理和打通使用。《人民日报》设立总编调度中心作为指挥中枢，并建立总编协调会制度、值班总编辑制度等；成立采编联动平台并分设编辑中心、采访中心、技术中心，三者联席办公、全天值守；进行考核奖励机制创新，建立融合传播部门考评制度，强化绩效考核，实行优稿优酬，根据新闻传播力排名进行奖励。这从绩效考核体系上对编辑记者的能力素质和角色定位提出新要求，未来的编辑不仅要排得了版面，也要上得了镜头，不仅要精通融媒体新闻的报道策划，也要懂得新式设备的使用原理。

（二）媒介融合进程中新闻编辑业务的走向

21世纪初，新一代互联网与数字技术在传媒业的广泛运用促使新闻媒体的融合成为大势所趋，传统媒体与新媒体的结合日益紧密，新闻报道由单一媒体独立运行转向多种媒体融合传播。如2008年佛山传媒集团组建了一个跨媒体的采访团队，赴美国进行有关美国总统大选的报道。组建于2005年的佛山传媒集团是由机关报、都市报、电台、电视台等组成的一个多媒体集团。这次派出的采访团队由6人组成，既有文字记者，又有摄影记者和摄像记者，他们的工作任务不是针对各人原来所属媒体而设立的，而是打破媒体界限，为集团中所有的媒体提供新闻素材。后方编辑的工作平台则是临时搭建的可以为报纸、网站、广播、电视承载、筛选、加工新闻信息的多媒体编辑平台——"佛山传媒集团访美博客"。各类新闻素材都首先发布在这一编辑平台上，编辑再根据集团内各种媒介的介质特性进行加工整合，然后以多种介质渠道发布，比如网站首先发布最新消息，然后报纸跟进进行深度报道，相关的音频、视频报道也在电台、电视台上播出。新闻信息发布时间的多重设置和新闻内容在不同平台上的相互嵌入得以实现，以全媒体的滚动报道扩大了传播效果，提升了媒介的影响力。

我国新闻传媒的组织结构大都是基于传统媒体的生产方式建构起来的，在应对单一媒体的新闻报道时，表现出相当稳定成熟的性能。但在媒介走向融合之后，这种组织结构的问题和弊端就越来越明显，它不利于新的技术手段的运用，也不利于从媒介集团层面上对新闻资源的整合利用，更不能适应数字时代社会对新闻传播的新需求。而跨媒体新闻团队的组建，可以在现阶段媒介组织结构尚缺乏根本变革的情况下，根据某一重要报道项目的需要，暂时实现媒介组织架构的交叉融合。组建跨媒体的项目团队，可以充分调动并有效利用媒介组织内的现有资源，使原来因媒介或部门设置而孤立的工作单元为了共同的目标进行重组。同时，由于跨媒体的新闻团队是为完成某一次报道而组建的一种临时性组织，它不会从根本上破坏现有的媒介组织框架，却又能对资源的重新配置进行"实验"，测试媒介组织结构调整的可能，从而为将来媒介组织的再造探索道路和积累经验。

媒介的组织重构和采编流程再造近几年来在我国一些新闻媒体有各种各样的探索。如早在 2006 年，《上海证券报》将中国证券网和《上海证券报》全面融合，实行一个班子、一套架构，不设立重叠机构，对报网统一业务生产流程，统一考核；2007 年《广州日报》对报社编辑部进行改造，推出了为多种媒体平台生产新闻内容的"滚动新闻编辑部"；《成都商报》与成都电视台联合成立成都媒介集团，开始探索报纸与电视的新闻融合与互动等，直到十年之后的 2016 年，以《人民日报》"中央厨房"为代表的全媒体新闻生产平台的建成，所有的组织变革和生产平台与生产流程的改造使新闻编辑业务必然随之发生变革。以往根据媒体类型而分割的编辑业务（报纸编辑、广播新闻编辑、电视新闻编辑、网络新闻编辑等）显然已不适应媒介融合发展的要求，业务技能单一的编辑人员将难以胜任跨媒体的新闻传播任务。因此，新闻编辑业务在新世纪的发展趋势将是以融合的业务技能实现对多种媒体的资源整合开发，以"融合新闻"的新模式提升新闻传播的品质和效果。

数字技术与网络技术是媒介融合的基础，而技术推进下的新闻传播的变化正在改变新闻编辑的传统角色。一个值得关注的现象是，Web 2.0 的网络技术使广大网络用户的集体智慧和力量得以爆发并有可能主导新闻传播的走向。如 2008 年 3 月，美国有线电视新闻网（CNN）等西方媒体在对"3·14 西藏打砸抢烧事件"的报道中有意歪曲新闻事实，引发了国内网民和海外华人华侨、中国学生学者的愤怒，他们利用博客、播客、论坛等发表了大量有关西藏问题的文章、帖子和自制录像,甚至自发创办了一个反CNN的网站,在国内外引起了强烈反响。而这些由网民自发创造的内容成为传统新闻媒体的信息源头,使新闻报道突破了以往专业新闻工作者主导内容生产的模式,表现出报道主体由单一的媒体从业人员向多元化的人员构成转变。有学者评价"3·14西藏打砸抢烧事件"的传播效果时认为,"独立的直接的现场目击者的证言、视频、照片比一边倒的官方式新闻更容易对西方媒体和普通民众产生直接影响"。事实上,正是新媒体与传统媒体的传播渠道"汇流",才促成了专业新闻工作者的报道与社会公众创造的内容相交融。

媒介融合促使新闻编辑重新认识了"受众"这一在传播学理论中被作为信息接收者看待的群体:被新技术武装起来的"受众"能够成为信息的生产者,并能自由地表达自己的思想观点,他们不仅具有原创能力,也有自主权。这种角色转换使新闻报道由单向转向双向多向,媒介的受众资源可以转换为信息资源。资源转换使媒体的报道面被扩大了,重要新闻事件发生时专业记者不在现场的缺陷也可以得到弥补。2008年北京举办奥运会时,《武汉晚报》没有条件派遣大批记者到比赛现场进行采访,报社想到在拥有奥运门票或者能到北京参与奥运服务的武汉市民中征集业余记者。他们在1 800多名报名者中挑选了165人,组成"奥运百人采访团"。报社对这批市民记者进行了新闻业务培训,并开通了自动语音台,采访团成员发现新闻后可以打回电话,语音台将语音转化为文字后,报纸的编辑进一步加工整理,并将部分有价值的线索通知在场记者继续采访完成报道。在奥运报道中,"奥运百人采访团"只是临时的业余记者团队,但由于奥运安保严密,他们采访的许多地点反而是多数专业记者的禁区。据统计,百人采访团共发稿近300篇,其中95%以上为独家报道。

全社会共同创造新闻内容,将促使新闻媒介从功能单一的新闻传播机构演变为在媒介产业链中处于上游位置的内容生产机构,即知识的生产部门;新闻编辑部从单纯的新闻采编部门向知识管理部门转型;新闻编辑从幕后走到前台,成为社会公众的对话者和新闻论坛的主持人,并将公众意见纳入新闻传播内容的范畴。

新闻编辑业务在媒介融合进程中正在发生的变革值得我们保持关注。在这一过程中新闻编辑组织与新闻编辑个人所面对的挑战和问题,需要比以往更多的理论创新和实践探索来应对。

今天,新闻媒体的"中央厨房"的运行对新闻编辑提出了更高的要求。依然以《人民日报》"中央厨房"为例，从数据上看，《人民日报》客户端的用户自主下载量在 2017 年上半年已经达到 1.54 亿，法人微博在人民网、新浪网、腾讯网三大平台上的粉丝总数突破 8 900 万，海外社交平台账号粉丝量及关注订阅数 3 370 多万。2017 年 3 月 28 日，《人民日报》微信的订阅用户数超过 1 000 万。然而，我们仍需清醒认识到，改革的本质在于利益格局的重新分配，随着"相加"到"相融"的深入推进，"中央厨房"面临的最大挑战不再是"做增量"而是"去存量"。诚然，搭建全媒体平台大厅、设立融媒体工作室，有助于生产渠道的多样性和产品形式的丰富性，但编制体制、机构职能和人员配置的调整才是决定"中央厨房"改革成败的关键因素。据了解，报社希望通过进一步的机制改革，实行采编分离，进一步突破部门壁垒，统筹报、网、端、微的采编资源，真正实现"中央厨房"由战役性临时机制向常态化运行转变。不可否认，下一步改革必将涉及部门及编辑记者的切身利益，需要以更大的决心攻坚克难。

目前，"中央厨房"建设在我国还处于初级阶段，越来越多的媒体加入了探索行列，所面临的问题也有一定的共性。"中央厨房"的成败不仅取决于国家层面的战略部署和媒介组织的宏观规划，还取决于传媒组织内部成员的思维转型和能力提升。具体到新闻业务领域，应该看到，新闻编辑在"中央厨房"中的定位目前还不够清晰，其岗位职能也有待更加明确。而随着媒介融合进一步深化，将有更多的新闻编辑从原来的部门和岗位进入"中央厨房"，担负起统合新闻资源、生产多样化产品、面对新媒体用户的任务，他们所面临的挑战和压力也将是前所未有的。"中央厨房"的常态化运行，对新闻编辑提出了更高的要求。

首先，需要编辑进一步提高思想认识水平，对新闻媒介融合发展的必然趋势和进一步深化改革的必要性有更加充分的理解，站在大局的立场看待个人和所属部门的得失，理解并配合改革实施。担任领导职务的编辑更应具有担当精神和奉献精神，做好榜样、带好头。思想认识水平的提高还包括对新媒体环境下的新闻传播规律有更深刻的理解，对受众需求和心理有更准确的把握，自觉反省并改变那些不适应新媒体新环境的新闻观念和业务模式。

其次，需要编辑更加坚守新闻职业道德规范和新闻专业精神，进一步完善自己的知识结构和专业技能。一方面，编辑在策划时要增强新媒体环境中的信息捕捉能力，保持对新闻点的敏感性。另一方面，编辑也要加强鉴别能力，在鱼龙混杂的网络传播环境中把好关、守好门。特别需要警惕的是,在数据指标考量下,阅读量、分享量正异化为衡量新闻价值的至高标准,不少媒体急功近利,为了速度不顾真相,为博眼球不顾操守,无原则地迎合用户,无底线地推送内容,以致不少缺乏理性思考、精神营养和审美趣味的低俗有害内容行销一时。在这种逐利心切、充满浮躁的社会氛围中,新闻编辑要保持定力,坚守新闻职业道德和专业规范,尤其不易。但只有做到这一点,才能为公众提供优质的新闻内容,真正对社会进步做出贡献。

二、新闻编辑课程的教学改革及思考

从印刷媒介诞生到数字化媒介问世,伴随着新闻载体的形态变化,新闻编辑业务的变革和发展从未停止过,新闻编辑教学的改进与创新也同样与时俱进。2004年,中国人民大学新闻学院的本科专业课程"新闻编辑"被教育部评为国家级精品课,可算是我国新闻编辑教学改革的一个阶段性成果,同时它也使我们肩负起了进一步开拓与创新的责任。

(一) 在继承传统与拓展创新中完善教学内容

新闻编辑课作为一门重要的新闻业务课程,历来以传授新闻编辑工作的基本规律、原理、知识与方法为己任。可以说,新闻媒体需要什么样的编辑,决定了新闻编辑课教什么与怎么教;新闻传媒对人才需求的变化,推进了新闻编辑课的教学改革。

我国新闻编辑教学与研究已有相当长的历史。徐宝璜1919年出版的我国第一本新闻学专著中对报纸编辑工作就有专门论述,20世纪20年代全国十多所高校设报学系科(后改名新闻系),报纸编辑是必修内容之一。不过,新闻编辑学教学与研究成果最辉煌的时期还是在改革开放以后。代表性的成果如人大新闻系教授郑兴东等在1981年出版的教材《报纸编辑学》,被全国新闻院系广泛采用,出版五年即发行20多万册,1987年获得了国家教委高等学校优秀教材一等奖。1988年该教材进行了修订后多次印刷,并获得"吴玉章奖"。同期出版的有较大影响的编辑学教材还有复旦大学叶春华教授编写的《报纸编辑》等。

人大、复旦的新闻编辑学家们在20世纪80年代的探索奠定了我国新闻编辑课程体系的总体框架,完成了新闻编辑基础理论的建构。如郑兴东教授等在1981年版的教材中便将报纸编辑工作的特点和任务归纳为"把关""再创作""发言"和"集大成",认为新闻编辑的基本素质包括"较高的理论、政策水平"

"熟练的业务能力""严谨的作风""甘当无名英雄的精神",并率先提出"版面语言"之说等,揭示了新闻编辑工作的基本规律与原则,对于新闻编辑实践一直具有指导意义。无论媒介形态如何变化,业务流程如何重整,新闻编辑课教学都要将培养学生人品修养、职业道德和专业技能兼备作为自己的使命和责任。只有把对编辑专业技能的传授建立在专业理念和职业操守的基础上,不重"术"轻"理",才能真正造就有社会责任心的"把关人"和传播者。

但也应看到,集大成于二十多年前的新闻编辑课程体系因当时媒介类型和媒介环境所限,视野偏窄,教学内容存在一定的局限性,教学重点主要放在编辑工作的微观层次上,如组稿、选稿、改稿、制作标题、设计版面等通常占教学时数与教材内容的三分之二以上比重,而宏观层次的内容如媒介产品的定位和总体设计、报道的设计与组织调度等则涉及不多。进入市场经济新时期以后,新闻媒介的品种结构发生了变化,编辑业务已不限于机关报台式的单一模式;媒介的生存环境也发生了变化,各类媒介产业化发展速度加快,直接影响新闻编辑工作的外部因素增多,除过去一直受重视的政治因素、媒介领导者因素外,媒介的受众、广告来源、传通中介、竞争者、技术条件等因素都会影响媒介的编辑方针和产品设计,影响报道活动的设计与组织,进而影响编稿、制题、组版、制作节目等具体的编辑业务。包括编辑工作在内的媒介生产系统已不是独立于媒介市场环境之外的孤立的系统,而是一种开放的、运动着的系统,编辑业务随着客观环境的变化而变化,媒介作为一种信息产业,对新闻信息产品生产有越来越多的自主权,在新闻传播活动中主动性不断加强,因此新闻编辑学需要以一种更广阔的研究视角建立相对开放的理论体系。

重视微观业务的传统新闻编辑学,实际是以编辑出版某一期报纸为一个周期,以组织稿件为起点,报纸付印为终点,将编辑工作流程理解为一期报纸的微观编辑工作循环。这是对编辑工作流程的狭义的理解,是以认同既已存在的媒介状态为前提的。在目前日趋激烈的竞争中,仅仅注重微观编辑业务显然是不够的,在新闻采编一线的人员早已感受到,现代新闻竞争是媒体之间的综合竞争。仅仅有几个新闻敏感性强、出手快的记者或者写作水平高、知识面广的编辑是不可能在竞争中占据上风的。采、编这两支新闻报道的主要力量进行有效组合,是新闻竞争的要求,也是媒体发展的一个趋势。然而不少报社都存在着采编脱节的问题:编辑部不知道记者在采访什么,记者不知道编辑部需要什么;编辑部想要的稿件记者没有提供,记者采写来的稿件编辑部又觉得不好用。

从根本上说，采编脱节问题的实质是采编双方在什么是报道的中心环节这个问题上缺乏明确的认识。如果能以策划为中心，编辑部根据记者提供的线索进行精心策划，记者根据编辑部的策划采写，而后编辑再根据策划要求编发稿件，就能较好地解决采编脱节的老问题。因此，新闻编辑学的内容框架不应建立在对编辑工作流程的狭义理解之上，而应将新闻媒介从创办伊始到媒介产品诞生作为一个周期，以确定媒介的受众目标与编辑方针为起点，产品离开生产线为终点，对编辑工作流程作广义上的考察和研究，从而划定编辑业务的范畴。由此看来，新闻编辑学的教学内容应包含了宏观编辑业务与微观编辑业务两部分。所谓"宏观编辑业务"，是相对于编稿、组版、制作节目这些"微观编辑业务"而言的，它是指微观编辑业务开始之前，新闻编辑对媒介的定位、对媒介产品中新闻单元（指报纸的新闻版及新闻性专版专刊、广播电视的新闻频道及新闻性栏目、网络媒介中的新闻网页等）的总体设计、对新闻采编机构和采编流程的设置、对新闻报道活动的设计和组织等，这些工作统称为"新闻传播的策划与组织"。而在此之后运作的微观编辑业务，实际是对编辑策划方案的具体落实和操作。

正是基于上述认识，笔者在1997年攻读博士学位时将宏观新闻编辑确定为自己的研究课题，开始对这一领域进行开拓性研究，完成了博士学位论文《新闻传播的策划与组织——宏观新闻编辑研究》，成为我国第一位获得"全国优秀博士论文奖"的新闻传播学者。这项研究成果很快被纳入了新闻编辑课的教学内容，新闻媒介定位与设计、新闻报道策划在新闻编辑课堂上得到了较为充分的讲授。

教学内容的拓展还进一步落实到了教材编写中。2000年，郑兴东教授邀笔者共同编写《报纸编辑学教程》，由笔者负责撰写宏观编辑业务部分。这部教材出版以来已经多次印刷，被一些新闻院系作为新闻编辑学课程的指定教材。在此之后，笔者又独立编写了教育部"十五""十一五"重点规划教材，也是作为"国家精品课"的配套教材《新闻编辑学》，进一步加大了宏观新闻编辑业务的比重，而且尝试使用与以往教材不同的编写体例，以原理阐述与案例示范相穿插的方式编写，双色印刷，所选案例大多还附有当事人的自述或访谈。这部教材第一、第二版还随书附送了人大新闻编辑课程的全套教学资料光盘，包括多媒体教学演示片、课程教学大纲、思考练习题和教学参考书目等，以期更好地让同行与学生们分享这一教学改革的成果。2013年，笔者邀请本学院教授同一门课程的两位同事许向东和方洁老师加入教材第三版的修订工作,增加了新媒体新闻编辑的相关内容和案例。2019 年教材再作修订,出版了第四版。这部教材多年来一直被国内多所新闻院校作为指定教材用于教学。

(二)探索情境式教学与实验教学相结合的教学方法

新闻编辑作为一门操作性强的业务课程,如何才能让学生在有限的教学课时中不仅掌握基本理论,还能熟练掌握从宏观到微观的全套业务技能?长期的教学实践使我们感到,只有让学生在真实的工作环境中体验新闻编辑的责任和压力,才能激发他们的学习动力和自觉性。虽然目前我们还不能像美国密苏里大学新闻学院那样创办一家真正的报纸作为学生学习编辑业务的课堂,但我们必须想方设法营造出一种模拟编辑部的环境,让他们从中体验每一道新闻编辑工作的业务流程,学会所有的业务知识和操作技巧。这样,教学方法与实验环节的配备就格外重要。在近几年的教学改革中,我们一直在做这样的尝试:教学内容与进度完全根据创办一家新闻媒体的需要和流程来设计,严格按照新闻编辑的专业标准和截稿时间规定设计各个业务环节的课堂练习,从新闻媒体产品方案设计到选题策划、稿件组织和编辑加工,直至在计算机上完成稿件整合和版式设计。通过这种全程配套的练习,使学生全面掌握新闻编辑业务,以保证一流的教学效果。

在人大新闻学院,所有学习编辑课程的学生一开始就要根据自己的志愿组成若干小型的新闻编辑部,在学习媒介定位与新闻产品设计时,要对自己打算创办的新闻媒体进行市场调研和定位论证,并拿出设计方案,在课堂上公开进行答辩;在学习报道策划时,要为自己设计的媒体进行选题策划,写出设计方案并组织实施;在学习选稿、改稿、制作标题、设计版面这些具体业务时,要为自己设计的产品及策划的专题报道完成从组稿到改稿的全部编辑工作。早期的编辑课要求学生最后编排成一套完整的报纸,课程的成绩评定有一半分数就取决于学生自己办出来的报纸的质量。学院不但将学生们创办的所有报纸彩色打印出来,并且每年都公开举办展览,组织学院的老师们当评委,也鼓励全院乃至全校的学生自愿投票,最终还会对优秀的报纸作品进行奖励、发放证书。这样的教学方式得到了学生的热烈欢迎,甚至有一些非新闻学院的学生慕名来到了编辑课堂。其实,这种情境式教学对于学生来说也是一种体验式学习,因为亲力亲为,教师在课堂上传授的知识能够最直接、最有效地转化为学生的能力。后来,随着编辑学教学内容拓展到新媒体领域,这项小组实践变成了更多媒体形态的产品设计及专题策划，学生们的作品已经不限于平面媒体，还有微信公号、客户端等。

进行情境式教学与实验教学，必须以良好的实验条件为基础。早在1993年，人大新闻学院就在全国新闻院校中第一个建立了激光照排实验室，为新闻编辑课配套开设激光照排课程。后来又将激光照排纳入了新闻编辑课，作为"版面设计与电子排版"的一部分，专设20个学时的电子排版实验，这项改革成果在1999年获得了中国人民大学教学创新奖。在"九五""十五""211工程"建设期间，人大新闻学院实验室发展成新闻传播实验中心，实验环境与技术设备得到进一步改善，2006年被评为北京市高等院校实验教学示范中心。实验中心为新闻编辑课提供了全套编辑部网络系统和设备先进的多媒体教室，学生每人一台联网电脑，现代化水平不低于正规的报社编辑部，为新闻编辑教学进一步改革打下了更加坚实的基础。

在情境式教学中，我们同时还尝试采用了一些新的教学方法：一是案例教学，通过对大量最新案例的分析和讨论，讲授新闻编辑业务的基本原理和方法；二是全程使用多媒体课件，学生的演讲与答辩同样要求使用多媒体演示；三是利用网络进行教学互动，学生作业提交、课外答疑都在网络上进行。

（三）以教学与科研的有机结合不断推进课程建设

作为应用性学科，新闻编辑教学要保持与新闻实践的同步发展，必须以对现实工作的关注和研究为前提，教学内容不能脱离当前的编辑实践，教师不能远离新闻媒体。人大新闻学院一直把研究新闻传播业的现实问题作为业务课教师的岗位职责，把与媒体合作和为媒体服务视为学院应尽的义务。编辑教研室的教师每人都承担着一些新闻媒介的研究课题，或作为报社的顾问、特约评阅人，参与媒体的工作。这不仅使教学内容得以不断更新，还能将一些优秀的新闻编辑请入课堂，为学生讲述他们正在经历的报道和对编辑工作的感悟。

我们认为，要保持新闻编辑教学的实践性、前沿性特点，还需要着重在两个方面下功夫。

第一，要重视案例研究，以滚动推进的案例库建设支撑案例教学，对案例的选择以及对业务技能的传授，一直保持与实践前沿最新动态的对接，案例要不断调整和更新，确保学生能通过课堂教学了解一线的最新变化，并初步掌握分析问题和解决问题的方法。人大新闻学院已经开发的"新闻传播学案例库"共有13个子库，新闻编辑案例库是其中之一，所有的案例都包括案例背景介绍、代表性作品展示、当事人访谈或自述、案例分析、问题讨论、相关文献等若干内容，已经在课堂教学中全面使用。

第二，在研究和教学中不回避当前新闻编辑工作中存在的矛盾和问题。比如在一些编辑中存在着以稿谋私现象，在新闻报道策划中出现了"新闻炒作"问题，在媒体改版中出现了盲目性，等等，这些问题都会通过具体的报道和版面呈现出来。我们首先在研究中瞄准这些现实问题，再将研究成果转化成教学内容，让学生了解其中的原因和是非，引导学生正确地认识这些问题，并共同探讨改进的对策。

新闻编辑教学改革在人大新闻学院所取得的成果只是阶段性的，下一步面临的任务更加艰巨。如何在数字化时代媒介融合发展的现实背景下，完成新闻编辑业务融合发展的研究？如何根据媒介融合与新闻融合的需要进行教学内容的重整，培养新型的融合型新闻编辑人才？这是目前我们关注的新课题。有研究者对融合媒介时代美国一些知名新闻媒体设置的新兴岗位做了考察，发现这些媒体为了吸引受众并提高他们的互动参与率，对于技术性人才的需求越来越大，即使最传统的编辑岗位，也被要求具备更强的洞察力，并被赋予了内部协调的职责。如以下岗位：

"受众分析员"（Audience Analyst），自20世纪90年代中期网络媒体盛行以来，新闻媒体对受众新闻消费行为的了解需求日渐增长。受众分析员的出现就是为了帮助新闻编辑室更好地了解受众。目前《今日美国》（*USA Today*）新闻网的 The Journal News 开设此岗位。工作职责具体包括两方面：其一，挖掘、记录和分析量化数据信息；其二，提供信息分析和策划参考。

"参与编辑"（Engagement Editor），作为新闻编辑团队和受众之间的联络员，其职责是确定能引发受众共鸣的新闻故事、发现最佳传播策略并向多个媒体平台推送。目前 CNN 开设此岗位。

"应用技术创新引领员"（Creative Lead of Applied Technologies），主要从事虚拟现实项目的设计工作，借助于一个设想创造概念艺术，撰写新闻故事板，建立原型，进行虚拟现实佩戴设备（VR 耳机）的测试，然后与设计和编辑团队合作开发一个受众浸入式新闻体验项目。目前《今日美国》开设此岗位。

"社交媒体和社区编辑"（Social Media and Community Editor），身兼多职，需要24小时不间断把新文章、图片和视频发布到流行的社交媒体上，例如 Facebook、YouTube、Twitter、Pinterest、Google+、Tumblr、Reddit、Flickr、

VK、Vine、Instagram 和 Snapchat 等，满足社交平台上的受众需求。目前 msnbc. com 开设此岗位。

"社会发现总监"（Director of Social Discovery），有些媒体（例如 Buzzfeed 和 CNN）提供社交媒体平台，供受众上传个人拍摄的照片、视频和新闻资讯。社会发现总监率领团队评估这些受众上传的素材，发现现场目击者，挑选最好的用户生产内容并将其发展为热点新闻故事，在突发事件发生时及时采编新闻并进行评论。目前 CNN 和 Buzzfeed 开设此岗位。

"直播编辑"（Live Editor），负责为社交媒体平台提供视频编辑和发布服务，并吸引受众参与直播。目前《华盛顿邮报》等媒体或平台开设此岗位。

"虚拟现实编辑和拼接员"（VR Editor and Stitcher），运用虚拟现实技术把观众带入虚拟现实新闻和纪录片中。他们为社交媒体创作短视频新闻，确保虚拟现实新闻报道与现实情境无缝对接。目前《赫芬顿邮报》（the Huffington Post）的 HuffPost RYOT 开设此岗位[1]。

这些新的岗位有些是传统新闻编辑工作的拓展升级，有些是编辑业务与其他领域相交叉的新岗位，虽然目前还处于探索和试验阶段，但应该为新闻编辑学研究和教学所关注，我们必须以前瞻性眼光未雨绸缪。这几年来我们一直探索的是，突破媒介介质的限制重构新闻编辑教学框架，重新整合教学内容，侧重培养学生在多媒体数字化平台上进行新闻信息整合加工的能力，以及针对多样性的新闻发布渠道和新闻载体进行新闻信息资源深度开发、打造新闻信息产品链的能力，以适应未来综合性的传媒集团对新闻编辑人才的需要。

三、新闻编辑教材建设及其思考

在 2010 年教育部组织的"马工程"重点教材建设中，《新闻编辑》是六部教材之一，笔者作为首席专家，主持编撰工作。历经六年的努力，《新闻编辑》教材于 2017 年夏季正式出版，经过一段时间在全国高校的运用，听取各方面意见后又做了修订，于 2019 年出版了第二版。在编写与修订教材的过程中，编写组的九位专家一起围绕教材的大纲、内容、案例选择、写作体例、参考书目等等进行过不计其数的讨论，或是召开会议，或是在微信工作群中商议，或是通过电子邮件交流。专家们来自全国多所高校，都有执教新闻编辑课程的丰富经

---

[1] 宋毅. 融媒体时代美国的新兴新闻岗位［J］. 国际传播，2017（2）：80-87.

验，并且各自出版过有关新闻编辑的教材和专著，而合作完成一部作为"规定动作"的全国通用教材，所有人都感受到与以往不同的压力，付出了很多心血。

在这样一个专业团队中，讨论最多的其实不是编辑技术层面的问题，而是编辑观念层面的问题。在一场又一场审议教材大纲和书稿的会议上，来自人文社会科学各个领域的领导和专家们所提出的问题与建议也主要有关意识形态和价值观，而且他们从各自的专业视角，如马克思主义理论、法学、历史学、伦理学、政治学、社会学、经济学、语言学等等，结合当下的新闻传播现象与具体的新闻报道案例，提出了诸如新闻编辑工作的价值、编辑在社会发展中的角色、编辑对于文化建设和法治建设的责任等等问题，这样的交流和沟通跨越了学科与专业的界限，更超越了编辑业务的具体与琐碎，促使我们在教材编写过程中跳出了过去一贯看中操作原理和技能的思维定式，对业务技能背后的编辑主体意识、价值观等进行了更多的思考。

与各学科的审读专家们交流，也让我们更加明确这部教材所肩负的使命。与过去我们自由编撰的教材不同，这部"马工程"教材不仅要传授新闻编辑的基本知识与业务操作技巧，更重要的是它还必须承担起以马克思主义新闻观指导新闻业务学习的责任，回答好为谁培养新闻编辑、培养什么样的新闻编辑这些重要问题。正如笔者在该教材的绪论中所述，网络与数字技术推进了人类的新闻与信息传播，对当代社会的政治、经济、文化发展产生了深远影响。随着媒介形态与传播方式的改变，尤其在新媒体崛起后，网民能够直接参与新闻传播，社会舆论日趋复杂。主流新闻媒体如何在激烈的话语竞争中以马克思主义新闻观为指导，准确报道事实，正确引导舆论，成为迫切需要解决的重要问题。而在专业化的新闻生产中，新闻编辑人员身处编辑部门最重要的工作岗位，担负策划报道、指挥记者、制作内容、审稿把关等多方面的工作任务。在长期的新闻实践中，新闻编辑工作逐步形成了系统的理论与规范，同时又在技术与媒体变革的推动下，不断发展和创新[①]。这部教材需要在明确新闻编辑的角色担当和社会责任的前提下，教授学生这些理论和规范，发展和创新。

新闻编辑有双重含义。一是指新闻编辑工作，即新闻媒体在新闻内容生产过程中有关决策、组织、加工、设计、制作等专业性工作的总称；二是指新闻编辑人员，即在新闻机构中承担新闻编辑工作的专业人员。新闻编辑研究的对

---

① 新闻编辑编写组．新闻编辑［M］．北京：高等教育出版社，2017：1.

象包括这双重含义所指的全部内容，既要研究新闻编辑工作的原理、规范和操作技术，也要研究新闻编辑人员的专业素养、知识结构和技术能力。

新闻编辑研究从关注报纸的编辑业务源起，一直随着新闻媒体的变迁、传播环境的变化而拓展其外延、深化其内涵。20世纪末期，我国新闻编辑业务在中观与宏观层面上的突破与发展最为显著。因为在改革之前新闻媒体无论是自身定位还是新闻报道都完全听从上级领导机关的行政命令，缺乏办报办台的自主权，新闻编辑业务局限于微观层面，编辑的主要任务就是组稿、选稿、改稿、制作标题和设计版面，新闻编辑学教学和研究也主要围绕这些微观业务展开，对中观与宏观层面的内容涉及不多。直到20世纪80年代之后，晚报、都市报、专业性报纸、生活服务类报纸等新型报纸纷纷崛起，广播电视频率频道迅速增加，宏观业务的重要性日益凸显出来，新闻编辑对于媒介定位的思考和报道策划的重视开始逐渐加强，这方面的研究成果才开始纳入新闻编辑教学和教材编写中。

进入21世纪，媒体变革对新闻编辑的影响非常明显，新一代互联网与数字技术在传媒业广泛应用，"移动传播"渐成主流，新闻编辑研究开始显现向微观业务的回归，如对H5技术、VR技术、增强现实（AR）技术、人工智能、大数据技术的新闻编辑应用，以及微博编辑、数据新闻编辑、视频编辑等新的编辑工种及其业务技能等成为新的研究热点，新闻编辑教学也相应出现了重心向新技术与技能的偏移。

综上，我们不难看出新闻编辑研究的发展与创新无论是在微观、中观还是宏观的业务领域，都一直侧重于方法论层面，对于"如何做"的关注多于"为何做""为谁做"的讨论。当然，新闻编辑研究作为应用新闻学的一部分，"术"大于"学"，强调实用性也在情理之中。但值得注意的是，今天媒体生态与舆论环境已经发生天翻地覆的变化，2016年出现的"后真相"概念，说明在公共舆论形成的过程中诉诸情感和个人理念可能比客观事实更加有效，这也提示我们，新闻编辑工作中所遵循的规律和规则正在面临挑战。作为新闻内容生产者的新闻编辑，能否在当下众声嘈杂之中影响公众和引导舆论，决定性的因素并非技术应用能力，而是其知识体系和价值观，因为这才是生发情感和理念的根基。新闻从业者在新的传播环境中更加不可能抛弃立场和倾向而只作为传声筒。因此，新闻编辑教材的编写，今天更加要重视新闻价值观和社会责任的传授。

教育的根本是育人，中国的新闻教育要培养什么样的人，关系到新闻教育改革的方向。2014年五四青年节，习近平总书记在北京大学的师生座谈会上指出，"办好中国的世界一流大学，必须有中国特色。没有特色，跟在他人后面亦步亦趋，依样画葫芦，是不可能办成功的。这里可以套用一句话，越是民族的越是世界的。世界上不会有第二个哈佛、牛津、斯坦福、麻省理工、剑桥，但会有第一个北大、清华、浙大、复旦、南大等中国著名学府。我们要认真吸收世界上先进的办学治学经验，更要遵循教育规律，扎根中国大地办大学"。这段话体现了党和国家对大学教育的主张，那就是立足中国国情，走自己的道路。这与我们提倡的具有国际视野、借鉴他国先进经验并不矛盾，学习与借鉴是手段和途径，为中华民族伟大复兴培养人才才是中国教育的历史使命。对于新闻教育来说，人才培养目标则要与当下中国新闻业发展及新闻舆论工作的需要相一致，这也正是将马克思主义新闻观落实到新闻教育中的实践目标。近期这方面的思考在新闻教育界越来越深入，有学者提出，必须对"新闻学"重新定义，要超越西方新闻学基于"职业"的意识形态灌输和职业规范教育，对"新闻学"进行解放，实现新闻学研究从规范性研究向同时包容人文主义和社会科学两支取向的经验性研究的转变①。

在编写新闻编辑教材时，我们认为，马克思主义新闻观是中国特色社会主义新闻事业的指导思想，新闻编辑要将马克思主义新闻观与中国特色社会主义新闻理论落实到具体的编辑工作中，关键是在以下几个方面保持清醒的认识。

第一，坚持正确的政治立场，坚持党对新闻媒体的领导。马克思和恩格斯认为，党报党刊是党的重要思想武器和政治阵地，是党的旗帜、党的喉舌和耳目，必须遵守、阐述和捍卫党的纲领、方针和政策，在党的领导和监督下开展工作。列宁也特别重视党报的宣传、鼓动和组织作用，强调党对党报领导和监督的责任。毛泽东、邓小平等老一代领导人及其后的历届党中央在领导中国革命、建设社会主义和改革开放的历史进程中，一直要求新闻工作必须坚持党性原则，提倡"政治家办报"。

我国社会主义新闻事业是中国共产党领导下的社会主义事业的重要组成部分，也是党和政府传播新闻、引导舆论、服务社会的舆论工具。新闻编辑在任何时候都要有政治把关意识，要在新闻媒介定位、新闻内容生产、新闻传播管

---

① 胡钰，虞鑫. 构建中国特色新闻学：何以可能与何以可为 [J]. 国际新闻界，2016 (6)：92 - 115.

理以及与受众交流等各个方面，自觉地坚持为人民服务、为社会主义服务、为党和国家工作大局服务，做好党和人民之间相互沟通的纽带和桥梁，以高水平的新闻报道为建设中国特色社会主义创造良好的社会舆论环境。

第二，以为人民服务的宗旨和以人为本的精神做好新闻编辑工作。新闻媒体代表人民的利益，反映人民群众的呼声和愿望，是马克思主义新闻观和中国特色社会主义新闻理论的核心内容之一。在新的历史条件下，新闻事业要继续坚持为人民服务的宗旨和为社会主义服务的政治方向，新闻编辑要重视通过新的传播渠道和载体为人民群众服务，通过对媒介用户的数据分析准确把握受众的需求和心理变化，不断提高新闻传播的针对性、服务性；重视在新媒体环境下继承和发扬"全党办报、群众办报"的优良传统，加强与公众的交流，通过平等对话提高新闻传播的有效性和说服力；保持深入实际、深入群众、调查研究的工作作风，准确把握时代的脉搏，满足人民群众的新闻信息需求，使新闻报道为受众所喜闻乐见；积极发挥好新闻媒体的舆论监督作用，保障人民群众的切身利益，化解各种社会矛盾，解决群众最关心的问题，促进社会稳定发展。

第三，坚持实事求是，尊重新闻传播规律，全面、客观、公正、准确地报道新闻事实。马克思曾指出，报纸要根据事实来描写事实，不能根据希望来描写事实，要在报刊有机的运动过程中，完整地揭示事实的真相；报纸是社会舆论的纸币，具有流通和中介作用；报纸具有连植物也具有的内在规律性。这些观点在今天对于我们正确认识新闻媒体与新闻传播规律依然具有指导意义。新闻编辑在新闻选择、版面处理中要注意和善于从总体上、本质上以及发展趋势上把握事实的本质，正确处理好新闻客观性与倾向性之间的关系，保持正确的传播立场。新闻的客观性是新闻的一种特性，新闻编辑要以客观事实作为新闻报道的依据，编辑的主观意图以及对事实的选择、解释和评论，只有与新闻事实的性质、特征及发展规律相符合，新闻报道才能取得预期的效果；同时，新闻编辑作为一种新闻实践活动又有倾向性，编辑人员的政治立场、价值观、伦理道德对内容生产有重要影响。新闻编辑要将新闻报道的客观性与倾向性相统一，既要尊重客观存在，准确报道新闻事实，又要善于用事实说话，以理服人，以情感人，提高新闻传播的有效性。

第四，加强舆论引导的责任意识，通过编辑业务的改革创新不断提高舆论引导能力。习近平2016年2月19日在党的新闻舆论工作座谈会上指出，新闻舆论工作各个方面、各个环节都要坚持正确舆论导向。各级党报党刊、电台电视台要讲导向，都市类报刊、新媒体也要讲导向；新闻报道要讲导向，副刊、专题节目、广告宣传也要讲导向；时政新闻要讲导向，娱乐类、社会类新闻也要讲导向；国内新闻报道要讲导向，国际新闻报道也要讲导向。他提出党的新闻舆论工作的职责和使命是"高举旗帜、引领导向，围绕中心、服务大局，团结人民、鼓舞士气，成风化人、凝心聚力，澄清谬误、明辨是非，联接中外、沟通世界"。在新闻编辑工作中，一方面要做好正面宣传报道，弘扬社会正气，倡导先进文化；另一方面要充分发挥新闻媒体的舆论监督作用，保障人民群众的知情权、参与权、表达权、监督权。无论是正面宣传还是批评性报道，编辑都要充分考虑报道的社会效果，以服务大局和有利于社会进步的建设性立场做好选题策划、内容把关以及与受众的交流互动，争取最佳传播效果。

第五，遵守新闻职业伦理道德，提高法律意识，加强自律，规范编辑行为。要正确处理个人利益与公共利益、媒体的社会效益与经济效益之间的关系，坚持把公共利益和社会效益放在首位。在社会主义市场经济环境中，我国的新闻媒体已经程度不等地进入了市场，从新闻媒体剥离出来单独经营的部分如发行、广告及其他经营活动，与具有意识形态属性的新闻产品的生产，事实上依然存在着非常紧密的联系。新闻编辑人员作为新闻内容生产的重要主体，在新闻处理、版面安排等具体操作中，经常面临个人利益与公共利益、媒体的社会效益与经济效益之间的矛盾。新闻编辑在面临利益冲突的时候，要自觉遵守新闻职业道德，严禁参与媒体的各类经营活动，不得利用发稿权、版面处置权为编辑个人或所在的媒体谋取私利，避免出现"变相广告""有偿新闻""有偿不闻""新闻敲诈"等不良和违法现象。在媒体的社会效益与经济效益发生冲突时，要坚持把社会效益放在首位。

第六，正确处理新闻传播的内容与形式之间的辩证关系，积极探索内容与形式相统一的新闻创新，不断改进传播效果。新闻报道中，内容是根本，形式为内容服务，同时又对内容具有制约作用，影响内容的传播效果。今天，传播技术发展使新闻表现形式不断突破：一方面推动新闻产品的创新速度不断加快，使新闻内容得到更好的表现；另一方面也出现了脱离内容需要片面追求形式的趋向，甚至为了吸引眼球而损害新闻的客观性和准确性，违背新闻传播的专业原则和规范。因此，新闻编辑要善于把握内容与形式的统一，既要保证内容的真实性，追求报道的深度、广度、信息含量以及对受众的针对性、贴近性、服务性，也要追求新闻表现形式的生动、新颖、活泼，努力运用新技术、新手段增强内容的吸引力，不断改进新闻产品的用户体验，以获得更好的传播效果。这也要求新闻编辑人员不断学习新技术、新知识，在业务实践中创新观念、内容、方法和手段，提高专业操作能力。

以上思考也是笔者写入教材绪论中的内容，几易其稿，最终得到诸多同行专家及其他学科评审专家的一致认同。教材的所有章节中也都贯穿了这样的基本立场和观点。我们在教材中提示使用者，新闻编辑工作的政治性与专业性都很强，要求编辑人员具备理论、知识、专业技能等多方面的素养。学习新闻编辑的基本方法，是将理论与实际相结合，在学习新闻编辑的基本原理和操作规范时，要特别注意结合新闻媒体的具体案例，运用马克思主义的立场、观点和方法，观察和分析新闻编辑实践中的各种现象和问题。通过理论与实际的结合，全面掌握新闻媒体的基本特点、工作流程和新闻编辑的基本原理与方法。

我们还提出，新闻编辑教学应特别注重将理论知识转化为实际操作能力，鼓励采用启发式教学、案例式教学、互动式教学及工作坊等多样化的教学方式，要求学生通过系统的学习和训练，能够设计编辑不同媒介的新闻产品，策划和组织新闻报道，完成新闻稿件的选择、加工、版面设计与制作等各项具体任务。因此，新闻编辑教学过程中必须安排一定量的课内外练习，组织相关的实验教学，帮助学生通过实际操作掌握新闻编辑的各种方法和技术。

同时，我们也认为，新闻编辑与技术变革密切相关。网络技术、数据技术、信息可视化技术等对新闻编辑业务的创新起到重要的推进作用。因此，学习新闻编辑必须重视对新技术的学习和运用。而科学技术发展迅速，教材编写受限于时间，难免有局限性，这就需要教学人员与学习者在使用教材的同时密切关注技术发展，自行学习和参与实践，完善自己的专业技术能力。这部教材即将在全国新闻院校中用于新闻编辑课程的教学，接受检验。我们期待着听取广大师生的宝贵意见和建议，以便对其进一步提高和完善，也促进新闻编辑这门核心专业课程的教学能够更加符合新闻实践发展与新闻人才培养的需要。

第七章 他山之石：国外新闻教育改革

传媒业的变迁与新闻教育改革，是全球的共同性现象。国外的新闻院校与中国一样，从 20 世纪末到 21 世纪初推出了一系列的改革举措，发生了很大的转变。本章基于对西方国家尤其是美国的新闻学院的调研和实地考察交流，讨论与分析其新闻教育改革的主要举措及其经验与问题。

一、新媒体环境下国外新闻教育的变化

前文中谈到，笔者在 2013 年组织中国人民大学新闻学院的一批青年教师对国内外重要新闻传播院系人才培养情况进行了调研，选择了中外几十所最有代表性的新闻传播学院，对其本科、硕士、博士人才培养思路、教学方案、管理运行机制进行调查，在此基础上讨论新的历史条件下新闻传播教育的改革动向。

这次调研作为中国人民大学新闻学院实践教学基地建设项目的子项目获得了北京市的资助，并得到了中国新闻教育学会的支持，作为学院与学会的合作项目取得国内外几十所新闻传播院系的支持和配合。国外调研部分主要以在国际上有一定影响力的重要新闻传播院系为对象，因其更能反映当今新闻传播教育的前沿与走向，更能为国内新闻传播教育改革提供思路借鉴。这些院系包括美国西北大学麦迪尔新闻学院、美国雪城大学纽豪斯公共传播学院、美国南加州大学安嫩伯格传播学院、美国哥伦比亚大学新闻学院、德国柏林自由大学新闻传播学院、瑞士苏黎世大学传播学与媒体研究学院、奥地利维也纳大学新闻传播学院等。由多个以青年教师为主的工作团队分头收集并梳理各学院的相关文献资料，通过电子邮件等方式对该学院的管理人员和任课教师进行书面访谈，完成半结构化的调研。在完成各学院的分报告的基础上，团队经过集体讨论研究，最终形成总报告。这篇报告 2014 年公开发表于《国际新闻界》，报告的结语中对国外新闻教育的变化与发展趋势做了以下概括：

本次调研发现，目前的媒体技术创新、新闻传播业界变革、全球化趋势不

断深入对新闻传播教育提出了新的要求，也给国外新闻传播院系带来了深刻挑战。为了应对变化，国外新闻传播院系积极调动各类资源，调整以为业界培养实践人才为目标的本科生教育与实践型硕士教育的培养目标、专业设置与课程安排。

调研发现，本科生与实践型硕士的培养目标可概括为六点：出色的多媒体叙事能力；懂调研且会使用数据；恪守新闻（传播）道德伦理规范、履行社会责任；具有批判思维；在新闻传播学科之外有所擅长；具备跨文化与国际传播能力。

新闻传播工作的细分程度越来越高，这也反映到了新闻传播院系的专业设置上。从世界范围来看，无论是新闻传播本科教育还是硕士教育，专业细分程度提高都成为一种趋势，以对接业界工作的各类职位。直观感受是项目种类越来越多。

从课程类别设置和内容安排上看，国外新闻传播院系强调基础专业课的重要性，同时为学生提供了丰富的、与业界接轨的专业和课程选择。课堂内强调以实践促学习，课堂外用实习深化课堂学习成果。

为推动教学改革，国外新闻传播院系密切与业界合作，为学生创造实践、实习、开阔眼界的机会。在经费允许的条件下，国外新闻传播院系在软硬件设施上尽可能为学生提供与业界接轨的实验室、演播室、拍摄设备及后期制作设备。

同时也可发现，国外新闻传播院系的调整过程本身并不顺利。对美国的调查显示，有超过一半的院系表示课程调整与改革遇到一定阻力，主要包括师资引进与现有教师队伍抵制，但也并非无法克服。但是，如若不能适应变化，则会出现学生流失，重者出现生存危机。

除了上述调研，通过对更大范围的国外新闻院校的关注，我们还发现，随着新媒体新技术的发展，媒介融合转型拓宽了媒体工作的外延，越来越多的技术部门和社会学科被卷入其中。在美国等西方国家，综合类的高校运用自身的其他热门学科优势，展开院级合作，跨学科的研究成果不断涌现，新闻传播学相关研究也得到其他专业相关材料的参考与支撑。此外，媒介融合加快了传媒领域的知识更新频率，作为有着经济发展压力的新闻媒体机构，需要投入越来越多的经费与精力，才能保持其对于最新局面的认识与掌控，于是与高校合作成了一项有益的选择。这样的合作可以借助高校优势，在缓解企业自身研发压力的同时了解员工的优势与劣势，有针对性地设计培训课程，缩短入职培训时间，保证机构高速顺畅地运行。

从国外新闻教育的具体实例来看，一些新的趋势正在形成，新的教学单位与研究机构的组成方式初见萌芽，高校间的联合与社会资金的进一步卷入也成为另一种发展思路。新闻教育发展又呈现出了全新态势。

（一）教学单位与研究机构的结合新方式

日本有一个值得关注的个案。20世纪日本没有专门的新闻学院，采取的是高等教育与媒体机构内部培训双轨并行的新闻教育模式。在这样的模式中，高等教育同机构培训之间保持着若即若离的平衡。高等教育"在产学协同的同时，保持两种教育哲学观点的相对平衡，既要融合媒体内部记者培训方式，又要尊重学术文化传统的独立"[①]。其中，以东京大学为代表的部分高校提出了"社会信息学"的概念，契合了媒介融合时代的新要求，也为新闻教育拓宽了思路。在"社会信息学"这一概念的统领下，文化、社会、技术、经济、政治、媒体以及伦理问题在信息传递部分被通盘考虑，新的研究领域的分类方式得以形成。

在中文里，所谓的"社会信息学"指向了两个概念。其一，1996年诞生于美国，被称为 Social Informatics，指的是一个以计算机化的社会为研究对象的新领域，研究内容包括"信息技术在社会和组织变化中的作用，以及社会的组织和实践对信息技术发展的影响"[②]。这一定义对我国的情报学与计算机研究产生了较大的影响。与之相对应，来自日本东京大学的社会信息学概念脱胎于新闻传播学研究，对我国新闻教育的影响更为直接。

东京大学新闻研究所成立于1949年5月，随着研究领域的变迁，不断加入大众传播历史部门、舆论与宣传部门、电视部门、信息社会部门等，1994年更名为"社会信息综合研究所"。社会信息综合研究所所长滨田纯一将"社会信息"定义为人类在社会运作中出现的信息，即作为社会的基本因素的个人或组织所生产、处理、积蓄、使用，同时在这些个人或组织之间流通的信息。而"社会信息学"就是以此为对象的研究，滨田同时强调："涉及社会信息的研究，不是个别的、片段的，而是将其与现代社会的全体信息现象连接起来研究（研究对象的综合性），同时，与研究对象的广泛性相适应，超越传统的学术领域框

---

① 马嘉. 学术与职业：日本高等新闻教育研究[M]. 北京：人民出版社，2009：228.
② 郑海燕. 社会信息学：一个新兴的跨学科研究领域[J]. 国外社会科学，2000（3）：13.

架,采用综合的、跨学科的研究方法(研究方法的综合性)。"①

新的研究领域,衍生出了新的研究机构架构,同时,这一架构又关系到新的教育内容与教育形式。

2004年研究所与计算机学科等院系合并,"信息学环-学际信息学府"这一全新形式的研究教学机构成立。其中"信息学环"是由教员与研究人员组成的流动性跨学科研究小组,而"学际信息学府"则是教育组织,向学府中的学生提供交叉学科的研究生教育。东京大学的学际信息学府向学生提供三类课程,分别是"学际数理信息学课程""文化与人类信息学课程""社会信息学课程"②(见图7-1)。信息学环中的研究人员成为学府中的教员,共同组织课堂为学生提供交叉各学科内容的综合性知识,而他们的研究领域,除了新闻传播学以外,还包含了计算机科学、政治学、历史学甚至是医学、灾害情报、环境设计等,这些涉足不同研究领域的专家根据具体研究内容的不同,组成临时性的课题小组,完成相应课题。

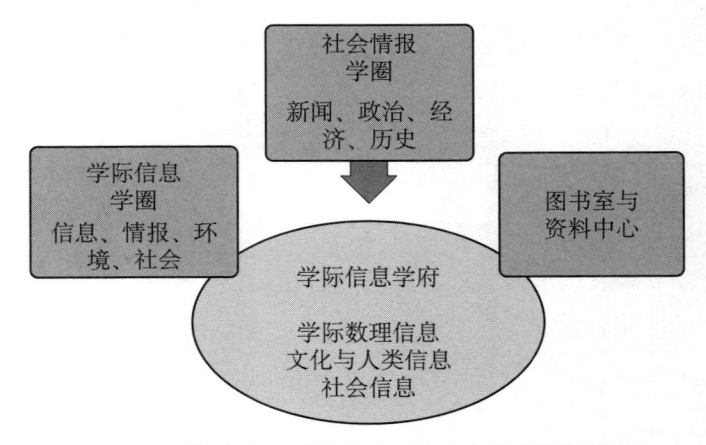

图7-1 "信息学环-学际信息学府"机构设置示意图

研究者发现,这样的高等教育形态不同以往,显得更加灵活,贴近实际问题。在媒介融合渗透进入每一个生活角落的今天,新闻传播活动往往是和一些具体话题联系在一起的,方兴未艾的环境传播、健康传播等问题都是在有一定具体领域研究成果的基础上,进一步探讨新闻传播活动在其中所起到的作用。而从新闻工作方面,越来越多的媒体对自己员工的学科背景提出了新的要求。

---

① 滨田纯一."社会信息学"综述[J].国际新闻界,1999(1):28.
② 吴信训,张咏华,沈荟.国际新闻传播名校教育镜鉴[M].上海:上海三联书店,2010:13.

随着媒介融合后受众市场的细分，越来越多专家通过社交媒体掌握了更为便捷的发声渠道，新闻媒体想要保持自身新闻产品的竞争力，从业者就需要拥有更为专业、更具特色的信息采集能力，而来自高校的社会信息学教育提供了这样的培养途径①。

这一潮流在日本得到多数高校的认同。1997 年，日本社会信息学会（the Japan Society for Socio-Information Studies）成立，总部设于札幌。

（二）校际联合的教学与实习计划

2005 年，卡耐基基金会和奈特基金会共同开启了"未来新闻教育计划"，这一计划以复兴新闻教育为口号，以培养未来新闻业的领袖为目的，以充实课程内容、拓展实习活动和研究数字报道为主要内容。计划从美国五所顶尖的学院为起点，它们包括哈佛大学"琼-肖仁斯坦（Joan Shorenstein）新闻、政治与公共政策研究中心"、哥伦比亚大学新闻学院、加州大学伯克利分校新闻学院、南加州大学安嫩伯格传播学院和西北大学麦迪尔新闻学院。这项为期六年的计划，最终高校增至 11 所②（见图 7-2）。

2005年	2006年	2008年
·哈佛大学 ·哥伦比亚大学 ·加州大学伯克利分校 ·南加州大学 ·西北大学	·得克萨斯大学奥斯丁分校 ·马里兰大学 ·雪城大学 ·密苏里大学	·亚利桑那州立大学 ·北卡罗来纳大学教堂山分校

图 7-2　"未来新闻教育计划"成员统计图示③

这项计划开启了一种高校新闻教育新模式，更多的社会资源被卷入其中，各高校之间出现了更多的合作与交流，共同应对新的媒介环境成为主题。

"未来新闻教育计划"的起点，是名为《改进未来新闻工作者的教育》的报告。卡耐基基金会在 2004 年委托麦肯锡咨询公司（Mckinsey and Company）就

---

① 罗雪蕾．坚守与改变：媒介融合时代下的新闻教育研究［D］．北京：中国人民大学，2013．
② 冯佳．美国新闻学院的课程创新：以"卡耐基-奈特未来新闻教育计划"为例［J］．新闻传播，2011（5）：168．
③ 黄瑚，励嘉．面向未来的美国新闻教育改革尝试［J］．新闻大学，2009（2）：50-51．

"通过发展新闻事业来加强美国国家民主"这一主旨做出调研,而这家创立于1926年的知名咨询公司对40位最著名的传媒领导人进行了访谈,这些人分别来自报纸、广播电视与网络三个领域,工作范围涉及行政主管、资深编辑、知名记者与主持人。在最后的报告中,麦肯锡公司指出:

  应该教授采访写作的技能、准确抓住事实的能力;

  应该加强学生的新闻判断能力和分析能力,让他们能够区分事实和观点、能够正确地利用数据进行统计;

  应该加强学生专业领域的知识和外语能力(比如中文、阿拉伯语);

  传媒业领导人表达了业界对人才的渴求,他们希望大学能够培养并选拔最好的作家、最具好奇心的记者以及最优秀的分析师进入传媒行业。①

其后,奈特基金会加入其中,同卡耐基基金会着手组织高校间的联合计划。它们负责启动资金,说服全美五所顶尖新闻院校加入其中,并设立"卡耐基-奈特特别小组"(Carnegie-Knight Task Force),为高校学者提供一个发言平台,通过他们就社会重大事件发表的言论与探讨,从而对新闻教育和新闻领域产生影响。

而加入该计划的高校,除了致力于打通本校各院系间的教学资源,为新闻教育提供更为宽广的知识平台以外,还组织了全国范围的联合实习项目"21世纪摇篮"(News 21 Incubators)。这一实习项目以"重新定义新闻学"为口号,打破了高校间的界限,以一定的专题为主线,组织来自不同学校的学生在社会媒体的帮助下完成一个国家重大话题深度报道的某一个或者几个领域。每年将由一位来自业界的资深媒体人担任"全国协调人"的角色,为这一全国范围历时一年的报道工作统筹协调。如,在计划开展的第一年,这一实习项目完成了主题为"自由与民主"的深度报道。其中,加州大学伯克利分校负责美国海外驻军情况的调查报道,哥伦比亚大学报道了美国国土安全的相关内容,还有两所高校的报道重点分别为当今时代的隐私安全和后"9·11"时代的移民问题,这四个部分相互配合,构成了一篇内容翔实、形式丰富的报道,并最终以网站形式呈现。

这一实习项目在"未来新闻教育计划"结束之后仍得以继续,报道内容分

---

① 陈昌凤. 中美新闻教育传承与流变[M]. 北京:中国广播电视出版社,2006:47.

为"学校计划"和"国家计划"两个部分，前者为新增部分，指的是对某一高校单独完成的区域性报道策划的资助。2012年，他们的报道主题为"谁能投票"（Who Can Vote）？，相较前述的报道，手段更为丰富，六个部分的报道中，两个部分运用了视频，互动内容出现在网站中，关于投票的图片相册、历史介绍、技术阐释和电子书推荐也提供了链接。此外，未参加这一计划的高校也被允许申请加入该实习项目，项目为高校提供完整的工作流程指导、社会资源分享以及教学成果衡量标准。

"未来新闻教育计划"体现了美国新闻教育界对于媒介融合的思考和应对。在这个计划中，来自美国的顶尖高校新闻院系对其新闻教育内容进行了深入审视和反省，根据各自的不同条件做出调整，并共同完成了一些卓越的实习与教学项目，其经验在卡耐基基金会、奈特基金会这样的社会组织的帮助下，得以在全国范围内推广。

有研究者发现，尽管这些院校加入"计划"的时间不尽相同，办学指导理念、办学规模、学位层次、主要的创新型项目设计也各有侧重，但这些院校的课程改革仍然体现出了一些共同的主题。

第一，改革将数字化与知识新闻紧密结合。卡耐基基金会主要关注"以知识为基础的新闻"，即希望从大学的学术和知识基础中获得发展更为深刻和更有活力的新闻的动力；奈特基金会最初的重点在于新闻的数字化转型。因此，学校教授新闻创业课程时，会把数字化与知识新闻结合起来，给更多的新闻专业学生讲授商业的相关知识。业界曾经表示担心新闻教育无法既教授数字转型的相关知识，又教授以知识为基础的新闻；而通过这些学院的改革可以看到，这两者的结合是可能的。

第二，大学校长参与和支持。卡耐基基金会主席格雷戈里恩本人曾经做过大学的校长，他认为大学校长对项目的支持和参与对于课程改革的成功尤为重要，因为只有这样，改革的行为才能获得合法性，新闻学院才能在学校获得更好的声誉。虽然有的项目已经获得了其所在大学相当可观的财政支持，比如哥伦比亚大学和西北大学，但在其他很多学院，这种要求具有开启时代的意义。很多新闻学院的院长表示，所在大学校长的参与是无价的，甚至是"革命性"的。虽然"行动"要求这种支持以资金的具体形式呈现，但伴随这种支持而来的，是大学管理层的关注和尊重。

第三，设定与时俱进的改革路径。所有11所"行动"参与院校都以自己的方式进行了课程改革。比如哥伦比亚大学新闻学院开办了全新的文科硕士项目；马里兰大学新闻学院创办了研讨课，用于拓展学生特定领域的专业知识；密苏里大学新闻学院的方法是以艺术为基础开设新课程。在推进过程中，每所新闻学院都能真诚地总结教训并及时做出相应的调整。内布拉斯加大学的改革措施是充分利用其在美国土著遗产方面的地理优势，但是鉴于对最初试验性措施结果的评估，学院及时调整了改革初期的设计。在南加州大学，改革最初的设计是针对已经从业的记者提供专业报道项目，但随着项目的推进，学院发现有些兴趣话题更适合尚未入行但即将从业的学生[①]。

（三）探索"创业"教育

新媒体环境下，传统媒体因难以适应日新月异的技术变化而式微，市场化新媒体异军突起，迎来更大的发展空间。部分学者认为，新闻教育需要与商业、技术更加紧密地结合起来，用创新带动新闻盈利和新闻业的持续发展，"创业新闻"和"创业型记者"成为新闻教育改革的新话题。美国陶-奈特企业新闻学中心（Tow-Knight Center for Entrepreneurial Journalism）积极支持关于新闻学经济转型和新闻学新商务模式的研究，致力于通过教育、研究和孵化构建可持续、高质量的新闻学未来[②]。它与纽约市立大学合作开设了"创业新闻"硕士项目，课程聚焦于传媒经营与管理、新闻商业模式创新等，学制由 18 个月增加到 24 个月，还为学生提供在纽约创业公司做学徒的机会[③]。美国陶氏基金会资助哥伦比亚大学数字新闻研究中心，设计与发布关于数字报道的创新方法。纽约大学与威斯敏斯特大学为学生开设了创业新闻课程，内容包括创意多媒体新闻、创建新闻中的企业文化等[④]。麻省理工学院"未来公民媒体中心"关注媒介技术进步带给社会文化的潜在改变，并为"创业新闻"提供技术交流、创新和拓展的平台[⑤]。

受西方新闻教育改革的影响，我国港台地区的一些高校也在开展此类探索。如香港中文大学新闻与传播学院的新媒体理学硕士课程为学生提供"新媒体创

---

① 张大森. 互联网影响下美国新闻教育的改革趋向研究 [D]. 北京：中国人民大学，2017.
② 贺明华. 美国新闻教育附属医院模式及其启示 [J]. 编辑之友，2015 (2)：102 - 106.
③ Entrepreneurial Journalism at CUNY [EB/OL]. （2017 - 10 - 18）[2018 - 12 - 08]. http：//stoweboyd. com/post/1215964712/entrepreneurial-journalism.
④ 戴佳, 史安斌. "国际新闻"与"全球新闻"概念之辨：兼论国际新闻传播人才培养模式创新 [J]. 清华大学学报（哲学社会科学版），2014 (1)：42 - 52.
⑤ MIT Center for Civic Media [EB/OL]. [2017 - 10 - 18]. http：//civic. mit. edu/.

业"选修课。台湾政治大学传播学院为硕士开设选修课"制程管理媒介创新与创业"。辅仁大学传播学院提出进一步增进产学合作，如举办微型创业工作坊，开设"传播微型创业"课程，并尝试与辅仁大学管理学院合作，共同发展传播类的社会企业①。香港浸会大学开设了面向本科生的自媒体创业课程，内容包括记者的工作、如何在香港及外地建立一个新闻传媒、融资渠道、找寻合作伙伴、自我推销、新闻专业训练、伦理法规等，课程目标是帮助学生开办一个小型新闻自媒体平台。

国外新闻教育中的这类项目也得到了内地新闻教育界的关注和研究，有学者认为，"新闻教育向创新和创业所做的变革，有利于缓解当代记者，尤其是传统媒体记者所面临的经济收入压力和身份焦虑，也更能够让他们在相对自由和宽松的环境下，坚持其新闻专业主义"②。当然，这类创业项目的实际效果还都有待于时间的检验，但这种教育改革的举措无疑是有现实意义的。

（四）美国新闻教育改革的共性特征

美国新闻院校改革的具体措施虽然千差万别，但仍然体现出了一些共同的特征。

第一，将数字化和移动互联网作为最主要的发力点。具体体现在以下方面：一方面将大数据技术、移动互联网技术等作为教学的工具，如建立实习网站、多媒体工作站，这要求学院的教师团队有较强的技术应用能力；另一方面，开设大量技术类课程，很多学院增设了"数据新闻""移动互联网"等专业课程，相应地在学院层面就要扩充师资，聘请具有技术背景的教师补充到以新闻专业为主的教师队伍中来。

第二，以跨学科作为人才培养的重要目标。几乎所有学院的创新课程设计都有新闻学院、新闻专业以外的教师参与，这种跨学科团队合作被大多数参与机构视为加深学生专业知识理解、加强知识储备的最有效途径。与以往的"跨学科"路径不同，近年来，美国新闻院校不仅注重为学生提供多元的学科背景，而且非常注重这种多元知识结构在新闻工作中的应用。

第三，突出培养学生的批判性思维能力。在教学过程中，确定一个报道任

---

① 张迪. 媒体变革背景下的海外新闻传播教育现状与发展趋势 [J]. 国际新闻界，2014（4）：158-169.
② 陈俊峰. 从专业化危机谈新闻教育的创新及创业模式 [J]. 新闻界，2016（6）：34-39.

务的专业领域,有助于学生调动专业知识,提高他们的批判性思维能力。掌握一个专题或专业的相关知识会促使学生详细审查言论、立场以及信息源的真实性。有学者认为,"无论是多学科的知识体系,还是跨平台的媒体技能,其最终目标都是要让学生从中获得一种寻找'不同'的能力,一种超越现有的能力"①。

二、个案调研:美国密苏里大学新闻学院的教育改革

2005年春天和2013年冬季,笔者两次到美国密苏里大学新闻学院进行调研,并对该学院的院长、副院长及多位教授进行了深度访谈,以期了解这所世界上历史最悠久的著名新闻学院在新媒体时代是如何做出应对和调整的。

1908年9月,卫廉士在密苏里大学创办了新闻学院,不仅开启了在大学校园中培养职业记者的专业教育,而且将这种教育理念传递到了世界其他国家和地区,包括中国。密苏里大学新闻学院在当地组织召开过世界新闻大会(World Press Congress),卫廉士写的"记者信条"(Journalist's Creed)被用青铜装饰在位于华盛顿的美国全国新闻俱乐部(National Press Club)的墙上。

密苏里大学新闻学院引以为自豪的不仅是它悠久的历史,还有在美国新闻教育界规模最大的师资队伍、以真正的新闻媒体营造出来的教学实验条件、国际化的教学项目和对外合作项目、与美国新闻媒体的广泛联系和合作……在密苏里大学新闻学院,我们听到最多的也最感兴趣的是密苏里方法(the Missouri Method)。

(一)"密苏里方法"的培养目标

什么是"密苏里方法"?密苏里大学新闻学院在自己的网站上这样描述:

> 密苏里方法,是依据这样一个主张,即学生通过新闻实践学到更多的知识,而不是仅仅谈论这个职业。这是密苏里大学新闻学院的基石。尽管很少有其他学校这样让学生获得新闻方面的第一手经验,但我们相信这种方式已经被证明是最好的为学生进入现实世界做准备的方式。

"密苏里方法"体现的其实是密苏里大学新闻学院的办学思想,而这种思想是由这所学院的人才培养目标决定的。该院拥有最齐全的新闻教育项目,从本

---

① 张大森. 互联网影响下美国新闻教育的改革趋向研究 [D]. 北京:中国人民大学,2017.

科到研究生（硕士、博士）层次俱全，而且全部贯穿着强调新闻媒介实践、为媒体培养专业人员的精髓。2005 年我们第一次调研时，看到本科的专业方向共有五个：新闻-社论（News-Editorial）、杂志（Magazine）、新闻摄影（Photojournalism）、广播新闻（Broadcast News）和广告/策略传播（Advertising/Strategic Communication）。在这五种专业中，还更具体地提供一些领域的专门方向（specializations），包括互联网新闻、计算机辅助报道（Computer-Assisted Reporting）、文字编辑（Copyediting）、电视制作和广告设计等。

硕士研究生教育有两年制与"4＋1"两类，此外还有在线教育模式（online models）。两年制的硕士生项目专业方向分得很细，有 16 种：广告（Advertising）、广播新闻、设计（Design）、编辑（Editing）、环境报道（Environmental Reporting）、国际传播（International）、杂志设计（Magazine Design）、杂志编辑（Magazine Editing）、杂志写作（Magazine Writing）、媒体管理（Media Management）、新媒体（New Media）、新媒体和社会（News Media and Society）、新闻摄影、公共政策新闻（Public Policy Journalism）、报道/写作（Reporting/Writing）、策略传播。"4＋1"即五年的学士/硕士项目是为密苏里大学新闻学院的本科生本硕连读而设的，专业方向分 9 种：广播管理（Broadcast Management）、深度公共事务报道（In-Depth Public Affairs Reporting）、杂志设计、杂志编辑、杂志写作、计算机辅助报道、报纸设计（Newspaper Design）、艺术和娱乐评论和报道（Reviewing and Reporting on the Arts and Entertainment）、策略传播。

2005 年笔者访问该学院时，迪恩·米尔斯（Dean Mills）院长介绍说："今年 9 月将会有一个新的媒介融合的专业。我们开设网络新闻这样的课程有一段时间了，但这是我们第一次提供一个媒介融合的专业方向。本科生毕业后拿的是新闻学学士（B. J.），研究生拿的是新闻学硕士（M. J.）。"为什么要开设这个新专业？分管教学的副院长布赖恩·布鲁克斯（Brian S. Brooks）教授说："我们看到现在美国对记者编辑的要求有新的变化，需要培训一些技能融合的记者编辑。我去了堪萨斯城的一家重要报纸，他们说希望招聘的记者能够报道超级碗杯（Superbowl）体育盛会，先给报纸写个报道，再给网络写个不同的报道，还能为网络做一些视频、音频的节目。我们从没有训练过这样的学生，因为过去总是培养报纸记者、杂志记者，现在需要培养跨媒体的记者了。我们要设立一个将各种媒体技能融合在一起专业方向，来培养这样的人才。"这位副院长还提到他很感兴趣的另一个相关话题:"手机作为一种媒体,在亚洲和欧洲越来越多的手机可以用某些软件使用视频和音频及文字文件,而且是高速的,这样就可以改变新闻的传输方式。人们也会更多地采用这种方式消费新闻,因为这是一个移动的社会,大家从一个城市到另外一个城市旅行,需要及时、高效地获得新闻。我们应该能解决这个问题,这也是如何让文字、视频和音频之间动态发展的一个问题。我们认为人们无论何时、何地需要新闻,都应该能获取。我们的挑战是如何让这一切实现。新闻业应转变自身,更加有效地运转并能跟上时代的发展。"他还提到在和我们交流后的那一周他本人就要去欧洲进行这方面的考察。

密苏里大学新闻学院的博士生项目主要有五个专业方向:大众传播理论(Mass Communication Theory)、历史(History)、政治传播(Political Communication)、法律和道德(Law and Ethics)、媒体和社会(Media and Society)。博士生录取除了与其他大学的传播学博士生录取有一些相同的要求外,非常特别的一点是强调新闻工作背景,要求申请人至少应该有两年全职的专业媒体或者策略传播方面的工作经验,在大学教书还不能算在内。

我们知道,密苏里大学还有一个与新闻学院并列的传播学院。而在美国,新闻教育与传播教育的关系也一直是一个引发争议的话题。在与米尔斯院长交谈时,我们提出了这个问题。他的回答是:"传播学和新闻学的区别,这很容易混淆,回答这个问题不容易。有些新闻学院称自己为传播学院,例如宾夕法尼亚州立大学(Pennsylvania State University)就是这样,但他们的项目和我们几乎一样。有些地方仅仅是使用不同的名字,但是教学内容是一样的。新闻学院更传统些,强调新闻的专业性和对社会的服务。这也是我们的项目包括了广告学的原因。事实上,大多数中西部的公立大学有一种传统,就像我们的学院最早成立时是为那些乡村报纸(country newspapers)服务的,为那些周报或小型日报的发行人服务的,这样我们的学生必须接受广告和编辑两方面的训练,因为在小型报纸中,大家都是多面手。"在他的办公室墙上,我们看到一幅古老的图画,他说那是一位插图画家为新闻学院20英里以外的一家小型报纸画的,描绘了当时报社中的出版流程。

布鲁克斯副院长在和我们交流时也谈到了专业设置的问题:"我们学院的首任院长卫廉士感到应该在新闻学院教授广告。记者了解广告是非常重要的,因为我们的媒体是靠广告收入在给记者发工资。同时他也感到让广告人员了解新闻也是重要的，比如有什么限制，怎样将新闻和广告分开。这就是密苏里的一个传统。美国不同地区的新闻学校的做法不同，有些把广告专业放在商学院。但是在新闻学院开设广告课在美国并不是不寻常的，而是经常这样安排的。我们喜欢这样，也不会改变这种安排，认为这样是可行的。"

广告专业是否应该办在新闻学院？是否适合作为本科专业来设置？这是一个一直引发争议的问题，迄今为止还没有在美国教育界达成共识。

（二）"密苏里方法"的基本框架

"密苏里方法"作为培养应用型新闻人才的一种办学模式，其基本内容包括哪些方面？以我们的调查和研究，这种模式的基本框架是由三大体系构成的：一是课程体系，即围绕培养目标对课程内容及教学方法的设计；二是实践体系，即为学生的业务实践提供条件和环境；三是支撑体系，包括最重要的人力支撑——师资队伍、设备支撑——图书馆、实验室及其他教学服务设施，甚至还包括为教学提供支持的媒体关系资源等等。

作为一个从本科到博士研究生教育都齐全的新闻学院，如何在教学内容和方法的设计上既区分不同的层次，又使各层次之间有延续和递进的内在联系性？这是我们最关注的一个问题。

密苏里大学新闻学院每年招收将近1 000名学生，其中800名是本科生。新闻本科教育授予的是文科（liberal arts）学位，只有25％的课程是新闻专业课程，75％是其他课程，包括历史、政治学、科学等等。

硕士学位教育与本科教育以人文社会科学基础课程为主不同，主要强调新闻专业理论与实践教学。两年制的学生可以通过选择16种课程模型之一来设计自己的研究生学业。16种课程模型即我们前面所说的16种专业方向，每个方向有一套课程设计模型。4＋1项目的学生也同样根据其9种不同的专业方向选择9种模型之一。所有的模型都有类似之处，如都包括几乎相同的核心课程，都有做毕业论文或项目所必修的"顶峰体验"（the Capstone Experience）课程。这里侧重分析一下硕士生课程的四个组成部分：

一是项目核心（program core）课程，主要包括面向所有专业方向的大众媒体讨论会和媒体研究方法课程。学生可根据自己的背景和专业方向，在传播法、大众媒体历史、新闻哲学等这些课程中选修一门。没有新闻经验的学生，还需要增加新闻和编辑的必修实习课。

不同专业模式的项目核心课程略有不同。比如国际传播方向的项目核心课程包括新闻实习课（News Practicum）、大众媒体讨论会（Mass Media Seminar）、定量方法研究（Quantitative Research Methods）或者定性方法研究（Qualitative Research Methods），再加上从传播法、大众媒体历史、新闻哲学等这些课程中选修一门课程。这些项目核心课程共 9 学分（注：实习课不计学分）。版面设计、编辑、杂志设计、杂志编辑、杂志写作、新闻摄影和报道/写作等方向的项目核心课程和学分要求是一样的，但广告方向和策略传播方向的项目核心课程则不同了，学生不修新闻实习课，但是多修一门策略传播原则（Principles of Strategic Communication），所要修的核心课程共计 12 学分。广播新闻、媒体管理、新媒体等其他方向的核心课程设置也不同。看来密苏里大学新闻学院的硕士生课程设置是十分细化和灵活的。

二是专业方向核心课程，对于有特别兴趣的学生来说，可以同学生的导师一起设计个人化的课程，但要获得系主任和研究生部副主任的批准。同项目核心课程大部分相一致不同，专业方向核心课程充分体现了各自领域的特色，让学生真正学到专业领域的知识。如杂志设计方向的专业方向核心课程包括：3 学分的高级报纸设计和编辑（Advanced Newspaper Design and Editing）或者信息图表（Information Graphics），1 学分的新媒体基本知识（或者相当的课程）[New Media Basics（or equivalent）]，3 学分的杂志设计，3 学分的杂志编辑，3 学分的高级杂志设计（Advanced Magazine Design），这样总共必修的学分是 13 学分。而其他专业方向的核心课程要求学分数也各不一样，少的如媒体管理方向 12 学分，多的如广告方向 15 学分，课程设计各异。

三是选修课，所有专业方向的选修课程都要求 6 个学分，有些专业方向还鼓励学生到院外选修这些课程，比如媒体管理方向就要求选修课中至少一半到商学院去上。不同专业提供的选修课门数也不相同，例如广告方向有 8 门，包括策略写作Ⅱ（Strategic Writing Ⅱ）、高级媒体营销（Advanced Media Sales）、策略设计和视觉效果Ⅱ（Strategic Design and Visuals Ⅱ）、广播业的广告（Broadcasting Advertising）、策略传播管理（Management of Strategic Communication）、公共关系（Public Relations）、策略传播研究Ⅰ（Strategic Communication Research Ⅰ）、社区报纸（the Community Newspaper）等，每门都是 3 学分。而杂志设计方向的选修课可以挑选的课程有 22 门之多。

四是"顶峰体验"课程，所有专业方向的要求都一样，学生可以选择做专业项目或者写学术论文，都是 10 个学分。选择写论文的学生，要修新闻学研究

(Research in Journalism)课程，9学分，外加硕士论文讨论会（M. A. Thesis Seminar），1学分。做专业项目的学生，要上硕士项目讨论会（M. A. Project Seminar），1学分，再针对新闻专业领域的问题做项目，9学分。

布鲁克斯副院长介绍说："大约有75%的学生会选择做专业项目，因为他们不会去读博士学位，而是到新闻媒体工作，他们希望能更好地练习自己的技能，并把目标放在一些专业领域，如深度报道、科技新闻、健康新闻等方向。大约另外25%的学生会写论文，其中有些学生会继续攻读博士学位，写论文对申请读博士学位来说是必需的。"据介绍，该院学生已经做出来的硕士专业项目种类繁多，如担任《Vox》（一份由学习杂志方向的学生正式出版的城市周刊）的编辑、建立网站、研究财富500强公司、研究新闻广播机构和非营利组织之间的关系等。

米尔斯院长强调说："我们两年制的新闻学研究生项目，不少学生大部分的课程都是选新闻学院的，只有两三门课是外院的，同本科的跨学院教育不太一样。我们有的学生本科是学文科的，但不是新闻，有的二十五六岁的年轻人在一些小报纸和电视台工作了几年，想提高自己，获得更好的工作，也来到密苏里大学新闻学院深造。我们还有很多的国际合作项目，大约15%的学生会去国外学习。他们不需要学第二外语，虽然我们鼓励他们这样，但是美国人学习外语不太在行，幸运或者不幸运的是，他们到国外学习的地方都是用英文教学的，例如欧盟的一些国家、新加坡等。"

值得一提的是，密苏里大学新闻学院的课程和其他美国高校一样是分级的，级别在100以下的课程不能给研究生学分。硕士生最少要完成37个学分，其中半数以上的课程是在400以上水平的。级别为300水平的业务课程兼收本科生和硕士生，如我们在调研期间旁听了一门"广播电视新闻"课，在一间多媒体大教室中上，听课的36名学生中有一小半是广播电视方向的硕士生。教这门课的格里利·凯尔（Greeley Kyle）教授告诉我们，虽然讲授的内容一样，但对本科生与硕士生的要求是不同的，硕士生除了要和本科生一样在一学期中完成15个电视新闻报道，还要阅读一些电视新闻方面的专著，并写出一篇分析电视新闻报道的论文。教业务课的达里尔·莫恩（Daryl Moen）教授说，他负责的版面设计课、新闻报道课、新闻编辑课，也是本科生和硕士生在一起上的。"但研究生必须做额外的作业。在设计课上，他们负责整个版面，这样就能训练管理才能；他们还被要求研究其他报纸是怎么做的，这样可以更好地决定我们的报纸应该做什么。"

和硕士生课程设置一样，密苏里大学新闻学院的博士生课程也根据每个专业方向设计了指导性的样本，但学生可以在导师和委员会的建议下设计自己的课程。大众传播学理论和研究方法课是所有方向的博士生必修的核心课程，有不少专业选修课程要到其他学院去上。这里列举媒体和社会方向的课程设计样本如下：

大众传播学理论课程：

新闻学院博士研讨会一（Jour Doctoral Proseminar Ⅰ）（3学分）

新闻学院博士研讨会二（Jour Doctoral Proseminar Ⅱ）（3学分）

新闻学院博士研讨会（Jour Doctoral Seminar）（3学分）

新闻学院博士科研研讨会（Jour Doctoral Research Seminar）（4学分）

新闻学院大众传播理论（Jour Theory of Mass Communication）（3学分）

新闻学院高级研讨会：传播理论（Jour Advanced Seminar：Theory of Communication）（2学分）

研究方法课程：

人类学系民族志方法一（Anthro Ethnographic Methods Ⅰ）（3学分）

传播学院定量方法研讨会（Comm Seminar in Quantitative Methods in Communication）（3学分）

新闻学院高级研究方法（Jour Advanced Research Methods（3学分）

教育研究定量方法一（Ed & Coun Psych Quantitative Methods in Educational Research Ⅰ）（3学分）

教育研究定量方法二（3）（Ed & Coun Psych Quantitative Methods in Educational Research Ⅱ）（3学分）

大众媒体和社会课程：

传播学院大众传播理论研讨会（Comm Seminar in Mass Communication Theory）（3学分）

传播学院传播理论问题（Comm Ethical Issues in Communications）（3学分）

新闻学院科学、社会和新媒体（Jour Science，Society & New Media）（3学分）

心理学课程：

心理学系性格学理论（Psych Theories of Personality）（3学分）

心理学系高级变态心理学（Psych Advanced Abnormal Psychology）（3 学分）

高级人类知识（Ed & Coun Psych Advanced Human Learning）（3 学分）

心理学系女性心理学（Psych Psychology of Women）（3 学分）

性别和种族课程：

历史学系 20 世纪的美国（Hist America in the 20th Century）（3 学分）

历史学系性别、种族和阶级阅读（Hist Readings in Gender, Race & Class）（3 学分）

女性学系性别、意识形态和媒体（Wmn St Gender, Ideology & Media）（3 学分）

法律问题课程：

新闻学院传播法研讨会（Jour Seminar in Communications Law）（3 学分）

新闻学院信息控制（Jour Controls of Information）（3 学分）

博士生通常要读五年时间，修完不少于 72 学分，完成毕业论文并通过答辩，才能获得哲学博士学位。米尔斯院长说，学院现在有 38 名博士生，每年招收 5 名到 10 名，主要根据每年有多少资金来决定。

从课程设置看，密苏里大学新闻学院能够将本科和研究生教育的层次拉开，本科教育立足于拓宽人文社会科学基础、培养通用型的新闻传播人才，硕士生教育立足于强化专业训练、培养高层次的媒体专业人才，而博士生教育则依托学院的新闻学专业优势和其他相关学科合作，培养新闻传播的科研教学型人才。

我们认为，"密苏里方法"中最难以为人"复制"的部分是实践体系和支撑体系。在美国，有不少新闻传播学院的课程体系与密苏里大学新闻学院的相似，但却没有哪一所学院能在这两大体系上与其并驾齐驱。

密苏里大学新闻学院在自己的网站上如数家珍般列举了下列事实：

新闻学院在密苏里大学主校园有五栋建筑，它们是 Neff 楼、卫廉士楼、Neff 附属建筑楼（Annex）、Gannett 楼和 Lee Hills 楼。除此之外，在哥伦比亚南面数英里之外，KOMU（注：由密苏里大学新闻学院主办的当地电视台）还拥有一个大型建筑设施，离州府杰斐逊城很方便。

Frank Lee Martin 新闻图书馆约有 50 000 册藏书、167 种期刊、41 种

国内日报和18种国际报纸，并且提供主要网上数据库的接入。这是全世界最大的新闻图书馆。

我们的设施还包括世界水平的编辑部、两个高科技的设计实验室、一个数字电视编辑实验室、三个主要的写作实验室、一个对学生开放的计算机中心和两个拥有最新的视听设备的礼堂。我们也拥有足够多的教室和讨论会议室。

我们还为新闻摄影的学生提供一个电子摄影新闻实验室，并拥有一个先进的计算机实验室用来制作网上内容和视听材料。我们大部分的设施能接入无线网。学校也为学生、教师和工作人员提供550台计算机，有6名技术工作人员负责维护这些设施。

对于希望到报纸或者电视台工作的人来说，没有其他学院能提供可以同密苏里相比的设施和教职人员。大部分的新闻学院，如果它们有一份报纸或者一个电视台，通常只有一名教授来指导学生的工作。我们的编辑室配备了很多专业的编辑，来确保学生在我们创立的现实新闻背景下从专家身上学到知识。结果，密苏里大学新闻学院学生的第一份工作经验是在学校获得的，这样同其他学校的毕业生竞争时就有优势。我们这样做，也没有剥夺学生在学校做论文的机会。

我们实现了在现代化的编辑室用最好的设备来提供现实的培训。比如说，我们的电视台在2002年就开始播放数字信号，所有的视频节目都已经用数字编辑好几年了。

事实上，我们的教学设施延伸到了校园之外很广的区域。我们在首都华盛顿特区的全国新闻大楼（National Press Building）有一处办公室兼编辑室的设施。我们的华盛顿记者项目就在那里开展，由两名全职教授负责指导。

我们在杰斐逊城的州议会大厦（State Capitol Building）也有一处编辑室。我们在纽约的暑期项目在曼哈顿岛上的新学院大学（New School University）举办。我们在奥地利维也纳的欧洲新闻研究院（European Journalism Academy）也有一处办公室。

我们的交换学生能使用许多国际合作伙伴的校园设施，例如西班牙、荷兰、英国、新加坡、中国和墨西哥的设施……

在密苏里大学新闻学院，时时处处都能感受到师生们为自己学院拥有真正的报社和电台、电视台而发自内心的自豪。布鲁克斯副院长说："我们的教学方法同美国许多其他的新闻院校不同。我们有日报、商业电视台和电台,在这些媒体中我们的教师也都担当编辑工作,所以我们给了学生第一份工作的经验,这样,他们工作中的第一个错误是在这里犯的,他们毕业后看上去要比其他的毕业生成熟许多。这也是为什么过去几年美国电台和电视台的主管以及美联社的主编等在被问及会选择哪所新闻院校的毕业生时,他们总是将密苏里大学新闻学院放在第一位。我们为此感到骄傲。这是开展新闻教育更昂贵的一种方式,因为这样需要更多的师资。我们有81名全职教师,应该是美国教师人数最多的新闻学院了。我们的教学也因此不同。如果你去堪萨斯大学,那里有学生报纸、学生编辑,但只有一名教师指导人员。我们的报纸有15名工作人员都是教师,因此非常不同。"

位于校园大门对面的Lee Hills楼是学院办的地方报纸《哥伦比亚密苏里人》(the Columbia Missourian)的编辑部大楼,每天上午11点在二楼的编辑部大平面办公室里准时召开编前会,主持会议的是该报的两位主编,也是学院的专职教授。4月27日我们应邀参加了一次编前会,看到编辑部里教授和学生一起办报的场景。在大平面办公室的一侧,还有一排独立的小办公室,是该报责任编辑兼新闻业务课程教授工作的地方,与这排办公室紧挨着的还有一间教室。在编前会召开之前,我们在这间教室里旁听了一次"新闻报道与写作"课。就目前来看,密苏里大学新闻学院把新闻课堂和报社编辑部、教授办公室整合在一处的做法大概是举世无双的了。

莫恩教授告诉我们说:"我教授的版面设计课程不是实验室课程。美国大部分新闻学院的这门课是在实验室上的,学生在计算机前设计东西给老师看。而我们的学生是在编辑部练习,为报纸设计版面。因此有什么错误也会立刻显现出来。报社里其他的编辑也是老师,他们监督我的学生工作,并负责在出版前改正错误,就像在其他报社一样。我在课堂上一周教授学生三个小时,他们每周还要出一份报纸,这是他们的作业,我每周评论那些版面。"

学院主办的电视台KOMU是美国全国广播公司(NBC)的一个分支机构,也是全世界唯一一家由学生担任记者、制片人和电视录像制作人的商业电视台。电视台的负责人肯特·柯林斯(Kent S. Collins)是密苏里大学新闻学院广播电视新闻系主任,他驾车领我们去参观,并邀请我们进入了正在直播当地新闻的演播室。他介绍说这个电视台每天有三个小时的新闻直播节目,两个节目主持人一个是专业人员,另一个是在这里实习的研究生,而跑新闻的记者都是学生,他们大都自己开车在当地进行采访。和报社一样，电视台的工作大平面办公室旁边，也有一排为教授们准备的小办公室，学生在编辑片子的过程中随时可以向老师也是他们的上司们请教。这个电视台去年的经营额超过一千万美元，纯利润四百多万美元。

密苏里大学新闻学院还有其他一些新闻媒体，如前面已经提到的《Vox》杂志、办在奥地利维也纳的国际新闻学院的出版物《IPI 全球记者》（*IPI Global Journalist*）、功率为 100 000 瓦的 KBIA-FM 电台等。这些媒体也为新闻传播教学提供了很好的实验基地。

此外，新闻学院同它服务的传媒业界的联系也为学院提供了另一方面的资源。设在密苏里大学新闻学院的美国新闻专业组织机构很多，有为调查报道记者设立的全国性机构"调查报道记者和编辑组织"（Investigative Reporters and Editors，IRE），还有"计算机辅助报道全国协会"（the National Institute of Computer-Assisted Reporting，NICAR）、"全国报纸协会"（the National Newspaper Association，NNA）、"新闻和女性座谈会"（the Journalism and Women Symposium，JWS）、"美国商业编辑和作者协会"（the Society of American Business Editors and Writers，SABEW）等。此外，学院还主持一系列竞赛和评奖项目（contests and awards programs），如全世界最大的新闻领域的摄影竞赛国际年度照片（Pictures of the Year International）竞赛、年度大学摄影师（the College Photographer of the Year）竞赛、密苏里生活方式新闻奖（Missouri Lifestyle Journalism Awards）、城市和地区杂志协会（City and Regional Magazine Association）年度奖等。

布鲁克斯副院长说："今年我们还会增加两个这样的机构，其中一个是健康护理新闻记者的机构。我们认为这些活动对学院很有利，能让我们同从业记者保持联系，并且加强这种联系。我们同这些组织有很好的合作关系，大部分情况下，在组织里工作的人也能在学院教书，这样他们能把自己的专业知识带到学院。例如，设在学院的调查报道记者和编辑组织是一个很大的全国性组织，而它的执行总裁是我们的一名教授，开设调查报道这门课，他还获得过普利策新闻奖，这是新闻领域的最高奖项了。有这样的专家教书太好了，这就是同这些组织在一起工作的优势。但困难是我们必须提供办公空间，他们的机构要成长，雇用更多的人员，需要更多的空间，这是一个挑战。但是除此之外，让他们在这里办公是非常好的事情。"

莫恩教授告诉我们："让一些专业机构设在密苏里大学新闻学院是有传统的。这样可以把学校的教学同专业领域的发展结合起来，而不是有一个明显的界限，校园是象牙塔，外面是专业机构。通过这样的机构，我们的学生能获得更多的工作机会，教授能有更多机会了解这些机构的工作，并提供咨询意见，反之这些机构也给我们提供咨询。它们有各种竞赛，我们担任竞赛的评委，在这种过程中就学习了专业标准，学会了什么是好的，什么是不好的。这是一种非常不错的交流。当人们问应该去美国哪所学校学习新闻时，如果问到专业记者，很多人都会说密苏里，因为通过他们的机构，他们了解到我们在做什么。例如这里的调查报道记者和编辑组织、美国商业编辑和作者协会，在他们的材料上写了我们的名字，这是让公众了解的很好的方式，我们能互相学习。"

新闻学院和密苏里大学的商学院、法学院、人类环境科学学院、教育学院等也有诸多合作项目，如"农业新闻学项目"（Agricultural Journalism Program）、"数字全球中心"（the Center for the Digital Globe）、"宗教、职业和公众中心"（Center for Religion, the Professions, and the Public）、"健康传播研究中心"（Health Communications Research Center）、"新闻学和法律行动计划"（Journalism and Law Initiatives）、"新闻-法律课程项目"（Journalism-Law Curricular Programs）、"解决争端杂志"（Dispute Resolution Magazine）、"新闻-法律演讲人系列"（Journalism-Law Speaker Series）、"家庭暴力项目"（the Domestic Violence Program）、"新闻认证和教育硕士合作项目"（Journalism Certification and Master of Education Partnership）、"农业新闻学项目"（Agricultural Journalism Program）等。

其中，新闻学院同法学院的合作包括几个不同的双学位项目："法学博士和新闻学硕士""法学博士和新闻学博士""法学硕士和新闻学硕士""法学硕士和新闻学博士"。

（三）独特的师资队伍与不断推进的改革

"密苏里方法"作为一种办学思想的落实，与这所学院的师资队伍建设有着不可分割的联系。学院以什么标准聘用教师？米尔斯院长说："因为我们是一所专业学院，要培养学生成为新闻记者，我们的教师有良好的职业经验是很重要的。我们的教师包括了在报纸、广播电视、广告公司有专业工作经验的教授和拥有博士学位的教授，事实上，几乎我们所有的教授，包括那些有博士学位的教授都有过一些专业经验。我们希望既有能传授专业知识，将教师专业工作经验传授给学生的课程，也有传统上为博士教育做学术准备的课程。我们对教师的评估标准也不是单一的，而是根据雇用他们做什么而评估的。对于一些专业课程，我们雇用的教授还要担任报纸的编辑和电视的制作人，对他们的评估就包括他们编辑的报纸和制作的电视节目怎样以及他们教书好不好。对有博士学位的教授的评估是依据他们的教学和研究能力。"

布鲁克斯副院长的介绍更加细致。他说："我们有两种教师，传统的学术型的有博士学位的教师，他们教授很多概念上的、研究型的课程，我们也雇用专业实践教师（professional practice faculty members）。我们的81名教师中这两种大概是对半分的。专业实践教师是教授一些技能课的，例如报纸采访、报纸编辑、广播采访、杂志编辑等，他们教授学生在工作中需要的技能。美国有些院校不太可能雇用这样的教师队伍，他们有太多的拥有博士学位的教师，而没有足够多有拥有新闻从业经验的教师，我们认为这样雇人不正确。我们努力建立一种不同的轨道，使得专业实践教师也可以得到提拔并增加工资，感到在这里工作很愉快。不同之处是他们不会有终身教职，不会像其他教师一样享受免于被解雇的保护。这是唯一的区别，因为从内部来说，我们对待他们是完全相同的，都被称为教授或副教授。我想我们的这种安排是很理想的，美国没有很多学校可以做到这点，你们看到的不是通常的学术模式。我们不称呼他们为兼职教授（adjunct professor），我们称他们为专业实践教授。事实上，我们这里获得最高薪资的教授就没有终身教职。因为这些教师的专业水平很高，很抢手，能要求更高的工资。我们有三名教师获过普利策奖，工资最高的这名教授就是一名普利策奖获得者，还是一名女性。"

非常巧的是，我们在报社编辑部里旁听的"新闻报道与写作"课，就是由这位名叫雅基·巴纳辛斯基（Jacqui Banaszynski）的女教授讲的，她同时还是《西雅图时报》（the Seattle Times）的副总编辑，每年她都要到学院来讲授一些课程。课后，她告诉我们说正打算离开报社，到学院来做一名全职的教授。

密苏里大学新闻学院大约42％的教师是女性，58％为男性。而学生中67％是女生。布鲁克斯说："我们也试图招更多的女教师，因为我们喜欢这样的平衡。在美国，做新闻不是工资很高的职业，而传统上来说，男人要挣更多的钱，因此他们不像女生这样喜欢新闻。情况也在改变，大部分女性从前只做次要一些的工作，当她们有孩子后就辞职在家照顾孩子了。现在开始变化了，因为更多的女性接受教育，希望成为专业人士，家庭是一方面，她们也希望有自己的事业。另外一个原因也是新闻业近一百年来一直对女性都不错。一百多年前女性就在美国的报纸工作了，那时她们还不能在太多其他领域工作。但是这也有些困扰我们，因为三分之二的学生是女生，我们希望有更多的男学生。但是我们也没有太多考虑这个问题。女性现在在学术界也被广泛接受，同很多其他国家相比，我们对待女性的态度更平等，我们很多事情做得不好，但这件事做得不错！当我三十年前来到这里时，几乎全是男教师，只有一名全职女教授，现在几乎都相等了，真是变化很大。我认为这非常好，你当然不希望90%的男老师来教三分之二的女学生。"

学院的大部分教授一学期上两门课，每门课一周上两到三次，大部分课程一周共三个小时，不论分几次上。其他的老师要上三门课。有博士学位的教授要做研究，要获得终身教职必须在学术刊物上发表文章。专业实践教授不要求做研究，但是要进行"创造型活动"（creative activity）。教新闻编辑课的莫恩教授说，他为一些报社做的重新设计就是创造型活动，还有一些教授会出书，或者给专业杂志写文章。布鲁克斯副院长说："学院对于专业实践教师的考核，主要是对他们的授课进行评估，但也应在一些专业期刊上发表作品，如新闻报道以及对新闻的评论等等。不过有些专业实践教授也会做一些研究，因为这两种教师之间有很多互相的交流，有时他们一起上课，可以从不同的角度看新闻业，这是我们做的一种试验，希望能看到一种好的结果。这是一件积极的事情。我们也看到研究型的教师现在到报纸和电视台进行研究，二十年前就没有这样的事情。我们在两种教职间取得了一种平衡，相互之间有很多尊重。"

密苏里大学新闻学院对于师资队伍的配置和考核管理有其独到之处，相比之下，我国很多新闻学院对于所有专业教师"一刀切"的进人标准和考核管理方式是与学科发展的客观需要不相适应的，这一点我们应该学习和借鉴密苏里大学新闻学院的做法。

即使如密苏里大学新闻学院这样的新闻教育机构，今天仍然感受到巨大的压力和挑战。米尔斯院长说："我想整个美国高等教育面临的挑战，不仅是新闻学院的，都是钱的问题。公共资助现在减少了，即使是像密苏里大学这样的公立学校也越来越依赖其他的资金来源：私人基金、慈善捐助、学费等等。从概念上来说，密苏里大学新闻学院和其他新闻学院面对的挑战也是如何跟上新闻界的变化，帮助学生准备好如何面对媒体的融合、网络新闻的出现等变化。除此之外，密苏里大学新闻学院的使命不仅是帮助年轻记者做好准备，也要为新闻业的发展做出努力。我们的挑战是如何促进美国新闻业和世界新闻业的进步，不仅是新闻教育的发展，而且包括我们的新闻研究能怎样改善新闻业本身。"

密苏里大学新闻学院近几年的教育改革一直在推进之中。一个比较有代表性的例证是，面对数据新闻的兴起，不断跟进推出相关课程。到 2014 年，已经开设了五门与数据新闻相关的课程：数据报道基础、计算机辅助报道、地图和信息图表制作、信息图表、信息图表的应用。这些课程每学期都向本科生和研究生开放。他们认为数据新闻的教学目的就是帮助学生掌握数据报道的技巧，培养学生在新闻生产中主动分析数据、挖掘数据、更好地呈现数据的思维和能力。所以这 5 门课程之间设计了递进或互补的关系，反映出新闻教育的革新与传媒业的变革息息相关。

此外，在《哥伦比亚密苏里人》报的编辑平台也新增了一块领地专门用于数据新闻报道。从周一到周日都有选修计算机辅助报道、数据报道基础或者信息图表课程的学生在此值班，每次三至五人，把自己的课堂所学直接运用于媒体操作。

对密苏里大学新闻学院的调研，给笔者印象最深的不仅是新闻教学和新闻实践相结合的高质量，更令笔者钦佩的是这所学院的领导和教授们积极追求改革的心态和对外开放的胸怀。在笔者短暂的调研期间，该院的国际项目部门还专门组织了一次小型报告会，让正在密苏里大学新闻学院进修的近十位来自中国高校和媒体的同行有机会和我们做了一次很好的交流，也使我们的调研有了一个额外的收获。

三、个案调研：哥伦比亚大学新闻学院的教育改革

美国哥伦比亚大学新闻学院是世界上知名度最高的新闻学院之一，也是著名的普利策新闻奖的依托单位。2005 年笔者在美国作为富布莱特访问学者，曾经有一个月的时间是在这所学院中度过的。2013 年，笔者又再度访问这所学院。这所学院的办学模式，特别是在 21 世纪之初的教育改革，是我们观察研究的重点。

（一）研究生教育新项目及其动因

哥伦比亚大学新闻学院创办于 1912 年，是一所只有研究生教育而不设本科教育的研究生院，而且硕士学位教育只用一年时间完成。硕士生的专业方向有报纸新闻、广播电视新闻、杂志新闻、新媒体新闻等，学生每学期要修 16 至

18 学分，毕业时获得理学硕士学位（Master of Science，M. S.）

什么样的人适合进入哥伦比亚大学新闻学院？2005 年，该院负责教学管理的副院长戴维·克拉特尔（David A. Klatell）教授在接受笔者访谈时介绍说："我们每年录取大约 200 名学生，其中三分之一刚从大学毕业，因此他们很年轻，21 岁到 22 岁。还有三分之一的学生已经作为专业记者工作了大约 5 年，他们年纪大些。剩下三分之一的学生打算改变自己原有的职业，他们过去当过商务律师、医生、教师、士兵、职业厨师等，各种你可以想到的职业，但他们打算改行做一名记者。因此我们有三个三分之一，这是很好的一种混合。学生平均年龄是 28 岁，最年轻的 21 岁，最大的 67 岁，年纪相差很大。我们希望录取的是写作能力很强的学生，以及对历史知识了解很多的人。新闻和历史非常接近。我们想有一个十分多元化的班级，学生有不同的年龄、不同的宗教信仰，来自不同的国家。每年我们招收大约 35 名国际学生。我们希望学生有不同的工作目标。我们的学生有的对报纸感兴趣，有的对杂志感兴趣，有的对广播和电视感兴趣，有的对国际新闻感兴趣。我们试图平衡所有这些因素。我们不希望招收学习新闻理论的学生，也不教新闻理论。这个学院是为那些希望成为职业记者的学生设立的。"

可以说，哥伦比亚大学新闻教育模式在美国新闻教育界是独具一格但也引发争议的。这样短的学制到底能给予学生多少知识？这种研究生教育与本科新闻教育有何差异，其价值体现在哪里？在媒体对新闻人才的要求越来越高的今天，这样的研究生教育是否能适应时代发展的需要？这些为时已久的争议导致了哥伦比亚大学校方对新闻学教育的审视，新闻学院新任院长的人选问题曾一度成为关注的焦点。

2002 年 8 月 17 日，《纽约时报》刊登了美国艺术新闻项目（设在哥伦比亚大学的奖学金项目）主任迈克尔·詹韦（Michael Janeway）的文章，谈到哥伦比亚大学校长博林杰（Bollinger）先生当时面临着一种困境。文章说："社会在变化，新闻业也在变化。这些改变使得改革成了当务之急，可是也恰恰是这些改变妨碍了改革。在社会的要求和业界的惯性之间有着不能配适之处。那么哥伦比亚大学和其他的新闻院校应该怎么做？为初级的工作培养学生是多余之举了，很多大学都在本科阶段提供这样的课程。这个新闻学研究生项目的领头羊，每年的学费超过了三万美元，应该增加教育的深度和价值。"

詹韦认为，在哥伦比亚大学，应该结合录取学生、课程设计、经济资助和求职等的改革来增加项目的时间长度。原来的硕士学位项目是一种密不透风的、像是海军新兵训练营的 10 个月的项目。学生应该利用更多的时间来增加各种不同领域的经验——学习科学、经济、环境、管理、艺术等等。他们也许可以获得一个双学位。或者学校采用一种新形式的新闻教育，例如开设城市社会学或者国际事务等专业，由一些该领域的专家、一些也能不时发表新闻作品的专家来主持教学。

他还认为，这样的改革需要新闻业领军人物的合作，需要同学校其他部门的合作以及同其他有创新精神的新闻学院合作。哥伦比亚大学可以为新闻教育开创一种前景，并不断推动它，这样最终能治愈博林杰先生正确诊断出的目前新闻教育的病症，就是对形式和技巧太多专注而付出了缺乏深度和内容的代价。

2003 年 9 月，尼古拉斯·莱曼（Nicholas Lemann）受命出任哥伦比亚大学新闻学院院长，该院的新闻教育改革也由此起步。他们在学院的网站上公布：

> 哥伦比亚大学新闻学院宣布创立一个新的为期一年的文学硕士学位（Master of Arts，M. A.）项目，专注于教授知识以应对未来的新闻领军人物在他们的事业中将会遇到的一些专业问题。新闻学院的创建人约瑟夫·普利策（Joseph Pulitzer）先生在 1904 年给学院写了一份宣言，他说："在一般的大学课程中，我们也许会找到一些满足新闻记者需求的副产品。但为什么不能转变教学内容，为那些愿意成为专家的新闻记者选取和浓缩相关知识呢？"这正是 M. A. 项目的目标。该项目是在学校的主要项目即大部分学生能够在一年之内获得 M. S. 学位的项目之外附加的新项目。在紧张学习一年后，学生将有机会延长他们在新闻学院的受教育时间，获得 M. A. 学位。
>
> M. A. 项目的申请人应该具有从事记者职业的较高的专业资格。要么是在哥伦比亚大学或者相同档次的学院获得了新闻学硕士学位，要么取得了足够的专业成就，并且有相关记录可以证明。
>
> 该项目的主要目标是训练学生充分理解记者需要了解的专业话题。因此它将充分吸收来自哥伦比亚大学其他领域的专业知识，也将促使新闻学院和哥伦比亚大学其他部门开展良好的学术合作。
>
> 新闻院校都提供有关新闻报道的主要课程，哥伦比亚大学新闻学院当然也是这样。但是这个项目的新颖之处在于，它能提供给学生一个用于报道这些主题的全方位菜单，并且将非新闻的专业学术知识同训练记者的实

际应用结合起来。

在日益复杂的世界里,能够掌握所报道领域的专业知识并且同公众有效交流的记者是公众十分宝贵的信息渠道,并且对民主社会的良好运作也是至关紧要的。我们坚信作为记者,充分发展他们所报道领域的真正的专业知识,他们的专业性就会得到加强。我们相信这样的记者是有市场的,不仅因为新闻机构需要商业记者、科学记者等等,而且因为深度学习一个专业主题的过程将帮助一名记者在自己的职业生涯中面对各种不同的事件时,包括管理新闻机构的时候,能够有稳定而出色的发挥。

学生将会用两学期完成这些课程,获得他们拿到学位所必需的30个学分。在第一年,这个项目将招收24～25名学生,到第五年的时候,人数会达到45～60名。

在笔者调研期间,这个新项目正在挑选第一批学生。克拉特尔教授说,第一届学生将被分成四种不同的专业方向:商业和经济新闻;科学和医学新闻;艺术和文化新闻;政治和国际事务新闻。为什么会选择这些方向?他的解释是,"我们努力选择一些哥大很强的系科进行合作,它们有很不错的老师和研究领域。同时我们地处纽约市,也有很多优势。很明显,纽约是美国的艺术和文化中心,也是商业中心、医疗中心等等。这就是为什么我们选择了这四个领域"。他还说:"这个项目的学生将在他们选择的专业方向中获取相关的专业知识,但不用再多学新闻了,因为他们已经懂得新闻,已经完成了 M. S. 项目。"

这个新项目的教学主要依靠其他学院的师资力量。克拉特尔教授说:"让学生去其他的学院选修课程是有问题的,全世界都一样的问题。首先,他们不一定被允许修想学的课程,因为其他系首要考虑的是自己的学生,而不是我们的。还有,我们的学生不一定上过一些选该课前要求上的必修课程,例如,一个商学院的全日制学生在上一门专业课之前已经修了很多别的课做铺垫,而我们的学生却没有这样。因此,我们这个项目不是把自己的学生送出去,而是请进来一些教授。事实上,我们觉得挑选能从别的学院找到的最好的教授,并给他们付钱,这很重要,是很好的资本主义的激励。他们专门给我们的学生上课,即使课堂上只有六到七个学生。但是我们感到把教授带到我们自己的教室比把学生送出去更有效。我们将使用案例研究的方法来教授这些专业知识,这对新闻学院来说是过去不常见的。我刚才开的一个会议就是关于 M. A. 项目的,讨论的就是我们怎样把这种方法用在其中的一个课程上。"

这个新项目的学生做硕士论文时将有两名导师，一名来自新闻学院教授新闻的老师，一名来自他们所选修专业方向的老师。学院认为通过将记者和专家一起合作，能够获得最好的教学和指导结果。克拉特尔还强调，这个项目不同于博士项目。被博士项目录取的学生将不会成为职业的记者，而将成为教师、顾问、专家，也许还会进入商业领域。M. A. 项目的学生则将成为新闻记者。"他们是一些十分不同的学生，对自己的事业有不同的打算。"

在与克拉特尔会谈前，我们还拜访了新闻学院的一位前副院长唐纳德·约翰斯顿（Donald H. Johnston）教授，这位教授在新闻学院工作了14年，最后4年负责教学管理，他因为丰富的教学和管理经验，被聘为哥大国际关系和公共事务学院国际媒体和传播（International Media and Communications）项目的主任。他谈到哥大新闻学院的改革时说："开设这个新的 M. A. 项目，是因为博林杰校长感到应该给新闻教学加入更多的内容，让学生能写出更有深度的解释性、分析性的作品，而不是像现在这样仅仅是知道怎么报道。但是，因为老师都忙于教授早就存在的 M. S. 项目，这个新项目开始时学生人数会比较少；如果效果不错，就会招聘新的教师。问题是，申请人可能不想上两年学，不想离开工作岗位两年。学院现在是出钱给学生付新项目的学费，但目前只能保证这个项目头两三年的资金周转。现在院长和发展新项目的工作人员都在花大量时间筹资。但一时还不能筹到大量的钱。"他介绍的这些背景情况使我们感到这一改革也面临不小的困难。

（二）侧重业务训练的新闻教学模式

哥伦比亚大学新闻学院能以速成新闻记者和编辑而著称，与这所学院的侧重业务训练的教学模式很有关系。我们看到在 2004 年秋季学期结束之前主管教学的副院长向所有学生发出的一封公开信，此信非常详细地说明了对他们下一学期的学习安排与要求，现摘要附录如下，从中可以看到这所学院的课程设置和教学特点。

致：学生
发信人：戴维·克拉特尔
主题：春季课程

　　这是春季学期的项目指导。全日制的学生必须上报道和写作讨论会（Reporting and Writing Seminar）、媒体工作室（Media Workshop）、硕士项目（Master's Project，注：相当于我国的毕业设计或论文，要求学生提交字数近一万字的新闻作品）并修一门3学分的新闻课程或者是被批准的其他学院的一门3学分的研究生课程。除此之外，杂志方向的非全日制（part-time）学生可以选择2005年春季或者2006年春季的系列讲座。

同学们应该充分阅读这些材料，并且在同你们的导师和其他教师讨论完之后，在网上通过电子报名的方式告知你们的选择。

各课程的学生录取要征得授课教师同意，大部分课程必须限制人数。这样，一些学生可能会被录取到他们的第二或第三意愿。学院会尽量做到公平和平等。如果条件允许，也有可能为某些课程增加其他课堂，由不同的教师来上。学生必须把他们对讨论会、工作室和选修课的志愿顺序排列出来。

同学们注意，上一届学生对课程的评估可以提供给你们参考，你们可以在新闻学院图书馆的大的黑色笔记本中查到。

全日制学生的必修课包括：

高级报道和写作讨论会（Advanced Reporting and Writing Seminars）（J6002y），6学分

媒体工作室（J6011y），6学分

硕士项目Ⅱ（J6041y），3学分

春季学期选修课（J6014y），3学分

春季学期的一周是这样的：

周一和周二：报道和写作讨论会

周三：大部分选修课和硕士项目

周四和周五：大部分工作室课程

周六和周日：一些选修课和工作室课程

高级报道和写作讨论会（6学分）

报道和写作课程是围绕着专门的学科领域和风格技巧设计的。这些讨论会通常占用每周周一和周二两个全天的时间——你应该同教师咨询，或者查看网站上他们课程的时间，仔细核实每门课程的时间表。

这些时间表都列在每份教师名单下面（在下面几页可以看到更完整的课程描述）。学院允许一些学生上一些由哥大其他学院提供的研究生课程，

但必须由系主任戈德曼（Goldman）的办公室批准。

讨论会主题：

1. 国际事务报道 A（International Affairs Reporting A）

2. 经济和金融报道原则（Principles of Economics and Financial Reporting）

3. 调查报道（the Investigative Project）

4. 国际事务报道 B（International Affairs Reporting B）

5. 国内事务报道 A（National Affairs Reporting A）

6. 国内事务报道 B：美国的断层（National Affairs Reporting B: America's Fault Lines）

7. 国内事务报道 C（National Affairs Reporting C）

8. 科学报道和写作（Science Reporting and Writing）

9. 宗教报道（Covering Religion）

10. 文化事务报道和写作（Cultural Affairs Reporting and Writing）

11. 电视新闻的革新（Re-inventing Television News）

12. 个人和专业的风格 A（Personal and Professional Style A）

13. 个人和专业的风格 B（Personal and Professional Style B）

14. 图书写作（Book Writing）

15. 面临截止时间的深度报道（the Dead line in Depth）

16. 人权报道（Human Rights Reporting）

17. 新媒体综述（Aspects of the New Media）

18. 报道今日西欧（Covering Western Europe Today）

19. 报道青年热点问题（Covering the Youth Beat）

20. 学院外课程讨论会（Outside Course Seminar）

媒体工作室（6 学分）

媒体工作室包括一系列选择：广播（电视—晚间新闻、纪录片、杂志制作和电台）、报纸（《布朗克斯节奏》）、哥伦比亚新闻服务中心、杂志（制作一份杂志、杂志写作、文学新闻）以及新媒体。学生一周至少在上面花两天时间，通常为周四和周五。

学生从以下的工作室选项中选择一个：

1.《布朗克斯节奏》（*Bronx Beat*）

2. 哥伦比亚新闻服务中心（Columbia News Service）
3. 制作一份杂志 A
4. 制作一份杂志 B
5. 杂志写作 A
6. 杂志写作 B
7. 杂志写作 C
8. 文学新闻
9. 晚间新闻
10. 电视新闻杂志
11. 纪录片
12. 电台
13. 新媒体

硕士项目（3 学分）

硕士项目的截止日期：

1 月 18 日：硕士项目的初稿（声音/录像项目）应于上午 10 点前交给你的导师。

2 月 21 日：所有项目的第二稿（录像项目）应于上午 10 点前交给你的导师。

3 月 21 日：所有项目于上午 10 点前最后版本交给学术系主任办公室，在 701 室。在这个截止时间后版本不允许有任何变化。这个版本将最后在图书馆存档。

德拉科特晚间系列讲座（1/2 学分）

德拉科特杂志系列讲座是杂志方向学生的必修课，于周四晚间 7 点到 8 点半举行。也欢迎所有其他学生参加。非全日制的杂志方向的学生可以在 2005 年春天或者 2006 年春天选修这个系列讲座。

实习（1/2 学分，选修）

实习必须提前由学生办公室主任批准。如果这份工作是严肃的新闻领域的事业，在媒体机构参加实习的学生可以得到 1/2 学分。在实习结束的时候，学生必须提交一份书面材料，描述其已经完成了实习，并且学到了知识。一名媒体公司的管理者必须写一封单独的与之相符的信件，评估学生的表现。

研究生专业方向

学院提供5个不同的方向：广播，健康、科学和环境，杂志，新媒体，报纸。

广播方向的学生春季必修一门广播或者一门电视工作室的课程。

健康、科学和环境方向的学生在春季必修科学报道和写作讨论会。

杂志方向的课程由乔治·德拉科特杂志新闻中心提供。杂志方向的学生必须选择其中一门春季开出的杂志工作室的课程。由德拉科特中心主办的春季课程包括杂志写作、杂志编辑、摄影新闻、制作一份杂志和文学新闻。

新媒体方向的学生必修新媒体工作室的课程。

报纸方向的学生必修一门报纸工作室的课程，即《布朗克斯节奏》或者哥伦比亚新闻服务中心。

选修课（J6014y）（3学分）

所有学生必须选择一门至少三个学分的研究生课程——在新闻学院或者其他学院。大部分新闻学院的选修课为一周一次的讲座或者讨论会，需要学生阅读并提交书面作业。学院外的选修课必须由负责学生工作的系主任批准。

学生可以从以下新闻学院的春季选修课中选择：

体育新闻（Sports Journalism）

美国新闻史（History of American Journalism）

广播新闻管理（Broadcast News Management）

为印刷媒体学生开设的电视报道和制作（Television Reporting and Production for Print Students）

摄影新闻（Photojournalism）

高级摄影新闻（Advanced Photojournalism）

调查的技巧（Investigative Techniques）

叙述型写作A（Narrative Writing A）

叙述型写作B（Narrative Writing B）

特写的技巧A（Techniques of Feature Writing A）

特写的技巧B（Techniques of Feature Writing B）

高级计算机辅助报道（Advanced Computer Assisted Reporting）

报道法庭、审判和司法系统（Covering Courts, Trials and the Justice System）

杂志编辑（Magazine Editing）

新闻编辑（News Editing）

编辑部的图表（Graphics in the Newroom）

报道思想（Covering Ideas）

评论写作（Opinion Writing）

广播纪录片（Radio Documentary）

美国的政治和媒体（Politics and the Press in America）

媒体和现代社会（Media and Contemporary Society）

新闻记者和评论家的批判性（the Critic as Journalist and Essayist）

⋯⋯⋯⋯⋯

从这封信可以看出哥大新闻学院硕士生教育的特点。一是课程设置完全以新闻业务为核心，正如他们自己宣称的"不讲理论、只讲实践"。我们查了全年的课程列表，发现唯一有点理论色彩的必修课是秋季学期为全体学生开设的"新闻、法律和社会"（Journalism, the Law and Society），2学分。此外就只有选修课如"美国的政治和媒体""媒体和现代社会"，属于偏理论性的。二是教学的课堂都很小，以保证教师对每个学生都能细致指导。新闻学院楼里有许多像小会议室一般的教室，配有多媒体教学设备。学生和老师围坐成一圈上课，一般每门课最多只能招14到16个学生。工作室的课程都在实验室上，我们走访了所有实验室，感觉基本与报社、电台、电视台的工作室无异，学生和教师都在机器旁埋头工作。三是学生的学习任务极重，连双休日也排满了。该学院的同学说，他们每天只能睡很少的时间，因为有大量的采访任务，还有大量的专业书要读。连学生咖啡屋里都设了几部电话，不少学生在课间休息之余还惦记着打电话做采访。

哥大新闻学院强调实践性教学的办学理念，这也决定了其师资结构和管理有自己的特点。新闻学院的全职教师只有二十多人，但从各大新闻媒体聘请的兼职教师超过120人，许多主干课程也是由兼职教师担任。笔者在该院"广播新闻管理"的课堂上遇见的两位教师就是NBC新闻节目的专业编辑，他们给学生讲课采用的案例还是他们自己做过的报道，而坐在教室里的学生就有CNN的现职记者。新闻学院每年招收100多名非全日制学生，因为很多学生是边工作边上学的，所以不少专业课安排在晚上，例如这门"广播新闻管理"的授课时间就是晚上 7 点到 9 点。这样也给兼职教师提供了方便，他们在纽约曼哈顿的办公室下班后，只要坐半个小时地铁就能赶到位于 116 街的哥大。

克拉特尔副院长说："在这里教书，我们不需要博士文凭，我就没有。但我们坚持教师应该有高水平的专业经验。我们希望有一些教学经验丰富的老师。最重要的是，我们希望教师能够非常努力地工作，花很多的时间同学生见面交流，阅读而且一行一行地修改他们的作品。教师是否会专心投入到每个学生身上，这才是最重要的。除了教授博士项目，我们的老师都不需要有博士文凭。"

"学院对教授没有研究方面的要求，但有很严格的发表作品方面的要求。我们希望他们能定期出书，但是，不是关于理论的书，也不是教科书，而是关于新闻的书，深度的、非虚构的、需要作者本人进行大量报道的书。"克拉特尔让我们看他办公室书柜里放了几大排的本院教师写的书，还特别拿出一本新闻摄影的书说："这是一本典型的新闻学院教师写的书。这本书中有老照片，你可以看到埃及的照片，也可以看到十分现代的照片。这本书是非虚构的，作者本人必须进行大量的采访报道。但它不是作为一本教科书写的，尽管你可以把它也当成教科书用。我们的老师还写了很多传记。传记是一种十分常见的新闻形式。我们期待每个教授在新闻学院教书期间都能出版图书。平均来说，我们每个教师每三年写一本书。哥大出版社是很大的一个出版社，但是很多人也同私人出版社打交道，不一定由学校出版社出版他们的作品。我曾给牛津大学出版社写了一本书。这些都看作者本人的意愿了。很多教师有他们自己的代理商。他们写一本书，可以卖很多册。他们可以保留这些收入，不用交给学校，这也是他们养家的一种方法。他们可以同自己喜欢的任何出版商谈判自己的合同。我们期待老师在任职期间，能经常出版图书，同时在一些媒体如《纽约时报》《华盛顿邮报》上经常发表作品。这就是我们代替研究让老师从事的事情。"

新闻学院的很多教师每学期只教授一门课，一年教授两门。相比哥伦比亚大学其他学院的教授一年要教四到五门课来说，是很少的。但是新闻学院对教师的要求也很特别，教师每周都要给学生改很多作业，改作业花的时间往往是上课时间的若干倍。哥伦比亚大学有学术休假年（sabbatical year）制度，每个教授每七年都能向学校申请这种为期一年的假期，但教授提出申请后要通过学校的委员会批准。

新闻学院对新闻实践的强调还表现在学生媒体的管理上。该院办有一张社区小报《布朗克斯节奏》，每周发行一次。总编辑是一名女教授，还有几个教授担任报社的编辑和版面设计工作，学生主要负责写作、报道和摄影。这份报纸在媒介竞争异常激烈的纽约不可能自负盈亏，办报的经费是由学院支付的，每年的花费除了给教授们开工资，还有印刷和发行费用，总计大约要 150 000 美元。学院领导认为这非常贵，但是这张报纸对学生来说是一个很好的实践基地。报纸在学校所在地布朗克斯免费发行，发行量大约有 6 000 份，普通民众都能读到。

为节省经费，报纸只在春季出版印刷版，但全年的报纸都出网络版。学院还全年出版几种学生杂志，也都放在网上。学报纸方向的学生都喜欢工作室课程，因为他们可以到周围社区去，实地报道新闻事件并且制造一份真正的报纸，他们还可以给其他报纸的编辑看这份报纸，这有助于他们毕业后找到工作。学院另一个组织学生进行新闻报道实践的工作室哥伦比亚新闻服务中心，向一百多家美国报纸推荐学生的新闻作品，这也是由专门的教授负责的。在学院实验室那一层的楼道里，我们看到几十种刊载了学生作品的美国各地报纸张贴在墙上。

新闻学院所有的班级，包括广播、电视、报纸、杂志各专业班都在网上发布完全由学生制作的作品，学院出钱雇了一些网站管理员提供技术支持。院长介绍说，这样做也是因为必须有人来负责管理网站，不能让学生随便放他们想放上去的任何东西。但是，哥大新闻学院每个学生都另有自己的网页。他们可以把录像、文字、音乐等任何内容放上去。

经过专业训练的哥大新闻学院毕业生通常还是要去地方媒体找工作。像《纽约时报》这类著名的媒体一般不会雇用刚毕业的学生，因为他们希望找到一些经验更丰富的记者。据新闻学院的教师介绍，他们的学生通常一生中要换两到三次工作，从小地方到大城市，直到找到纽约、华盛顿或者洛杉矶的工作。也许等他们 40 岁时，才可以有足够的经验到《纽约时报》这类著名媒体中工作。他们会去全国各地，不少人也去别的国家。

（三）有关新闻教育的对话和思考

美国的新闻学教育可谓"百花齐放"，从专业方向到课程设置，从教学方法到教材出版，各所学院的做法不一。传播学在 20 世纪后半期兴起后，新闻学和传播学教育逐步融汇，进一步加剧了新闻传播学教育的院系风格差异。有的传播学院下设新闻系，有的新闻学院下设广告系或其他传播学专业，也有新闻学与传播学并列专业目录的。在哥伦比亚大学新闻学院，我们看到的却是对传统新闻学教育的坚守。发生在哥大新闻学院的改革，并不是向新闻学之外领域的开拓，而仍然是以培养新闻人才为宗旨和核心的一种教育思路和课程体系的变革，是在传统的新闻教育框架之上添加了有助于新闻人才向专业化方向发展的新的教学内容，并且以跨院系合作的方式完成这一目标。

在越来越多的新闻传播学院借助传播学的大伞拓展人才培养目标的今天，哥大新闻学院的做法是基于一种什么样的观念？克拉特尔副院长的回答是，"我们这个学院就是关于新闻学的，没有公关、广告、政府传播等，这些和新闻学有很大的不同。我对美国的大部分新闻学本科教育感到担心。因为它们太概括了，学生接受了一种很广的教育，但却不深入。他们不会成为任何领域的专家"。他还举密苏里大学新闻学院为例说："他们有广告、公关、公司传播、摄影，各种媒体的东西。我认为这是个坏主意。我认为本科生应该学习历史、经济、社会学、数学、科学，而不是广告，不仅因为它太实际了，而且因为本科生对这个世界还了解得不够多。把所有时间都用来学习怎么做广告的话，如果将来要想成为一名广博的记者，这是一个很坏的基础；要成为一名广告执行人员（executive advertiser）也是同样的。在研究生层次上，可以学这些。本科生应该接受良好的、坚实的文科教育，上各种人文和科学方面的课程。这样能让他们成为更加有才智的人。知道地理、语言、数学、国际关系、历史、艺术这些知识是重要的。如果45岁了再学数学就太困难了。如果你年轻的时候不学这些，在大学的时候不学，你似乎就永远学不了了。因此我认为在本科中教授广告和公关是不合适的。他们毕业了，但仍然停留在没有毕业的水平，他们所知道的就是怎么做广告。这是一个复杂的世界，比如说，最近中国民众对日本政府有很多示威游行，如果不了解历史，尤其是东亚历史，就没有办法理解两国的关系，不能了解现在的新闻事件。如果你不了解中国和韩国甚至日本和韩国的关系，你就不会了解为什么这些关系是如此困难。这就是为什么你应该学历史，而不是广告。"

笔者还注意到，在哥大新闻学院，传播学博士学位项目1998年9月正式招收学生，2004年5月才培养出第一个毕业生。它与该院历史悠久的新闻学硕士生项目是完全不同的模式，前者培养记者，而后者培养学者，这倒是符合美国新闻传播学科的"惯例"。但是，与美国其他很多新闻传播学院不同的是，哥大新闻学院的博士学位项目采用了一种"联合体"式的培养模式。也就是说，这个项目不只是新闻学院的，总共四个学院参与其中，他们是哥大新闻学院、商学院、工程学院和文理研究院。这四个学院一起开设博士项目的课程，但博士生的录取和学籍管理由新闻学院来负责。

博士项目共设四个方向：新闻和公共生活（Journalism and Public Life）、媒体的社会影响（Social Impact of Media）、传播的经济学和调控管理（Economics and Regulation of Communications）、信息和技术制度（Information and Technological Systems）。博士生的核心课程包括新闻学院主持的传播学研讨会、大众传媒社会影响的高级课程，商学院主持的商业经济学、信息、传播和媒体管理课程，文理研究院主持的政治学、大众媒体描述的美国和全球政治，工程学院主持的电子工程、传播学中的电信和技术系统等。每个学生要修完其中五门核心课程，外加一系列相关学科的其他选修课程。

值得我们借鉴的是，该院采用跨学科联合培养新闻传播人才的思路和教学组织方式。这个思路不仅体现在博士项目上，而且在新的硕士学位项目以及双硕士学位项目方面也是一脉相承的。新的硕士学位项目前文中已经介绍，双硕士学位项目则是与相关的其他学院合作开设的，共有五种双学位专业：新闻学和法学、新闻学和工商管理、新闻学和国际关系、新闻学和地球与环境科学、新闻学和宗教学。这些项目的研究生在两所学院各修满规定的学分并参加毕业考试，最终能获得两个硕士学位。在哥大新闻学院读完新闻学硕士的一位中国学生告诉笔者，她参加的项目就是新闻学和工商管理，因为她的新闻学方向就是经济新闻，所以在第一年读新闻学学位期间已经修了很多商学院的课程，这些课程在读第二个学位时就可以免了，所以再有一年时间，她就能获得MBA证书。这种"多快好省"的双硕士学位项目对年轻人很有吸引力。相比较，我们国内的许多新闻学院虽然也在综合性大学中，但对于借助其他学院的学科优势，进行横向联合，实现教育资源整合开发却少有作为，这是值得我们反思的。

哥大新闻学院另一个值得我们借鉴的办学思路是积极寻求与媒体的合作，形成良性互动关系。前面谈到的师资特点本身就是借用媒体人力资源的一种表现，此外，该院承担了杂志方向新闻教育的乔治·德拉科特中心也是一个典型例子。乔治·德拉科特（George T. Delacorte）是哥伦比亚大学的校友，戴尔出版公司（Dell Publishing）的创办者。1984年他捐资为新闻学院创办了杂志新闻中心，提供了若干杂志新闻的德拉科特教职。该中心不仅提供杂志新闻学方面的课程，还关注长期硕士项目，运行德拉科特杂志实验室，每年为学生、业界和公众开设系列演讲、座谈会等活动，并在学生和专业杂志作家、编辑、出版人之间组织正式和非正式的会议，为新闻学生提供学术和专业目标的建议，并为那些在业界工作但是寻求提高自己的技能和技术专长的人士提供工作室。

创办于1961年的新闻杂志《哥伦比亚新闻评论》（*Columbia Journalism Review*）是美国最资深的新闻学出版物。乔治·德拉科特中心与这家杂志形成了互动关系。这家杂志是双月刊，由专业人员编辑，而这些编辑也同时是新闻学院的教授。这家杂志还向新闻学院杰出的学生提供一个为期一年的工作岗位和奖学金。

克拉特尔教授介绍说："学院与新闻媒体合作，最通常的方式是他们给学院一些钱，来支付奖学金，帮助学生完成他们的学业，有些也在学生毕业后雇用他们。有些会发表学生的作品，但仅仅是在作品足够好的情况下。我们没有这种合同，规定他们必须发表学生的作品。他们有权利选择。《纽约时报》的新闻服务部（NY Times News Service）同我们有一个合同：他们一周可以最多用10条我们的学生写的报道。如果他们愿意，他们有权选用10个。这是最通常的一种合作方式来发表学生的作品。很明显，这对学生有好处，可以将自己的文章发表在《纽约时报》《华盛顿邮报》上。他们还会有稿费，虽然不是很多，但更重要的是名声。全国人都可以读到他们的文章，他们就在全国范围展示了自己。"他还强调说："我们不直接从政府拿钱，我们接受公司的资金，但是不从联邦政府接受钱。学生可以向政府借钱。我们相信新闻应该是独立于政府的，我们学院不接受他们的钱，我们希望保持独立。但学生毕业后还款很慢，也许要花25年时间。"

哥大新闻学院对学生的管理也有一个很特别的做法：学生与院长的早餐聚会（Breakfast with the Deans），每个月举办一次，具体时间会在学院的网站上提前公布。这个活动已经开展五年了，形式很随便，大家在教室里见面，学院提供咖啡和食物，任何学生想参加都可以过来，不需要事先登记。在这个早餐会上，学生会询问一些关于学校管理的问题，有些时候也会同院长发生争论。克拉特尔副院长说："我们不知道学生将问什么样的问题，这给了他们一个机会同学院的管理层对话。因为不这样的话，没有多少学生会到我的办公室，他们会去教授们的办公室。在这个餐会上，我们可以谈论学院准备做什么，学生会询问预算的事情以及雇用新教授、购买新的设备如计算机、照相机等等这类事情。但这是很随意的,边吃边随便聊天。"哥大新闻学院对学生的重视和尊重由此可见一斑。

在哥大新闻学院访问,时时处处都能感受到这个学院对自己的历史和荣誉的自豪感,以及极度的自信乃至自负。学院的楼道里除了挂着历任院长的大幅照片,还挂有包括普利策奖在内的由新闻学院主持评选的各类奖项的介绍展榜。因为哥伦比亚大学是美国一流名校,因为纽约是世界媒体之都,因为新闻学院的诸多毕业生获得过普利策奖,因为在美国新闻界的特殊声誉和人脉,哥大新闻学院有理由认为自己占据了比其他任何新闻学院都更优越的地位,具备做新闻教育领域"领头羊"的资格。

笔者和克拉特尔副院长有一段有趣的对话。我请他把自己的学院和密苏里大学新闻学院做个比较,他说:"密苏里大学处在美国中部的一个小镇上。如果你喜欢大城市,密苏里就不是你喜欢的地方了。它是一个很好的学校,但是处在小镇上,离其他大城市都很远。坦率地说,如果你想学新闻,你应该在大城市或附近学习,因为大部分新闻发生在那里。不一定在纽约,其他的一些城市也可以,例如芝加哥的西北大学,洛杉矶的南加州大学,旧金山的伯克利,华盛顿地区的美国大学、乔治城(Georgetown)大学、乔治华盛顿大学。这些大城市有很多新闻发生。在任何大城市,你能看到各种不同的人群,各种不同的人生活在那里,这样就很有趣。如果你去密苏里,每个人都是一样的,那就不是很有趣,没有新闻发生。他们确实有一个很好的学院。学院发行很好的报纸,还有自己的电视台。但是他们没有真正专业领域的竞争。"

后来笔者到密苏里大学新闻学院访问时,也把同样的问题提给了院长迪恩·米尔斯教授。这位院长则这样评价哥大新闻学院新设的硕士学位项目:"从概念上讲,这是个很好的主意。哥伦比亚大学新闻学院的硕士项目的一个弱点是它只有 10 个月的时间,太短了,不能让学生充分发展,也不会有机会去探索学习新闻以外的学科,因此新项目是一个很不错的主意。另外,哥伦比亚的学费太贵了,两年的学费是惊人的。我希望他们能成功。"

与密苏里大学新闻学院及美国其他一些新闻学院的硕士生教育相比,哥大新闻学院的对外开放和国际交流活动相对少得多。克拉特尔介绍说:"我想最终我们会在海外做一些项目。我们还没有什么确实的计划。首先是和 BBC 的合作。BBC 要开办自己的新闻学院。他们希望有我们的帮助。我们也接到来自中国的六到七家大学的邀请,但是我们还没有考虑好怎么做。我们知道不少美国大学很快就设立一些项目，但是我们很谨慎。我们做决定很慢。我们也许会在南非开设一家。中国经济发展的良好势头使得你们处在一个全球经济体系中，有很多好大学、电视台等都已经在中国开展业务了，但是非洲还几乎是一片空白。他们的钱很少，大学也不够好，新闻很糟糕，因此我们想找到一个能发挥最大影响力的地方、最需要我们帮助的地方。老实说，如果我们学院不到中国去，其他的美国大学会去，事实上，它们已经去了。你们有资源和联系方式，成千上万的教授都想到中国去教书，但是很少人想到南非去。这就是我们感兴趣的地方。另外一个原因是我们是一所很小的学院，我们不能把学生送到海外学习。我们不能交换学生，因为我们没有本科课程，而且我们的学制是一年的。如果我们的学生去中国待一年，他们就会错过这里整个一年的学习了。让我们的一些教授去海外讲学有可能性，但是让国际上的教授来这里教书是很困难的。"

2013 年我再度访问哥大新闻学院时发现，8 年前谈到的这个问题已经有了很大的改善。如他们与巴黎政治学院和威特沃特斯兰德大学（约翰内斯堡）合作，开设了两个"理学硕士国际项目"，使该院学生能够有机会在国外学习，并且获得两个学校的硕士学位。此外，哥伦比亚大学新闻学院还与就业服务和继续教育部门联合设立了一批联盟计划。通过这些计划，哥伦比亚大学新闻学专业的学生有资格在中欧、阿根廷和印度获得带薪实习的机会。

哥大新闻学院与巴黎政治学院合作的"纽约与法国"国际项目成立于 2008 年，旨在为学生提供在世界两大新闻中心（纽约和巴黎）发展、学习的机会，从而使他们拥有美国和欧洲视野。同时，该项目期望未来的新闻记者能够以精密、严谨和完整的知识体系来分析和理解他们将要报道的复杂世界。

与威特沃特斯兰德大学合作的"纽约与南非"国际项目设立于 2010 年，旨在为学生提供在纽约和约翰内斯堡学习的机会。两个学院的联合招生委员会代表每年各选出最多 5 名学生参加该项目。该项目旨在使学生获得美国和国际视野。

2011 年，哥大新闻学院还开设了"计算机科学与新闻理学硕士"项目，提供计算机科学和新闻学双硕士学位。工程学院和新闻学院的紧密合作，为学生提供在计算机支持下的新闻采访和数字媒体制作的独特而高度专业化的训练。该项目宣称"目标不仅是传授学生专业知识，还培养学生完善和建立新的新闻采集和数字媒体技术，从而重新定义我们所认识的新闻界"。

哥大新闻学院的教育改革目前还在继续进行中，这一改革吸引了美国新闻教育界乃至全世界新闻教育界的目光，也带给我们有益的启示。

四、西方新闻教育改革的几点启示

通过实地调研、面对面的交流以及对多所新闻学院的资料收集与分析，我们认为西方新闻教育改革与我国的新闻教育改革一样面临着各种挑战和困难，各所大学根据自身的基础和条件做出了不同的尝试，并取得了阶段性的成果。考察这些个案，我们从中获得的最有价值的启示有以下方面。

第一，新闻教育改革要将坚守传统优势与顺应时代变化的创新相统一。对于有着较长办学历史的新闻传播学院这是改革中的难点，但也尤其重要。如前文中讨论的两个个案密苏里大学新闻学院和哥伦比亚大学新闻学院都是有着较长历史的著名新闻学院，但二者在办学的思路和风格上差异不小。21世纪以来，两所学院都在教育改革方面推出了引起全世界同行关注的重大举措，但它们的改革又都是在保持着自身办学传统和优势的基础上展开的。无论是新专业新方向的开设，还是课程调整和实验教学改革等都没有背离最初创办时的育人定位和办学方针。同时，它们又都没有因为自己的光荣历史和品牌而裹足不前。这种坚守与创新相统一的改革精神是值得尊敬和学习的。

第二，新闻教育改革需要更加宽松的政策环境和鼓励个性化发展的制度支持。美国拥有1 000多个新闻传播类专业点，被认为拥有全球规模最大、最完备的新闻传播教育体系，而这些新闻教育单位在新媒体环境下的改革探索呈现出各自的特点和风格，并非一种模式。有学者对美国声望较高的十所新闻传播类学院（密苏里大学新闻学院、哥伦比亚大学新闻学院、威斯康星大学麦迪逊分校新闻与大众传播学院、西北大学麦迪尔新闻学院、佛罗里达大学新闻学院、北卡罗来纳大学新闻与大众传播学院、俄亥俄大学新闻学院、印第安纳大学新闻学院、加州大学伯克利分校新闻学院、南加州大学安嫩伯格传播学院）的官方网站公布的数据做了统计分析，发现这十所学院在学位与课程设置改革方面的做法各有不同，其中大部分学院分别在本、硕、博三个层次设立一至两种学位。新闻传播类学士有新闻学学士（B.J.）、理学学士（B.S.）、文学学士（B.A.）三种；硕士有新闻学硕士（M.J.）、理学硕士（M.S.）、文学硕士（M.A.）、传播管理硕士（M.C.M.）、公共外交硕士（M.P.D.）五种，通常针对的领域包括新闻学、传播学、大众传播学、传播管理、广告学、整合营销传播、公共关系、公共外交等。同时，不少学院拥有特色学位项目。如北卡罗来纳大学新闻与大众传播学院开设了全美首个医疗与科学新闻文学硕士项目，以及美国密西西比河东部唯一的商务新闻学文学硕士项目；密苏里大学新闻学院开设了独特的战略性或策略性传播专业。在博士学位方面，密苏里大学新闻学院早在1934年就授予了全美第一个新闻领域的哲学博士学位，各学院的博士项目丰富多样，各具特色。除本硕博三个层次的独立学位以外，双学位教育盛行，十所学院中有八所提供双学位项目。双学位设置模式丰富多样，有21种双学位结合方式。首先，双学位纵向结合类型多样，有学士-学士型、硕士-硕士型、硕士-博士型三种类型的双学位，如密苏里大学新闻学院与法学院有双学位博士项目。其次，双学位横向结合类型涉及广泛的专业领域，有新闻传播学与艺术、商学、计算机、法学及社会科学等诸多领域的结合方式，其中，新闻学与法学专业的结合最为常见。

在专业设置方面，这十所学院也是各不相同，总体上看表现出"整合"与"细分"两种不同的思路。整合的表现是，本科只开设一至两种专业，如西北大学麦迪尔新闻学院设新闻学和整合营销传播专业，威斯康星大学麦迪逊分校新闻与大众传播学院设新闻学和战略传播专业。俄亥俄大学新闻学院曾把新闻传播类专业分为六个方向即广告、广播新闻、杂志新闻、新闻写作与编辑、网络新闻、公共关系，2012年将其整合为新闻与信息、战略传播两个专业。整合专业设置旨在使学生获得综合性、基础性的专业技能，以应对媒介融合发展的现实需求。而细分则表现为专业设置具体化、灵活化及专业学习方式的多样化等方面。如密苏里大学新闻学院、南加州大学安嫩伯格传播学院、印第安纳大学新闻学院等，其新闻传播类本、硕两个层次平均方向数均在十种以上。以密苏里大学新闻学院为例，本科专业为新闻学，下分六大"重点领域"（emphasis areas），其重点领域又细分出多个具体方向，称为"兴趣领域"（interest areas），数量多达32个，旨在为学生提供更明确、更具体的专业内容，以适应学生的个性化需求。

更值得关注的是，美国新闻传播教育的一个新动向是开设完全基于学生兴趣的"个人定制专业"项目。为保证学生选择专业的灵活性，学生可在教师的建议之下，依个人兴趣偏好及发展取向，在学校现有课程平台和师资供给条件下选取最适合学生未来发展的课程结构，并给予相应的个性化命名。目前，密苏里大学、俄亥俄大学、哥伦比亚大学及印第安纳大学的新闻传播类学院已开始实施个人定制专业。这种模式在某种程度上可视为专业细分的深化和拓展，属个性化教育的最高层次①。

美国新闻教育改革目前还在继续推进中，上述这些改革思路和举措目前还很难做出优劣评判。对待美国的经验，我们要从实际出发，讲求实事求是，不能照搬照抄。事实上美国模式也有其缺陷和弊端，比如一些美国高校奉行实用主义，为了迎合市场需求，自主招生及专业培养的标准不一，导致学生的质量参差不齐。但美国新闻传播学院在改革中的"百花齐放"也说明了它们处于相对宽松的政策环境中，美国教育管理部门没有对高等院校的专业和课程设置划出条条框框，这对于新闻教育的探索是非常重要的。教育要以人为本，新闻教育改革需要国家教育管理部门给新闻传播院校更多的自主权，要有鼓励各教育单位自主创新的制度支持。

第三，新闻传播学科的实践性特点要求教育者多元化，学术型教师与实践型教师的组合是实现教育目标的必要条件。新闻学教育与一些基础性学科的不同之处在于要更加重视实践技能的培训。这对师资提出了特殊的要求。美国新闻传播类学院除了传统的学术型教师以外，通常都设置专业实践教师岗（Professional Practice Faculty Members）。如据2014年统计数据，哥伦比亚大学新闻学院共38人的全职教师中，有近三分之一为专业实践教师；威斯康星大学麦迪逊分校新闻与大众传播学院的37名全职教师中，21名为专业实践教师。南加州大学安嫩伯格传播学院也有15名专业实践教师。密苏里大学本科6个专业48名在职教师，其中专业实践教师17名。专业实践教师都有过从业经验，以教授实践技能为主。他们开设技能课程，或者在学生的实践过程中引导与教授学生实际操作方面的知识。美国高校对实践型教师与学术型教师的管理也有区别，实践型教师不能获得终身教职，不能享受免于被解雇的权利。这种"双规制"的教师聘用与管理方法对于新闻传播教育是非常必要的，有利于将传媒一线的优秀从业人员吸引到高校中，使新闻教育与传媒实践紧密结合，更有效地培养学生的实践操作能力。这种制度设计和管理思路值得我国高校借鉴学习。

---

① 吴锋，陈雯琪，章于炎. 美国新闻传播教育的最新进展与改革趋向［J］. 现代传播，2014（3）：137.

第八章　新闻教育有待继续探索的核心问题

在媒介融合推进下，新闻与传播业的变化呈现出前所未有的复杂性和加速度。行业变迁与社会资源的重新配置，使新闻教育改革面临不断出现的新的问题和难点。本章主要针对新闻教育改革有待继续探索的核心问题加以揭示和分析，并在此基础上讨论解决问题的可能性及操作路径。

一、新闻教育规模及人才培养定位

我国新闻与传媒业进入新的发展时期后，人才需求方面的变化有两个方面值得关注。一是专业新闻媒体所需要的人员结构出现变化，特别是对新闻采编人才的选拔越来越多地由以往侧重于新闻传播学科转向更广泛的学科领域，政治学、经济学、法学、社会学、历史学等等学科培养的学生都是新闻媒体单位的选择对象，而且越是重视专业性新闻传播的媒体在这方面越是需要拥有与所报道领域相关的专业背景的从业人员。因此，新闻传播学科的本科教育规模相对于这种变化明显表现出过剩态势。我国新闻传播学科本科教学点过千的情况近几年已经成为学界与业界热议的话题，对新闻传播学科毕业生的出路的担忧普遍存在。二是，随着新媒体的兴盛，非专业新闻媒体对新闻传播人才的需求出现了高涨的趋势，政府机构、事业单位、社会团体和各类企业纷纷创办了自己的官方媒体，包括网站、微博、微信公号、客户端等等，这些媒体作为机构对外传播的工具，需要具有新闻传播专业知识和技能的人来管理和运营，近年来这类岗位已经在吸纳大量的新闻传播学专业的毕业生。当然，仅仅有新闻传播专业背景是否就能胜任这些机构媒体的工作？还有待观察和分析。综合上述两个方面的变化，我国新闻传播学科的办学规模应该控制在什么水平，目前还不是非常清晰，有待该学科的专业指导委员会及教育学会等组织机构以及研究人员展开相关的跟踪调查和分析。

对于从事新闻人才培养的各新闻传播院系，还在这样一个已经超规模发展的新闻传播教育体系中面临着如何进行人才培养定位的问题。据 2016 年统计数据,中国有 1 080 个新闻传播类本科专业,分布在 637 所学校;93 所学校设有新闻传播学硕士点,17 所院校设有一级博士点,在校大学生约 20 万人;大约有 5 000 名在校专职教师服务于新闻传播教育。也就是说,中国大约有四分之一的高校涉足新闻传播教育,包括 985 高校、211 高校、一般高校、独立学院等。对这种状况,很多新闻传播教育界人士认为问题不少。华中科技大学新闻与信息传播学院院长张昆撰文专门论及一流大学传媒教育定位的问题,认为有两个问题值得注意。"一是人才培养严重滞后于业界的需求,业界实践已经远远地抛离了教育界:全球传播、大数据、数据新闻、社交媒体、文化产业、政治参与、社会转型等,大多数学校的新闻院系都没有跟上;大多数高校的新闻院系仍苦于专业细分化与融合化的矛盾难以自拔。二是学术生态的恶化。新闻传播学科在高校整体学科格局中的地位每况愈下,新闻传播学科对整个人文社会科学的贡献度没有提升甚至在下降,新闻传播学科与其他学科之间的差距越来越大,与其他学科的对话日益艰难。""这些问题的根源在于新闻传播教育的定位不准,思路不清。几乎所有的高校,一流的、二流的、三流的,都是同一个定位,而这个定位都是由来于新闻传播教育的职业型特征,千篇一律,没有区隔,没有个性,没有特色,以致受到社会各界的批评。"① 其实,定位不清晰的问题也从另一个角度反映了新闻教育规模扩张过快的弊端。一些并不具备办学条件的院校跟风开设新闻传播院系或专业,对人才培养的方向和路径缺乏科学严谨的调查论证,盲目照搬一些老牌新闻学院的思路和做法,最终导致缺乏特色,培养出来的学生缺乏竞争力。

值得注意的是,我国教育管理部门对于高等院校专业设置的管理制度也在一定程度上不利于各教育单位的自主创新和特色化发展。如新闻传播学科的专业设置一直有明确的规定,教育部 2014 年颁布的本科专业调整目录中,新闻传播学科的专业有所增加,但仔细考量,这次调整实际上并没有解决以往存在的一些问题,如根据媒体介质特点进行专业划分(如新闻学专业、广播电视专业、网络与新媒体专业),传播学专业与其他专业的区分尚不清晰(如新闻、广告也可视为传播的分支)等,而且专业划分比以往更细。虽然增加专业数量有助于新闻传播学科在教育管理部门争取资源,但相对于媒介及产业融合的加速,业界对复合型与跨媒体传播人才的需求增强这一趋势,这种专业细分化却是值得

---

① 张昆. 一流大学传媒教育定位的困惑与思考[J]. 新闻记者,2016(2):55.

商榷的。而且所有新闻传播类院系都按此目录设置专业方向,各自的特色和优势也难以发展。

教育规模控制与特色化定位这两个问题的解决,一方面需要国家教育管理部门在对高等院校专业设置方面进一步放权,鼓励各类学校根据自己的条件和人才需求情况设立专业和方向,并通过教学质量评估、毕业生质量评估等管理手段对各个教学点进行监察和评价,以促成新闻传播学科的教学点优胜劣汰,保持相对合理的规模;另一方面,也需要各个新闻传播院系进一步加大改革和创新力度,积极探索适合自身发展、具有独家特色的办学模式。

二、新闻教育的创新与守成

在新闻传播教育改革中,什么是需要改革和创新的,什么是应该保持和坚守的,是近年来新闻教育界一直讨论的问题。创新的各方面表现和成果在本课题研究中已经有较丰富的案例说明,前几章的内容主要围绕这方面展开。但在新闻传播院系纷纷加大课程改革力度,热衷于加强新技术新媒体内容的教学时,可能产生的另一方面问题也需要警惕。有业内人士指出:"当新媒体迅速崛起时,传统的职业传媒人似乎已经被搅得心神不宁,表现出渠道崇拜之下的忙乱,缺乏职业传媒人的淡定和对传播内容的精细打磨和把关,因而屡屡表现出有失真实、有失准确的业余水准,反过来给新闻传播教育提出了警示:'固本'教育必须成为共识。"[①] 确实,新闻传播教育应用性较强,具有面向具体行业和岗位的职业教育特征,在新闻传播教育综合改革中确实有不少人主张按照新闻传播业对大学生提出的职业能力和职业素养的要求,调整新闻传播类专业人才培养的目标、课程体系和教学内容,使新闻传播教育改革表现出技能化和工具化的趋势。如一些高校在课程结构与课程体系调整时,凡与新闻传播理论和技能无直接关系的各类公共课能不开的尽量不开,能少开的尽量少开。尤其是文史类、管理类、艺术类的课程,在人才培养方案修订中被大量剔除出去。这种做法堪忧。

不能否认,培养新闻传播人才需要紧跟传媒业发展步伐,加强对学生的专业知识、职业技能和职业素养的教育,帮助他们理解和掌握最新的技术工具和业务技能,但这不是全部。新闻传播院校对于人才培养的定位必须考虑到新闻

---

① 何志武. 新闻传播教育,转型还是坚守[J]. 青年记者,2016(7):73-74.

传媒的职能和社会的需要。新闻传媒为公共利益服务的根本属性要求其从业者对社会有全面、深刻、准确的认识和反应能力，承担社会瞭望者的责任，因此在新闻传播教育中必须加强对学生的价值理性教育，使大学生在掌握传播工具和技能的同时，能够自觉规范自己的职业行为。而且新闻传播教育除了要对学生进行本专业的知识、技能和素养的培养，还必须帮助他们形成宽阔的知识视野和能力素养，因此，新闻传播教育过去一直强调的"通才教育""厚基础""宽口径"等要求在新闻教育改革中是不应弱化而要坚守的传统。

创新与守成这对矛盾，在一所新闻传播院系的改革方案中主要体现为是以培养学生深厚的人文素养、丰富的社会知识为目标，还是以培养学生的新闻专业素养和传播能力为重点？如果是后者，显然难以保证学生在未来更加专业化的工作领域中有发展后劲；如果是前者，新闻学院办本科教育还要更多地依赖兄弟学科的教育资源来支持，如复旦大学新闻学院的"2+2"培养模式、人大新闻学院的双学位实验班模式，以及国外很多新闻传播学院的本科课程有一半甚至70%由其他学科来提供，都体现了这一特点。这种教育模式虽然与培养目标（复合型、厚基础）是相符的，但在现实操作中，由于课程资源的配置是跨学科的，新闻学院对教育质量的控制难度很大。还有第三种选择，就是在通识教育与专业教育之间争取平衡，但限于本科教育只有四年时间，对课程设置的挑战性很大，实际上潜藏两方面都做不到最好的风险。因此，新闻传播学科的本科教育是否应该更多考虑从其他学科的本科毕业生中选拔生源进行第二学位教育，或者转为专业硕士的培养？这样是否能比新闻学院独立培养本科学生更有成效？当然，这可能也会带来另一个问题，即如何保证生源质量？尤其是著名高校和名牌新闻学院，本科生源通常比第二学位和研究生生源更优秀，放弃或缩减新闻学科的本科教育将会产生什么样的后果？这些矛盾纠结，本身也说明新闻传播学本科教育还有很长的探索之路要走。

三、师资队伍建设

新闻传播类专业所培养的人才属于应用型人才的范畴。即便是研究型学术型大学创办的新闻传播类专业，职业型教育的特征也同样比较明显。从目前我国新闻传播院系的师资情况来看，比较突出的问题是难以保证从事新闻传播业务课程教学的师资的数量和质量。新闻传播学科的师资队伍建设一直没能解决重学术资历和学位、轻实践经验的问题。如大多数新闻院系招聘教师都以获得博士学位为必备条件，更适合讲授业务课程的业界优秀人才因为没有博士学位而难以转入教学岗位，这严重影响了实务类课程的教学水平。在结构组成上，擅长基础理论研究和教学的人多，能够教授业务实践类课程的人少；高学历的人多，有业界工作经验的人少。

出现这种状况的主要原因是，我国对于包括新闻传播学科在内的各学科专业水平的评价，按照目前通行的标准和办法，主要是学术导向。如在师资队伍考核方面，重视学历学位，重视来自海外的博士研究生；重视学术论文的发表，尤其是 SSCI、CSSCI 期刊论文的发表；重视重大课题、研究经费以及学术奖项等。近年来各高校片面追求研究生学位点，特别是追求博士点，更加导致与技能、专业知识相关的要素在整个评估体系中所占的权重很低，如学生质量，课程水平，实务课程教师的业界经历、实验实践环节等。有院长感慨："一方面要保证学科的学术水平，要重视研究和论著的发表；另一方面要进行一流的职业素养教育，让学生具备良好的知识结构和杰出的职业技能。两手都要抓，两手都要硬，实在难以做到。困难在于每个学科专业的人力资源有限、编制有限，学术型的师资多了，实务型的老师就会缺额，反之亦然。同时每个教师的精力也很有限，能文能武、左右开弓的全才型老师是很少的。顾了教学，可能会削弱科研；重视了科研，教学可能顾不上。"① 这种情况在很多新闻院系中存在。近年来，校部共建新闻传播学院在一定程度上促进了业界的优秀人才进入高校承担一部分业务课程的教学任务，但因为这些人员的第一岗位还是在新闻媒体，时间和精力上并不能保证优先满足高校的教学需要，而且这类人员每年处于流动中，无法保证稳定性。

在我国教育管理部门的学科评估指标这一"指挥棒"下，在高校行政化管理还没有真正得到纠正之前，这一难题或将继续存在下去。此外，对于已经在岗的教师，业绩考核、职称晋升中重科研、轻教学的问题也较普遍存在，尤其青年教师受此影响，不得不把大量时间放在撰写论文和专著上，没有时间到传媒单位参与实践，也缺乏热情指导学生动手实践，最终往往是理论研究与实践相脱节，论文数量上去了，真正有价值的成果并不多。更大的受害者是学生，他们得不到老师更多的关心和指导，高校教育事实上背离了其培养人才的宗旨。

要解决新闻院系中缺乏有业界工作经验的师资的问题，真正做到能够让一

---

① 张昆. 一流大学传媒教育定位的困惑与思考 [J]. 新闻记者，2016（2）：55.

线的优秀新闻工作者不受学历学位、科研成果等方面的条件限制，进入高校任职，并且在进来之后能够安心教学，发挥专长，还需要高校在人员聘用制度、任职条件、薪酬待遇、业绩考核等各方面突破现有的条条框框，不拘一格选人用人。目前国内考核指标存在的缺陷，不仅牵制了教师精力，他们疲于应付科研与教学的双重考核，被迫注重科研、削弱教学投入；而且导致了师资的封闭性，加大了业界与学界人员流动的壁垒。此外，对学术型的理论教师和实务型的业务教师采用同一绩效考评指标，有失公平性和准确性①。在美国，南加州大学安嫩伯格新闻学院在全球诚聘优质教师和访问教授，其教师来自美国、中国、韩国、新加坡、印度、意大利等多个国家，其中不乏声名远扬的资深媒体人。密苏里大学新闻学院在招聘实践型教师时，更注重应聘者的工作经验、业务技能、专业成果以及授课效果，而学术型教师则更侧重学术背景、科研能力、学术成果等条件。在日常教学中，实践型教师承担更多的教学任务，80％的工作时间用于日常教学，每学期需要承担3～4门课的教学任务；学术型教师每学期只需承担1～2门课的教学任务，约有40％的时间用于科研。在考核晋升方面，实践型教师任期一年，期满经审定合格者可继续留任，考核看重其业务能力和实践成果，不要求发表学术论文，最终可评定专业实践教授。学术型教师则每年都要求发表学术论文，可以评定终身教授②。这些国外高校的人员聘用与管理办法值得我们借鉴。

  师资建设的另一个问题是，科班出身的新闻传播学博士、博士后在现有的教师团队中所占比例很高，他们在理论研究方面具有优势，但普遍缺乏媒体从业经验和复合型知识背景，在教学中重视理论思考，对实际操作和业界变化不甚敏感，影响了学生能力训练与新闻岗位需求间的有效对接。要鼓励高学历、长于理论研究的年轻教师到新闻传媒一线参与实践，因为新闻传播学科不同于文史哲等基础性学科，新闻传播理论研究不能与新闻传媒实践相脱节，新闻教学中需要紧密联系当下的新闻实践和媒体发展，才能帮助学生了解前沿，学以致用。尤其是近几年，从海外深造归国的博士加入教师队伍中的人越来越多，他们对国外的传播学理论和研究方法掌握得很好，但对国内新闻传媒业的了解和接触相对较少，如果不加强这方面的"补课"，教学与研究都很难针对中国的

---

① 张昆．中国传媒教育发展的师资瓶颈[J]．新闻记者，2011（7）：71-75．
② 高晓瑜，孙华．媒介融合背景下中美新闻传播专业硕士教育模式比较[J]．中国高教研究，2015（8）：82-86．

现实情况找对问题和方向，甚至有可能水土不服，误己误人。近年来在新闻界与新闻教育界共同实施的"卓越人才培养计划"推进了高校与媒体之间的交流，在记者编辑进入高校的同时，新闻传播院校也派送教师到媒体挂职，这项活动对于新闻传播院校的师资队伍建设尤其是青年教师的培养具有积极的作用。但是在有些地方，挂职的落实工作以及效果还不太理想，主要取决于派出教师本人的积极性和工作态度，这方面如何加强管理和保证效果还有待研究。

师资队伍建设在全国范围内的不均衡也值得研究。一方面，重点新闻院系编制饱和，职称晋升既慢又难，教师发展空间受到限制；另一方面，地方性新闻院系求贤若渴，却因各种原因而鲜有人问津。近几年高校之间人才竞争加剧，开始出现少数知名教授被一些学校以高薪和优厚待遇"挖走"的现象，但是少数人的流动暂时还不能从根本上解决师资队伍建设不均衡的问题。

四、复合型人才培养

对于"复合型人才"的培养在新闻教育界内部获得了高度的重视，但也有不同的声音，如有学者将此视为新闻传播学科建设的一种"迷思"，认为"'复合型'人才的提法反映了我们对于互联网背景下新闻传播专业人才的一种定位，不能说毫无价值。但仔细分析，所谓'复合型'，目前主要从两方面理解：一是掌握多种媒体技能（技法），这主要是报纸、广电以及所谓的新媒体传播技能；二是掌握多学科知识。就前者，所谓的新媒体技能本身就是一个黑洞。正如上所述，互联网的组合化创新使得媒体形态层出不穷，技法的掌握已经是难以跟上，盲目跟从这种技法已经不太现实。就后者，知识的细分本已使知识难以穷尽，而总体化趋势更是意味着多学科、跨学科知识也难以应对。因此，所谓复合型人才，就变成了一个看似新颖却又自相矛盾的命题"[①]。这种疑问值得思考。从人才培养的现实探索来看，新闻传播院系培养掌握多学科知识的复合型人才较之培养掌握多种媒体技能的人才难度更大，因为这项任务仅仅靠新闻传播学科自身难以完成，跨专业的合作是必由之路。已经有一些高校的新闻传播学院做出了各种尝试，如复旦大学的"2+2"培养模式，人大新闻学院跨专业联合培养的实验班探索等。国内对复合型人才培养的关注点比较集中体现在新

---

① 唐海江. 互联网革命与新闻传播学科重构之反思：一种技术自主性的观点［J］. 社会科学战线，2016（7）：143-149.

闻学＋法学、新闻学＋经济学（金融、财经）、新闻学＋国际关系、新闻学＋体育、新闻学＋计算机等专业复合上，这些复合培养与新闻传播较为重要的报道领域相对应，对培养从事法治新闻、财经新闻、国际新闻、体育新闻、科技新闻和新媒体传播的专业新闻人才具有重要价值。

目前在复合型人才培养方面面临的主要问题如下：一是培养规模比较有限，并不能保证大多数学生获得同样的机会；二是由不同的学院（专业）共同承担人才培养工作，虽然能够在课程设置上统筹两个专业的教学资源，形成联合培养机制，但具体到教学层面，要真正做到两个专业的知识交融却非常困难。比如对于新闻学与法学的复合教学，最理想的教学模式是来自法学院和来自新闻学院的教师合作开设新闻法规等专业核心课程，以新闻传播实践中的案例作为教学内容，引导学生将新闻学知识与法学知识融会贯通学以致用。这样的教学方式要求来自不同专业的教师进行深度合作，一起准备教案，共同研究问题，甚至一同到课堂上主持案例讨论和教学。事实上，这在现实中比较难以实现，因为需要不同学院的教师相互协作，对于教师来说，协作进行跨专业的课程教学要比独立完成本专业的课程教学付出更多的时间和精力。有学者研究了国外复合型人才培养的方法，发现美国密苏里大学、耶鲁大学、纽约大学，英国牛津大学和东英格兰大学等在十几年前就开始了新闻-法学交叉学科的联合培养尝试。英美等国的传媒法教育培养目标清晰，课程设置注重实务，如耶鲁大学开设了传媒法实习课，哈佛大学开设了互联网律师实务课程。每所大学都开设法律诊所课程，让学生通过亲自代理案件，提高实务能力[1]。这些教学方法值得我们借鉴。

跨专业培养复合型人才，从新闻业对人才的要求来看，还需要防止出现某些偏差。如在市场经济新时期，财经新闻的地位升高，传媒业界对财经记者的需求增大。2007年，清华大学建立了第一个全球财经新闻实验室，并设立了面向全世界招生的两年制全英语教学项目。北大汇丰商学院设有财经传媒硕士点，专业学习年限为三年，学生在校期间参加经济学、管理学或金融学专业课程的辅修。但是，在财经新闻教育在全国形成热点之后，也有一些学校的财经新闻教育重视对学生的知识和技能传授，而对伦理与道德教育重视不足。学生走向

---

[1] 张文祥，陈绚，李丹林．论新闻—法学复合型人才的培养：基于对国内外高校新闻传播与法学学科教学科研融合做法的思考［C］//《新闻学论集》编辑部．新闻学论集．北京：经济日报出版社，2012：159－170．

工作岗位之后，面对利益诱惑，缺乏底线，有些人甚至陷入新闻腐败的泥沼。还有一个问题是，财经新闻的毕业生多数选择了到金融行业就业，只有小部分选择媒体单位，与人才培养的初衷相背离。

体育新闻人才培养作为复合型人才培养的一部分，也存在一些值得注意的问题。有学者指出，由于体育新闻具有很强的实践性，其面临的难点集中在三个方面：一是实践类课程内容松散，不成系统；二是缺乏校内实践基地，进而导致了实践教学时间的分散化，"2＋1学期制"（在春秋学期间增添实践教学月）亟待提上日程；三是与业界联系不够紧密，缺乏与媒体的长期合作，在参与大型赛事报道实践上力度不足[①]。也有人研究了国外体育新闻人才培养的途径，如发现美国亚利桑那州立大学于2014年秋季设立了体育传媒的学士和硕士学位点，聘请经验丰富的体育记者作为全职教授，并在2015年秋季招收了第一届学生，成为全美首家开设体育新闻学专业的学校，攻读本专业的学生有机会为专业媒体机构提供大学体育赛事和专业体育赛事的报道，并在业界导师的帮助下，在凤凰城和洛杉矶的媒体实习[②]。相比美国高校的做法，我国体育新闻人才培养方面确实还有提升的空间。

网络与新媒体作为新闻传播学科中的一个新的专业，实际上也需要以跨专业联合培养的方式才能达到理想的教育质量。如较早从事新媒体研究的彭兰认为，新媒体专业培养的跨媒体人才需具备跨越媒体的整合性思维，在专业媒体与社会化媒体间自由穿梭，并有效贯通内容与产品的生产[③]。作为新兴的专业方向，国内网络与新媒体专业面临的主要难点体现在三个方面：一是定位不清晰，教育改革浮于表面，形式大于内容，概念大于实质，专业培养缺乏职业方向[④]。二是没有理顺思维与技术的关系，目前存在注重新媒体技能培养、忽视理论思维训练的倾向，难以培养出真正意义上的跨媒体人才。三是专业重合挤压、课程内容空泛，在打通媒介、多媒体联动方面存在局限性，存在内容与技术"两层皮"的现象。

新媒体人才培养需要计算机专业的教育资源的加盟，近十年来，全美15所

---

① 万晓红．体育新闻传播学硕士研究生教育的改革［J］．体育成人教育学刊，2014（1）：84－86．
② 北大新媒体．研究分享：新闻教育课程改革［EB/OL］．（2014－12－20）［2018－09－12］．http：//www.looooker.com/archives/11606．
③ 彭兰．融合时代，新媒体教育向何方［J］．新闻与写作，2015（3）：5－7．
④ 鲍立泉，胡佩延．新媒体专业教育定位研究：以媒介形态创新为视角［J］．现代传播，2014（8）：132－136．

顶尖新闻学院大刀阔斧修订教学大纲,不断探索数字时代的新闻教育。哥伦比亚大学在"新闻学和计算机科学"双学位基础上增添了"数据新闻学"教育项目。得克萨斯大学、佛罗里达大学、马里兰大学新增了数据新闻学或数据可视化课程。加州大学伯克利分校、纽约城市大学设立了计算机编程课程。亚利桑那州立大学的创新课程包括了网络图形设计、突发新闻多媒体报道、移动可视化设计、社交媒体、数字媒介素养、数字媒体创业、数字新闻等[①]。整体而言,美国的新媒体专业课程改革呈现出融媒体、数字化的特征,与跨专业的联合教育策略有关。这些国外高校的新动向值得我们关注。

五、专业硕士教育

2010年,教育部批复并设立了新闻传播学专业硕士,重点培养实务型和专业型人才,学制两年,实行双导师制,成为我国新闻传播学教育改革的一个重大举措。2011年,北京大学、清华大学、中国人民大学等48家研究生培养单位成为首批招收新闻与传播硕士的院校。该专业设立之后迅速成为全国最热门的专业之一,2011年的报考人数就在数千人以上。但从近几年的运行情况来看,还存在一些亟待解决的问题。

第一,在人才培养的定位上还不够清晰。有学者对比了中美两国的专业硕士教育后发现,我国对新闻学和传播学的人才培养目标十分趋同,区分度不太明显[②]。在美国,专业学位硕士分为新闻学硕士和传播学硕士。其中新闻学硕士以培养新闻记者为目标,将新闻教育定位在应用上,坚持以新闻职业训练为主,并辅以人文学科基础教育和新闻传播法规与伦理教育。传播学硕士主要涉及一些传播院校开办的与营销、广告、公共关系、法律等专业相关的交叉型传播专业硕士,以培养相应的职业人才。中国的新闻传播学专业学位硕士称为新闻与传播硕士,培养目标是为有中国特色的社会主义新闻与传播业培养德才兼备、具有现代传播理念与国际化视野、了解中国基本国情、熟练掌握新闻传播技能与方法的应用型高层次专门人才。虽然中美两国新闻传播硕士专业学位研究生教育都旨在培养从事一线新闻工作或管理工作的高层次、应用型、复合型、

---

① 逯义峰.课程创新与实践:新媒体时代美国新闻教育改革发展趋势[J].新闻界,2016(2):54-57.

② 谢毅,杨思明.中美新闻传播专业学位研究生培养模式比较[Z].2012 2nd International Conferenceon Educationand Education Management.

专家型人才，以满足传媒体制改革与发展对传媒人素质和能力的需求，但比较来看，我国对新闻和传播专业学位研究生的培养目标的区分显然不如美国明确。

第二，在课程设置上还不完善。没有将专业硕士和学术硕士进行明确区分，未形成独立的专业硕士课程体系，不少学院照搬照抄、简单移植了学术硕士的既有课程，其中一些"研究型"课程并不适合专业硕士"职业型"人才培养方向。相比较而言，美国新闻传播专业学位硕士生课程设置更重视实践性，在注重核心课程的同时突出实践环节，给学生一定的自主权，允许他们根据自己的研究领域、个人兴趣和就业目标跨系选课。因此，即使是选择同一专业方向、相同培养计划的学生，在具体课程上也会有所差别，每个人的学习计划都是独一无二的。而且课程教学方式灵活多样，尤其注重现代教学方式和教学手段的运用，大量采用案例教学、研讨教学等，师生之间、学生之间能够充分研讨与交流。这些方面都值得我们借鉴。

第三，在导师制度上，"双导师"制得到普遍推广，如中国人民大学新闻学院 2016 年度聘请了 37 位来自媒体、企业和政府相关管理部门的人士，担任专业硕士和国际新闻传播硕士的业界导师[1]。不过和国外成熟的制度相比，业界导师的考核体系尚不完善，缺乏明确高效的激励和惩罚机制。美国的学校对新闻传播专业学位研究生也有多名导师共同指导，导师团队的人员构成实践取向明显，且必须具备高水平的专业能力，任职教授中有记者、编辑、制作人，并不乏普利策奖获得者、艾美奖获得者以及新闻与公共关系领域各大奖项得主。有些新闻学院还会经常根据学习的进展情况对学科项目进行评估和调整，包括具体的课程设计和学术需求等。而且美国的新闻学院十分重视跨专业培养，学生入学后由主要导师负责指导研究生的课程学习和论文研究，同时还需要选择一门其他专业，比如政治、艺术、商业、科学等，学生的毕业论文则由一名新闻学院的老师和一名来自学生所选专业方向的老师共同指导。我国新闻与传播专业硕士的导师指导方式大多仍然是"一对多"的模式，老师尤其是业界导师与学生的交流、对学生一对一的指导还有待加强。

第四，在对学生的考核指标上，"应用型"导向不够明显。我国新闻与传播硕士的培养评价和传统的学术型硕士差异不大，都是在研究生院和院系联合管

---

[1] 中国人民大学新闻学院 [EB/OL]. (2015-12-29) [2018-10-19]. http://jcr.ruc.edu.cn/news_notice/contents/2015-12/29/content_32897.htm.

理的导师负责制下进行的。研究生院和学生所在院系负责学生总体教育管理和课程设计工作，校内导师对学生的培养计划负责，修满学分后由校学位评定委员会决定是否授予学位。这也导致了新闻与传播硕士指向应用性、实践性的评价并没有得到体现。

专业硕士着重培养学生的新闻业务能力和解决问题能力，是实践性极强的学位，作为最为重要的考核依据，学位论文应展现学生分析、解决新闻传播实际问题的创新能力。目前，专业硕士不少还是提交学术论文进行毕业答辩，其审核标准依然沿袭学术硕士的评价指标，这偏离了专业硕士注重实践的人才培养导向。以新闻报道、调研报告、毕业设计、案例分析等多种形式替代学术论文的呼声日渐增强。

六、资金与实验条件保障

新闻传播学科是应用型学科，新闻教育改革离不开先进的媒体实验室、成熟的学生实践基地、高质量的摄像和剪辑等采编设备。媒体技术发展迅猛，实验设备的更新速度不断加快，全媒体教学和实践教学对技术与资金的需求也越来越大。

据报道，我国 2015 年全年国家财政性教育经费在 GDP 中占比 4.15%。这仅满足了基本的教育需求，对于新闻传播教育领域，资金不足一直是众多新闻院系在教学改革中面临的棘手问题。尤其是很多地方性院校中的新闻院系，专业设备短缺，设备状况不良，没有演播室和编辑室，全媒体教育还停留在口号和规划上。即便是一些重点高校，也普遍存在不能及时跟进业界变化，购买引进新技术产品的情况，实验教学因此存在严重的滞后性。此外，因为制度管理不完善，导致学生借用设备手续繁杂、流程冗长，接触使用演播室和实验室的成本过高，造成了资源空置浪费等问题，也直接制约了新闻教学改革。相比之下，美国一些新闻传播学院中新技术新设备的应用更能够紧跟业界的前沿步伐，如苹果手表、OculusRift（头戴式 3D 虚拟显示器）和其他新技术产品的问世，都掀起了技术课程的热潮，像南加州大学的"谷歌眼镜"课，密苏里大学的"机器人新闻写作"课，哥伦比亚大学的"传感新闻"课和"数据调查报道"课等引起了广泛的关注。2011 年，香港城市大学媒体与传媒系也投资上千万，为新启用的邵逸夫创意媒体中心引进数码媒体教学与研究设备[①]，打造全媒体教

---

① 王君超. 融合新闻传播教育的理念、实施与对策：香港公立大学新闻传播教育的经验[J]. 国际新闻界，2011 (11): 81-87.

学与实践平台。

解决资金短缺与实验条件落后的问题，既需要国家教育管理部门和各高等院校加大对新闻传播学科的支持力度，也需要新闻传播院系自己动脑筋想办法如：加大与媒体、企业的合作，获得更广泛的支持和资金、设备的资助；加强校友联络工作，通过建立基金会获得资金捐助，改善办学条件等。

新闻教育改革所面临的问题远不止上述这几个方面，这里只是就其中最急迫最重要的六个方面的问题进行了集中概括和讨论。限于笔者的观察范围与调查力度，对不同高校中新闻教育所遇到的一些具体的、个性化的问题无法一一涉及，还有待后续研究进一步深入和细化。

综上，我国新闻传播教育改革任重道远，面对的诸多困惑和难题需要我们付出更多的努力进行探索和尝试。但无论传播格局、媒体组织、新兴技术向何方发展，培养有担当、有能力、有情怀的新闻人才仍是新闻教育改革的根本出发点和终极落脚点。当前，新的理念思维、专业方法、知识体系亟待引入新闻教育中来，新闻院系的教育改革力度必须加大，而人们对于未来新闻传播人才的期待与想象，也将在这些持续不断的实践探索中逐渐清晰。

后　记

2020年春天，新冠病毒骤然改变了一切。我和先生回故乡陪伴父母过完年便不得不取消原本要去海南的度假计划，禁闭在安徽芜湖的家中。我一边给学生上网课、指导毕业论文，一边顶替不能到岗的家政工，每日采买烧煮、照顾年迈的父母。每到夜深人静空闲下来，便独坐电脑前，整理编写这本书稿。

从来没有想到过，我会在离开故乡39年之后，回到这个宁静美丽的小城来完成这样一件于我非常有意义的事情。在这个远方的家，感觉像是回到了生命的起点。已经度过的大半辈子，无数的场景在脑海里掠过，挑起无尽的思绪和感慨。正在威胁人类的疫情让人倍感现实的冷酷、生命的短暂和世事无常，于是更加觉得需要对自己的所做所思所喜所忧做一份记录。虽然距离退休还有几年，但主观上已经认为可以对自己的职业生涯及思索感悟做总结了。

从1988年研究生毕业后到北京工作至今，我先后在新华社中国新闻学院和中国人民大学新闻学院执教，一直从事新闻学专业课程的教学和研究。2002年，被学校任命为新闻学院副院长，开始"双肩挑"，管理本科教学。2014年改任学院党委书记兼副院长，直到2018年学院党委换届，因身体原因请辞得到批准，才从行政岗位转至学术岗位，担任教育部人文社科重点研究基地"中国人民大学新闻与社会发展研究中心"主任。由于从教的一半时间（16年）在学院管理岗位上，因此在从事本专业的研究之外，多了一个研究方向：新闻教育改革。这些年来，一方面主持学院的教改工作，另一方面也在研究教改。教学管理为教改研究提供了鲜活的材料，研究工作也对教学管理有很大帮助。学院在这一阶段获得过多项国家级和省部级教育教学奖项，并开发成功全国第一个新闻传播学案例库，在教育部组织的多轮学科评估中一直保持着全国第一；而本人负责的多项社科基金重大、重点课题和教育部重大课题也顺利结项。我一直有个心愿，希望将自己所经历的这段历史、所做的一些事情、所思考的一些问题加以记录和整理，或许可以作为这一段中国新闻教育发展史研究的素材。撰写这本专著，就是想了自己这个心愿。

我要感谢人大新闻学院所有的同事，在过去十几年中，无论是我组织各类教改活动，还是主持教改研究课题，都一直得到了他们的大力支持和无私帮助。我为自己有幸加入这个温暖的集体，与一批最优秀的学者同行而感到幸福。

特别要感谢近几年参与我课题研究的同事和学生。人大新闻学院的罗雪蕾老师、复旦大学新闻学院的翁之颢博士，还有读完硕士去《人民日报》工作的邝西曦，以及正在攻读博士学位的凌昱同学。他们曾花费大量时间或协助我查找相关资料，或帮助组织一些问卷调查。雪蕾和之颢还作为课题组成员承担了2013年我负责的两项重要课题中一部分章节的撰写任务。这两项课题研究成果的一部分内容也纳入了本书中。

本书中有几小节内容曾经以研究报告或论文形式在《国际新闻界》《当代传播》《现代传播》《新闻记者》《新闻战线》等学术期刊上发表，我衷心感谢这些刊物的编辑们给予的支持。本书中还引用了众多同行专家、兄弟学院领导和新闻业界人士的著述和观点，都在此一并致谢。人大出版社编辑翟江虹为这本著作的出版做了大量工作，感谢她的帮助。如若本书中有不当和欠缺，都是本人的学识水平所限，还请专家和读者们指正。

最后，深深感谢我所有的亲人，尤其是已经年过八十的父母和携手同行了33年的先生，他们一直是我生命中最重要也最珍爱的。在新冠疫情让世界充满悲伤、痛苦和焦虑的这些日子，有他们的陪伴和支持，我的心中唯有感恩和温暖。

蔡雯

2020年4月15日

于芜湖碧桂园

图书在版编目（CIP）数据

媒介融合推进下的新闻教育变革 / 蔡雯著. -- 北京：中国人民大学出版社，2021.1
（新闻传播学文库）
ISBN 978-7-300-28791-1

Ⅰ.①媒… Ⅱ.①蔡… Ⅲ.①新闻学－教育研究－中国 Ⅳ.①G210-4

中国版本图书馆 CIP 数据核字（2020）第 225958 号

新闻传播学文库
媒介融合推进下的新闻教育变革
蔡 雯 著
Meijie Ronghe Tuijin xia de Xinwen Jiaoyu Biange

出版发行	中国人民大学出版社	
社　址	北京中关村大街 31 号	邮政编码　100080
电　话	010-62511242（总编室）	010-62511770（质管部）
	010-82501766（邮购部）	010-62514148（门市部）
	010-62515195（发行公司）	010-62515275（盗版举报）
网　址	http://www.crup.com.cn	
经　销	新华书店	
印　刷	天津中印联印务有限公司	
规　格	170 mm×240 mm　16 开本	版　次　2021 年 1 月第 1 版
印　张	14 插页 2	印　次　2021 年 1 月第 1 次印刷
字　数	229 000	定　价　49.80 元

版权所有　侵权必究　印装差错　负责调换